文學叢刊

魏子雲著

深耕《金瓶梅》逾卅年

文史哲出版社印行

國家圖書館出版品預行編目資料

深耕《金瓶梅》逾卅年 / 魏子雲著; -- 初版. -- 臺北市 :文史哲,民 92
面; 公分. - - (文學叢刊 ;161)
ISBN 957-549-538-1 (平裝)

1. 金瓶梅-研究與考訂

857.48 92023778

文 學 叢 刊 ⑯

深耕《金瓶梅》逾卅年

著 者:魏 子 雲
出 版 者:文 史 哲 出 版 社
http://www.lapen.com.tw
登記證字號:行政院新聞局版臺業字五三三七號
發 行 人:彭 正 雄
發 行 所:文 史 哲 出 版 社
印 刷 者:文 史 哲 出 版 社
臺北市羅斯福路一段七十二巷四號
郵政劃撥帳號:一六一八〇一七五
電話886-2-23511028・傳真886-2-23965656

實價新臺幣 三八〇元

中華民國九十二年(2003)十二月初版

ISBN 957-549-538-1

序　深耕《金瓶梅》逾卅年矣

魏子雲

我從事《金瓶梅》一書的研究，不知不覺已深耕步出卅年了。雖昨日日埋首於一事，卻未嘗忘卻有關該出的某些問題。說起來，從開頭就步〈此書的「書成」在何時日？以及此書究竟是何人「所作」？換言之，雖已同意上海復旦大學黃霖教授指出鄞人屠隆乃該書（金瓶梅）的作者，證據雖有，尚未能舉出牌九的點子——猴兒對。

何況，舉出該書之作者候選者，早逾卅人矣！

而我，至今尚在此書的天地裡深耕未懈，希朮墾出了所藏之所朮。像一九九一年七月到長春開會，路過北京住了兩晚，到琉璃廠購得萬曆間人吳稼嶝作《玄蓋副草》四册刻本（翻印本）。其中有一首寫給屠隆的一首五言長歌，其中有句：「君昔游京華，秉禮兼稱詩；侯王及庶士，交結箋等夷。觚爵飲無算，藻翰縱橫飛。謠諑一興妒，深宮擯娥眉。」此詩所指的屠隆罷官，便明說來自深宮的鄭貴妃也。雖然衹有這麼一首五言歌，找所助之金書作者「屠隆」說，不無大益也。

雖然，金瓶梅的作者說，今尚未能獲得大衆所首肯——「屠隆說」，其證據貼於「屠隆」

者，誠哉實其多，殆無可比擬之也，此話在此打住。

深耕《金瓶梅》雖踰卅年，印行了十四種（尚有另一種《一月皇帝的悲劇》，寫泰昌帝之登極一月即宴駕，其文附在「《金瓶梅》的問世與演變」一書內），然而除了集印成書十四本，賸餘之單篇，尚有數十篇張，今又集成兩本，一曰《深耕《金瓶梅》踰三十年》另一曰：《金瓶梅四面八方》，分史說、版本、研討、人物四輯論之。

雖說，已印行之十四本，固有類似之論點，卻無餘論精到，觀其項目，知之專矣！

有關於《金瓶梅》這本書的歷史問題，作者表明是明寫宋徽宗的時代，暗裡則寫的是明代的嘉靖到萬曆、泰昌、天啓這四代，可是到今天，還未能統而一之。至今還吵吵嚷嚷呢！至於「版本」，業已擺明了明代印有兩種，一是十卷本《新刻金瓶梅詞話》二是廿卷《新刻綉像批評金瓶梅》，在避諱字一項來論斷，十卷本是萬曆本，廿卷本是崇禎本，萬曆朝無避諱字，天啓三年以後，明代始有避諱字。二十卷本有天啓、崇禎兩朝的國君名諱有避「校」爲「較」，避「檢」爲「簡」。這還有何話說呢！可也有話說。所謂「文士」也者，比一般普通人，聰明得多也。

那麼，一旦進入問題的「研討」?提出的「研究」問題，大都令人不能想到的「問題」，都能左一個右一個的「問題」出現，所以，研究《金》書的作者，提出誰是《金》書的作者，如今的備選人士，業已超過卅人矣！

我之訂有這麼一個研討題目：「梅在瓶下而金在其上也。」也祇是耍耍筆桿子而已。

那麼，最後一輯，寫了《金》書中的幾位「特殊」人物，我倒是正八傑地的描寫他們。然而，我是我的看法，不可能肯定與別人一樣。想來，仍舊是各有其觀念，不能統一之呢？

所以，我在文後附錄了兩篇別人對《金》書的看法，到最後，請廣大的讀者作個評判，論斷論斷吧！

深耕《金瓶梅》逾卅年 目錄

第三輯　研討問題

第四輯　特殊人物

第一輯　史說部分

中國小說史的認知

一、莊子口中的「小說」與其他

一九九七年七月十八日至二十二日，福建師範大學在武夷山召開中國小說史研討會，與會學人六十餘，率爲治小說者。交出論文，亦悉爲小說之研究。然研究之主題，大多著眼於史的部分。

在傾心聆聽兩日之後，深感治理小說史之學者，大都忽略了小說藝術的本質，人人都以魯迅的《中國小說史略》爲基點，來發揮其論述。

誠然，「小說」一辭，始於莊子，莊周在其〈外物〉篇中，說到「小說」兩字。兼且例說了一則故事，說是有一位姓任的世家子，他做了一個大的釣魚鉤，繫了一條粗大的釣繩，準備了五十頭牛的肉作餌。於是他蹲在會稽山上，把釣竿上的鉤子與繩線，投到了東海水中，每天每天不間斷地垂釣，釣了一年也沒有釣到魚。後來，終於有條大魚上了鉤。在呑鉤時，連鉤上的餌都帶到水中去了。任公子緊拉住他手中的釣竿不放。那呑鉤的大魚，在海中飛騰著，奮起鰭來掙扎著，激起的白色海浪山樣高，海水都波蕩起來；動蕩起的聲音，如鬼魅如神魔，千里遠的人聽了，都會害怕。任公子終於釣到了這條大魚。割成一塊塊，醃成了臘肉。然後，一塊塊分給了會稽附近浙河以東、蒼梧以北等地的人食用。這一帶的人，人人都享受到了這條魚醃成的肉塊。

這之後，便有人在這一帶的通衢要道，頌說著任公子這條魚功德於地方的故事。到了後世，這地方還有人爭相傳頌。

莊子例說了這則故事之後，還有一段評論，說：「夫揭竿累趣灌瀆、守鯢鮒，其於得大魚難矣！飾小說以干縣令，其於大達亦遠矣！是以未聞任氏之風俗，其不可與經於世，亦遠矣！」

從莊子的這句「飾小說以干縣令，其於大達亦遠矣！」的例說故事來看，當可蠡知莊子之使用「小說」一詞的要義，乃從「大道」、「小道」以及「大學」、「小學」的說詞，衍義而來。譬如「大學」、「小學」兩詞的意義，「大學」就是「大人之學」，「小學」就是「小人」之學。按「大人」、「小人」之別，就是「官」、「民」之別。在位的官員，謂之「大人」，一般「平民」，即謂之「小人」（亦稱君子、細民）。再換個說法，也就是「貴族」與「平民」之分。在位者，掌理國政的貴族也。孟子則用「勞心者」與「勞力者」分之。說：「勞心者，治人；勞力者，治於人。」又說：「治於人者，食人；治人者，食天人。」

孟子還有一句話，這樣說：「舜人也。我亦人也。舜，為法於天下，可傳於後世，我由（猶）未免為鄉人也。」讀了孟子的這段話（離婁下），當可想知莊子的任公子釣喻，之所以「去大達遠」，旨在此耳！

在《論語》（陽貨），還有這麼一段話：「子之武城，聞弦歌之聲。夫子莞爾而笑曰：『殺雞焉用牛刀？』子游對曰：『昔者，偃也聞諸夫子曰：『君子學道則愛民，小人學道則易使也。』子曰：『二三子聽之，偃之言是也。前言戲之耳！』」這一段話，也說明了「大達」一詞的意旨，乃君子之「大學」之道，齊家平天下也。

所以，古有「大學」、「小學」之分，「大道」、「小道」之別。《論語》（子張），子夏曰：「雖小道，必有可觀者焉。致遠恐泥，是以君子不為也。」認為凡屬小道，窺於一隙，執於一偏，雖有所得，但若推而遠之，欲其達於遠大悠久之域，恐多窒泥而難通，故君子不為也。

漢人揚子云，認為文章之事，乃「雕蟲小技，壯夫不為」。桓譚則視「小說」為「短書」，乃「合殘叢」之「小語」卻「近取譬喻」而已。《漢書》〈藝文志〉列「小說」為十家之末。總之，抵漢興，「小說」始有名立於史志。然對「小說」之認知，尚未能從小說藝術上著眼，於是取乎類，入乎史。

到了民國，魯迅於一九三〇年成其《中國小說史略》，窺其內涵，猶未能以小說之藝術觀而成其書也。他對小說的看法，幾乎是以西人的小說定義「虛構」(FICTION)爲標的，來寫其小說史的。遂以《神話與傳說》昉其始。設《山海經》、《穆天子傳》作例說之基。蓋《神話與傳說》悉虛構者也。竟摒史詩、史傳於「小說」藝術之外，未免遺憾！

何以？對小說藝術之認知，有偏差耳！

二、認知小說藝術的本質

雖說，在武夷山的會議上，我提出的論文是《我說〈金瓶梅〉的歷史》，但在開幕式的致辭中，要我對中國小說史的寫作課題提出一些意見，遂提出了我對「小說」藝術的本質看法。多年前，我講過《何謂小說及其特質》（一九九一年五月在中國小說研究班講）這一課題，認爲對「小說」的認知，不應再泥於前人的界說，應從文學藝術的興起，來認知小說的本質，來界說何謂「小說」？使之正確地入乎史書。於是我說：「我如果從事中國小說史寫作。詩三百中的故事詩，應例首篇，其次是《左傳》與《禮》之《檀弓》，再下是諸子的寓言，再下則是司馬遷的《史記》。」此一認知，便是多年前我在《何謂小說及其特質》這一課題中講過的。

小說是文學藝術的類別之一。

文學的大類，不過韻文、散文之別，我中國則多一駢驪文體。但無論韻文、散文或駢文，只是文體的形式。至於內容之議論、言情、敘事、說人或述史，則不限於文體。換言之，韻文、散文、駢文，無不具有其議論、言情、敘事、說人或述史的功能。

那麼，我們如從此一觀點來說，對於小說藝術的認知，良應以文學爲之基。

文學，語言藝術也。它是語言形成的，當文字未曾發明之前，可以推想到人類在未有文字只有語言的時代，人與人的相互言談，怎能無「街談巷語」式的張家長李家短的途說而道聽？到了語言成熟之後，遂有了詩三百的民人歌謠，喜者美之，惡者刺之。人間之上位爭國殺伐，下民號寒泣飢，史官書之竹帛，稗官錄之巾襟。於是，堯禪舜讓，禹疏九河，桀無道而殷商興，紂無道而成周起。孔子作《春秋》，而左丘傳之，公羊論之，穀粱詮之。禮之失，求諸野，〈檀弓〉記之。若是之史也。若是之《禮》也。若是之《易》也。若是之《書》也。悉是古代文學藝術。若訴諸於小說之藝術觀，則「詩三百」之風、雅、頌，所歌者，史也。「三禮」、「三傳」，所記者悉史也。大《易》、《尚書》，演述者，悉古史也。一篇篇、一章章，無不事有先後終始，情節周旋有致，人物對話如生，怎能不以小說視之哉？

南開大學李劍國教授說：「應視之爲小說的萌芽。」

聞之，誠以此說，極不得當。何以？觀之「詩三百」與禮傳、〈檀弓〉所記等文，述事寫人，力透紙背，無不步力簡冊，與吾儕共談吐。故事情節之成熟，今之小說家何能望之項背？焉能以小說之「萌芽」視之耶？

按藝術門類，音樂、戲劇、舞蹈、美術等，可以說有其「萌芽」時代，獨文學藝術一類，無有所謂之「萌芽」時代。蓋「文學」乃源自語言藝術成熟之後。人類之文學既已到了能記事成文、論事成章，文學之使用，業已成熟，所成之文章業已體式完完整整，譬如「詩三百」、左氏傳、檀弓記，無論是記事述人，歌之美刺，都已是成熟的篇章。不視之爲小說則已！視之爲小說，則應列之中國古代文言小說之興起時期或產生時期，未可以「萌芽」一詞命之也。斯我芻蕘之見解。

豈其然乎？豈其否乎？

三、小說焉能摒史傳於界外？

今之小說史家，幾乎無人走出魯迅的《中國小說史略》，前已說到。魯迅先生以「神話與傳說」作爲小說的發端，固然正確，但傳於今世之神話作品，雖題材乃「昔者初民，見天地萬物，變易不常，其諸現象，又出於人力所能以上，則自造說以解釋之：凡所解釋，今謂之神話。」但這種神話，如以語言形成文字組成的文學藝術觀之，與史傳、《禮記》以及「詩三百」之歌，並無分別，都是語言成熟後的文字組成的文學。何以神話入乎小說史，而史傳、《禮記》中的那麼結構嚴實、人物如生的史事，竟摒之於小說史之外，誠然令我不解？

史傳、《禮記》以及「詩三百」的史詩，才是眞眞切切而鐵鐵石石寫出的人物、事件、藝術呢！

像《山海經》、《世說新語》之列入小說史，我也甚感詫異。

按《山海經》這部書，其中雖有神話故實，可入小說者，極微。若說《穆天子傳》、《神異經》、《十洲記》都受到《山海經》的影響，清之《四庫全書》列在子部小說類，它終究不是小說，魯迅也說它是「蓋古之巫書也」，未列入小說類論之。

至於《世說新語》，所寫都是人事，魯迅論之說：「今本凡三十八篇，自『德行』至『仇隙』，以類相從。事起後漢，止於東晉。記言則玄遠冷峻，記行則高簡瑰奇，下至繆惑，亦資一笑。」若以小說的本質鑑之，「世說」都是散言、片語、文摘，成其章者，絕少。縱以今之「小小說」比之，也有其完善結構之病。譬如〈自新〉篇之周處，文約兩百言，述周處之能聽善言而改過自新，也只是片言折獄之類。再如〈棲逸〉篇之「阮步兵嘯，聞數百步。蘇門山中，忽有眞人，樵伐者咸共傳說。阮籍往觀，見其人擁膝岩側。籍登嶺就之，箕踞相對。籍商略終古，上陳黃、農玄寂之道，下考三代盛德之美，以問之；仡然不應。復敘有爲之外，棲神導氣之述，以觀之；彼猶如前，凝矚不轉。籍因對之長嘯。良久，乃笑曰：「可更作？」籍復嘯。意盡，退，還半嶺許，聞上啫然有聲，如數部鼓吹，林谷傳響。顧看，乃向人嘯也。」像這等具有小說本質之人物刻劃藝術文繡者，十難得一。若以之質對左氏傳、檀弓記，以及詩三百之故事詩，幾乎是十九塑人物者，《世說》如何能比？試舉如下：

《左傳》首篇〈鄭伯克段於鄢〉，寫莊公之養奸叔段，終於伐諸鄢，殺於共。這故事，乃家喻戶曉，不必錄之矣！

還有莊公十年春，王正月，公敗齊師於長勺的〈曹劌論戰〉一則，也曾收在高中國文課本上，知之者多，也不必錄矣！

那麼，我們以隱公三年傳的〈石碏諫寵州吁〉一文作例說，這篇傳文，雖偏於議論，然其文章結構，述事也有頭有尾，議論也事理分明，君臣之間的諫者言而君弗聽的性行，也都赤裸裸表露出來。尤其，此一傳文可與〈鄭伯克段於鄢〉的傳文，合而閱之。前者，母武姜偏愛次子；此者，莊公寵妾子州吁。兩者都爲了寵愛不當，釀成了悲劇。

茲錄隱公三年〈石碏諫寵州吁〉文如下：

> 衛莊公娶於齊東宮得臣之妹，曰：「莊姜」。美而無子，衛人所爲賦「碩人」者也。又娶於陳，曰：「厲嬀」，生孝伯，早死。其娣戴嬀，生桓公，莊姜以爲己子也。公子州吁，嬖人之子也。有寵而好兵，公弗禁，莊姜惡之。石碏諫曰：「臣聞愛子教之以義方，弗納於邪。驕奢淫泆所自邪也。四者之來，寵祿過也。將立州吁，乃定之矣！若猶未也？階之爲禍。夫寵而不驕，驕而能降，降而不憾，憾而能眕者鮮矣！且夫賤妨貴，少陵長，遠間親，新間舊，小加大，淫破義，所謂六逆也。君義臣行、父慈子孝、兄愛事敬，所謂六順也。去順效逆，所以速禍也。君人者將禍是務，去而速之，無乃不可

乎？」弗聽。其子厚與州吁遊，禁之不可。桓公立，乃老。

這篇短文，寫大臣石碏諫衛莊公寵州吁之不當，寫莊公之不聽諫終釀悲劇。

莊公卒後，桓公立，石碏告老歸。史遷在〈衛康叔世家〉中說到此事。說：「桓公二年，弟州吁驕奢，桓公絀之，州吁出奔。十三年，鄭伯弟段，攻其兄不勝，亡。而州吁求與之友。十六年，州吁收聚衛亡人，以襲殺桓公。州吁自立爲衛君。」鄭叔段攻其兄，州吁請宋、陳、蔡三國助之。衛人不愛州吁，石碏與陳侯共謀，殺州吁於濮，迎桓公弟於邢而立之，是爲宣公。

當我們全部了解了有關州吁的這段歷史悲劇，便更能認知到這段左氏所傳，其故事結構之簡潔扼要，人物之主從分明；其情節之周折，終始如一；而且結尾留下悲劇伏筆，有很強的故事性。由於作者所傳的是正史，委實用不著再寫州吁弒桓公、衛人殺州吁，迎立宣公。一如〈鄭伯克段於鄢〉之寫到「大叔出奔共」止。下所寫乃史家之論，非說故事者之故事情節矣！

我們若以今之小說藝術比而論之。試問，史傳之文，若以小說況之，豈不比《山海經》之神話、《世說新語》之碎語，更堪以入乎小說史？

四、中國小說始於「詩三百」成於史傳

在這次武夷山召開的中國小說史研討會中，福建師大的郭丹教授提出的論文《史傳文學與中國古代小說》，對於一般小說史家認爲在一些子書裡，夾雜著不少寓言故事，說「那是小說的萌芽」。郭丹說：「這雖然有一些道理，但與中國文學發展的實際不盡相符。」他認爲這一史說，「從先秦到六朝之間，未免留下了太長的空白和遺憾！」遂立說：「中國古代小說的產生，與史傳文學有著更加深刻的血緣關係。」而我則認爲從「詩三百」篇的故事詩，小說的藝術結構已經形成了。

涂秀虹（福建師大講師）在研究《水滸》戲時，也感受到了史傳的故事，大多是戲劇的取材，越看越覺得史傳也就是一齣齣戲文（在武夷山中國小說史研討會中發言）。

而我，則一向認爲小說與戲劇是孿生的同胞。它們都是複製人物的藝術。

我在前面說了，文學是語言的藝術，當語言訴諸於文字，能記人事成章，文學就完成了，不應有「萌芽」時代。文字有萌芽時代，文學沒有萌芽時代。

我們中國文學，傳到後代最久的，便是「詩三百」篇，其次便是史傳、禮記、易說，再則是諸子論說。這些篇什，全是文學成熟後的錦繡文章。無論史傳、禮記、易說以及諸子之侈談大論，無不是演說人生事故，窺其本質，悉與「小說」之說，無大差異。憾於後之論學者，扭於大學小學與大道小道之分，到了魯迅這一代，還無膽去突破經學這一界域，是以五經之文，至今未敢舉之與小說並論。

民國以來，諸子中的寓言，雖已引而入乎小說，至於《論語》、《孟子》中的故事，除了「齊人有一妻一妾而處室者」有人以小說入論，他則多忽爾捨之。蓋《論》、《孟》乃經學也。

再者，我舉出的《禮記》中的〈檀弓〉，所記雖屬說禮之與說人，實則全是說人之與人的處身處世，亦人文之學也，小說之史也。甚少有人舉〈檀弓〉故事，入乎小說之史，立於小說之論。實則，〈檀弓〉上下等篇，記之文有長有短，雖全是說禮的，由於禮是人的切身問題，是以說禮的故事性，不但濃厚，兼且有情有致，殺人亦有禮可說。（〈工尹商陽與陳棄病追吳師及之〉）。小說史家以《世說新語》入於史，〈檀弓〉又怎能摒之小說史外？

我們大家習知的「嗟來食」一則，就出自〈檀弓〉。文，不到百字，情節完整，人物如生，古文選本，棄之者少。「齊大飢」。黔敖為食於路，以待餓者以食之。有餓者蒙袂輯舉，貿貿然來。黔敖左執食，右執飲，曰：『嗟！來食。』揚其目而視之曰：『予惟不食嗟來之食，以至於今也。』從而謝焉！終不食而死。曾子聞之曰：『微歟！其嗟也可去。其謝也可食。』在〈檀弓〉還有不少長文，情節曲折的。有篇「有子問於曾子」的喪之「速朽」與「速貧」問題，情節通過對話表現，可以說是起伏周折，情致沛然！

有子問於曾子曰：「問喪於夫子乎？」曰：「聞之矣！『喪，欲速貧，死，欲速朽。』」有子曰：「是非君子之言也。」曾子曰：「參也聞諸夫子也。」有子又曰：「是

> 非君子之言也。」曾子曰：「參也與子游聞之。」有子曰：「然。然則夫子有爲言之也。」曾子以斯言告於子游。子游曰：「甚哉！有子之言似夫子也。昔者，夫子居於宋，見桓司馬自爲石槨，三年而不成。夫子曰：『若是其靡也。死，不如速朽之愈也。』死之欲速朽，爲桓司馬而言之也。南宮敬速反，必載寶而朝。夫子曰：『若是其貨也。喪不如速貧之愈也。』喪之欲速貧，爲敬叔言之也。」曾子以子游之言，告於有子。有子曰：「然。吾固曰非夫子之言也。」曾子曰：「何以知之？」有子曰：「夫子製於中都，四寸之棺，五寸之槨，以斯知不欲速朽也。昔者，夫子失魯司寇，將之荊，蓋先之以子夏，又申之以冉有，以斯知不欲速貧也。」

按〈檀弓〉的這段記述，已成爲「有子之言似夫子」的讚譽辭。按孔子弟子，有若與曾參年最少（有若少夫子四十三歲，曾參少夫子四十六歲）。一天，有子問曾子知不知道老師對於死而葬的看法是怎樣的？曾子便老老實實把他聽來的兩句話重述一遍。這時，老師已去世。有子聽到曾子說他聽到老師說的是「喪欲速貧，死欲速朽」，不相信這話會是老師說的。曾參說老師說這話時，子游也在旁聽到。有子聽到曾參說得如此肯定，遂推想老師當時說這番話，一定是有所爲而發。

曾子便去問子游。子游聽了，就讚美有子的這句懷疑老師不可能說這番話的有所疑推想，倒很像老師的疑問呢！遂說起當年說「死欲速朽」是對宋之桓司馬自爲石槨三年不成說的，

「喪欲速貧」是因南宮敬叔的「必載寶而朝」說的。有子之所以不相信老師不會對喪事說出這樣的話，是因爲有子知道他的老師任中都宰時，製規是四寸之棺五寸之槨。辭去魯司寇時，準備到衛國去，曾先遣子夏、冉有打前站。

〈檀弓〉記下的這件事，除了述喪禮的規制，實則是在寫孔子弟子中的曾參智拙，有若智捷。這麼說起來，〈檀弓〉的此記，豈不更加的具有小說藝術也。

五、今之治小說史者能不改韻徙調乎？

今之治小說史者，類分舍「文言」、「白話」兩類，還有「志人」、「志怪」之分；另外，還有「神話」一類。

近些年來，更有「通俗」一類，以及「俗文學」一說。所謂「俗文學」，是不是全是語體，小學程度的人就能閱讀無礙呢？還是其中文辭不論文、白，但所寫內容，全是鄉人的街談巷語，則謂之「俗文學」呢？還是指那些民間小唱、笑話書、唱本、民間故事等類呢？

可是，以文言行之於文的《三國演義》，則被今之小說史家列入「通俗文學」類矣！

殊不知《三國》、《水滸》、《西遊》之能家喻戶曉，非其文之通俗，實應歸功於說書人的嘴，與劇人之搬上舞台。再說《金瓶梅》乃標準之「文備衆體」的說部，不要說其中的文辭，不但韻、散、駢、驪統而有之，韻文的詩、詞、曲、劇，一樣不少（詩之絕句、律詩、長調全備，曲也小令、套曲俱全，劇則整套在內。古文有邸報、諫狀，白話更有妻妾鬥嘴、婆嬤罵街。寫景則駢文連篇），列入文言小說類？還是列入白話小說類？

只此分類，也是小說史家頗爲頭大的問題。

上海華東師範大學的陳大康教授，在會議席上報告他的論文，說了一句治小說史的大原則，「應當著眼於歷代小說在創作過程中的演變狀況。」（不知我聽眞切了沒有？）陳氏此言，見及根矣！

論小說者，日多一日。吾友黃霖兄（上海復旦大學教授），與韓同文合選了一部《中國歷代小說論著選》，由桓譚《新論》始，再下即《漢書》〈藝文志〉而《山海經》、《神仙傳》……郭豫適教授（上海華東師範大學）之《中國古代小說論集》，則自《世說新語》選起，又拉後矣！

老友侯忠義教授（北京大學）之《中國文言小說史稿》亦是因循了魯迅的《中國小說史略》立言的。時代衍生，日月交替未變，而陽晴圓缺，氣象分秒而化育萬千，世上的一切事事物物，都在日新而月異。百年以來，我們治理文學的人，怎的還能一成不變地沿循著錯誤的老路走下去？

觀之魯迅的《中國小說史略》，編目分類，依循的大多是宋人說。如宋人對於「說話人」之「四家」說，魯迅也沿襲之分爲四家：*1.*小說——銀字兒、說公案、說鐵騎；*2.*談經（說經、說參請）；3.講史書（說史）；4.合生。或者分1.演史；2.說經諢經；3.小說；4.說諢話。王國維的《宋元戲曲史》對於「小說」，也是類同的四分法：1.小說；2.說經；3.說參請；4.說史書。可以說，三〇年代的學人，對於「小說」的認知，尙無人從「小說」的「本質」上去尋求合乎學理的藝術認知，來予之定義。

現在，我就前輩學者對於「小說」的四家說，定義出的名稱，提出一段問題：

「小說」只是說「銀字兒、說公案、說鐵騎兒」？

談經、演史、說諢話，都是「小說」的另一類？

此一問題，早就有所爭論，胡懷琛的《中國小說概論》認爲，不應把「說話人」的「小說」分界得太碎，「應把銀字兒、說公案、說鐵騎兒」納入「小說」之下，分成四家就可以了。他不贊成分家太多。然而，說經、講史還是各成一家。與「小說」界開。

而我，則認爲文、史、哲三位一體，講文學，史學、哲學即包含在內。（我國之經學即斯類也）而文、史、哲三位一體之文學，在大體類分上，只應有韻文、散文、駢文之分。而小說、戲劇，乃文備衆體之文學類型，韻文中的史詩（故事詩），亦小說也。散文之寫人敘事如史傳、《禮記》等等，殆亦應視同小說也。記傳之作如《邱吉爾回憶錄》（獲頒諾貝爾文學獎）、沈復的《浮生六記》（雖僅餘四記），不是已被列入小說史中論讚著麼？

固然，今之科技時代，學問之類，分工越細越好。

若以中國文學一事論之，改制百年以來之教育，習文者不知樂，習樂者更是不通於文。最可傷者是音韻學家，雖大師已不能張口，不知詩、詞、曲之有韻律音也。休說長調《琵琶行》、《將進酒》等，他們歌不出協律之音，就是七言絕句，也會把「梅」、「台」念成二韻。說來，這是閒話了。

那麼，我們研究小說者，如能把「小說」看成是寫人的藝術，並不局於韻文、散文，他如辭賦之頌〈兩京〉與〈三都〉等文，其本質，殆亦敘事寫景說人之小說也。西方之史詩（EPIC）如《奧德賽》、《依里亞特》，雖是有韻的歌，文學家也以小說論之。我們的漢樂府如《日出東南隅》、《羽林郎》等，以及唐詩長調《長恨歌》以及《兵車行》等，文家不也悉以故事論之乎？

唐之佛家宣講，兩宋之說話人，那種有說有唱的「寶卷」與「話（唱）本」，早已列入小說門類。如史傳、《禮記》中的寫人藝術，比神話還要完美，誠不應以「經學」拒之。治小說者，良應以小說的藝術本質鑑之，不應以什麼經也、史也、界之也。

治小說史者，還能再循前賢之小說史說，而自獄於宋人之紛亂小說史觀之亂草叢莽間乎？

一九九七年八月一日於台北安和居。

《金瓶梅》（詞話）的小說體式

一、我邦的小說體式

西方的小說家，謙稱是「說故事者」。

我們中國的歷史，雖有「小說家」名類，《漢書》〈藝文志〉列在九流十家之末，其內容是「出於稗官、街談巷語、道聽途說之所造也。」不也是瑣拾些街談巷語寫成的故事乎？就以最早使用「小說」一詞的莊周，他口中敘述的任公子釣得大魚，醢而分給鄉人食之的比喻，也只是說了個小故事。先秦時代的學人，動輒編一則寓言，縱然意在言外，像《孟子》的〈齊人有一妻一妾〉、《列子》的〈岐路亡羊〉，以及《晏子春秋》的〈御者妻〉、〈韓非子〉的〈和氏璧〉等等，在今日看來，這類寓言故事不也全是小說乎？

換言之，「小說」就是「故事」，但光有「故事」並無內涵，那「故事」便不是「小說」。這話，不宜在本文中嘮叨了。但凡是小說，不能沒有人生的事件，道出小說的人生故事，應是寫小說者的第一要義。換言之，那就是「說」，也就是西方小說家謙稱的「說故事者」。

從中外的小說章幅與結構的體式看，早期的先秦寓言以及史傳的傳人述事，三千年來，薪傳如一，率是「齊人有一妻一妾而處室者」（《孟子》），「莊子與惠子遊於濠梁之上。」（《莊子》）「楚有祠者，賜其舍人卮酒。舍人相謂曰：『數人飲之不足，一人飲之有餘，請畫地爲蛇，先成者飲酒』……」（《國策》），或：「項籍者，下相人也。字羽，初起時，年二十四。……」（《史記》〈項羽本紀〉）。然而，史遷作傳，寫作的體式則稍有變化，如《仲尼弟子列傳》則加敘語：「孔子曰：『受業身通者，七十有七人。皆異能之士也。』」下述：「德行顏淵、閔子騫、冉伯牛、仲弓，政事冉有季路，言語宰我、子貢，文學子游、子夏……」以及《循吏列傳》、《游俠列傳》、《佞幸列傳》、《刺客列傳》等等，都加上一段敘說在起頭，如《滑稽列傳》敘曰：「孔子曰：「六藝於治一也。禮以節人，樂以發和，書以道事，詩以達意，易以神化，春秋以義。」太史公曰：「天道恢恢，豈不大哉！談言微中，可以解紛。」下再寫「淳于髡者，齊之贅婿也。」①

那麼，我們如從先秦的寓言以及西漢史傳的傳人的語言及體式看，可以說抵唐未變。直到兩宋，說書人興起，小說的體式遂由述史的「汧國夫人李娃，長安之倡女也。」（《李娃傳》）或「大曆間，隴西李生名益，年二十，以進士擢第。其明年拔萃，俟試於天官……」（《霍小玉傳》）這類史官語氣的體式，改變成說書人的語氣。如《碾玉觀音》，便放棄了史傳的大多老套「某某，某處人也。……」，遂以引詩一首爲開場白：「山色晴嵐景物佳，暖烘回雁起平沙。東郊漸覺花烘眼，南陌依稀草吐芽。……隴頭幾處紅梅落，紅杏枝頭未著花。」說：這首《鷓鴣天》說孟春景致，原來又不如《仲春詞》作得好……另一篇《菩薩蠻》也是先說四句詩開個頭兒，下面則是「話說大宋高宗紹興年間，溫州府樂清縣有個秀才，姓陳名義字可常，年方二十四歲，……」結尾，也是在說完結局之後，引詩爲證止。說來，這體式雖還未能擺脫史遷的史傳體式，但加上「話說」兩字，卻已顯明地呈現出說書人的語調，大不同了。②

從趙宋時代起，小說的體式遂與史傳有了變形的一格。這一體式的變形，與兩宋興起的說書人有著密切的關係。可以說到了元明清三朝，這種說書的體式大致未變。譬如元至治年間刊行的《全相平話武王伐紂書》，一開場念的四句詩：「三皇五帝夏商周，秦漢三分吳魏劉，晉宋齊梁南北史，隋唐五代宋金收。」下面再是說書人的老話頭兒：「話說殷湯王姓子名履字夫乙，謚法除虐去殘，……」結尾也是「有詩爲證」。明代之《三國》、《水滸》、《西遊》、《金瓶梅》，也是這些老套子③。雖然到了《紅樓夢》，開場白有了改變，不用詩一首或詞一闋，改爲說：「此開卷第一回也。作者自云曾歷過一番夢幻之後，故將眞事隱去，而將『通靈』說此《石頭記》一書也。故曰：『甄士隱』云云。」然而，到了書的結尾，仍不免用四句偈語：「說到辛酸處，荒唐愈可悲。由來同一夢，休笑世人痴！」但卻改成這四句結語是「後人見了這本傳奇」小說，還說：「爲作者緣起之言，更進一竿云。」則又有了變化。然後之《鏡花緣》，一下筆先從班昭的《女誡》說起，說了這個起頭，然後再「且說天下名山」，仍未脫史遷的史傳方式。④

至於清以後的說部，體式的變遷，非本文所需，就此打住，還是回頭說《金瓶梅》（詞話）。

二、明代的四大奇書之體式

說起我邦傳統小說的體式，不外「史傳體」與「說書體」兩種，上已言之。如《三國》、《水滸》、《西遊》、《金瓶》四大奇書，在說故事的體式上，可以說已繼承了兩宋的「說書體」，然而，全未能擺脫史遷的「史傳體」窠臼。

譬如《三國》第一回，也是詞一闋，而跟著便是「話說天下大勢，分久必合，合久必分。……」，在行文中，也夾有詩曰一首或詞令一闋。他如《水滸》，也是詞曰一闋，詩曰一首，再是「話說這八句詩，……」，在行文中夾有詩詞進來。而《西遊》也是雷同的「詩曰」，敘事加個「引首」（或曰「致語」），說：「蓋聞天地之數，有十二萬九千六百歲爲一元……」文中夾入詩詞，也不能「免俗」。每回的結尾，都是「……且聽下回分解。」

至於《金瓶梅》（詞話），也是同一形式。

像這類「話說」、「且說」（或「且表」）、「卻說」（或「卻表」）等等「說書」的語態，都是從宋人的說部沿襲來的。至於「且聽下回分解」這一區別回目的說詞，由於兩宋時代尚無長篇小說，自也無有「且聽下回分解」的語句。但在元代刻本平話中，可以見到這類說書的人「關節」語句。譬如《武王伐紂書》上中下三卷，既無章目，也無回目。當然也無「且聽下回分解」的話尾。但每一情節的結尾，悉以「詩曰」或「又詩曰」的詩句，以別上結與下起。上下的情節長短不一，有不到兩百字者，也有數千言者，可以說，作者處理情節極爲自由。不過，《伐紂書》的情節交替，不用「話說」兩字（只在開頭用了一次）。而在《新刊全相平話樂毅圖齊七國春秋後集》中，其體式又有了變化。不但在語辭中有了「卻說」兩字，且又加了章目，如〈孟子至齊〉、〈燕王傳位與丞相〉、〈齊兵伐燕〉、〈齊兵伐燕勝〉、〈鄔忌劫孫子寨〉等章目。而且章目與章目的情節極短，往往不到兩百言。上中下三卷，計其章目之數，五十餘。其中「詩曰」之外，又加上「書曰」與「正史云」等說，併入論事。可以說，平話的「體式」又發展出了另一格式。

但《平話前漢書》與《平話三國志》的說故事方式，除了引「詩曰」之外，又發明了「話分兩說」來「按下」這事「不表」，「再說」……。或以「話分兩頭」，再說另一情節。所以，《平話前漢書》與《平話三國志》都是一氣說下去，既不分章節，也不別事之各方。也可以在「話分兩頭」的放下這裡再說那裡，兩相交互地前前後後說下去。但此一說話的進行情況，適於短書，不宜於長編。像《三國志通俗演義》文辭的篇幅逾百萬言，可說不能像元代的「平話」體式「說」下去了。所以，到了明代形成的《三國志通俗演義》，篇幅百餘萬言，勢非以章目爲畛域，遂有了兩百四十目，以別《三國志通俗演義》的情節。

於是，小說在「說書人」的口中，又有了新的「體式」產生。

但從早期的《三國志通俗演義》的「體式」觀之，似乎不是出於說書人之口，而是出於讀書人之手⑤。

說來，似應獨立起來論之。

三、弘治本《三國志通俗演義》

按弘治本《三國志通俗演義》其文辭乃文體而非語體，換言之，乃文言小說。所謂「通俗演義」，指的是「演義」，演義的內容乃正史之外，還夾雜了民間的習說，有別於陳壽的《三國志》也。實則，良不可與其他語體之長篇小說並論。《三國志通俗演義》文言小說也。

這且不表。且說此一《三國志通俗演義》的小說體式。

四、第一部長篇小說

說起弘治本《三國志通俗演義》，乃我國第一部長達百萬言的長篇小說，且也是全世界最早的一部百萬言長篇小說。

它的小說「體式」也是新創的。它有了故事章節的區分題目。換言之，這小說中的「章目」，共達兩百四十題，每一小說的情節，都訂有一個章目。二十四卷共兩百四十則（目）。明嘉靖元年（壬午）刻本，即書上印弘治本者。

這個話本每一章的頭尾，文辭無不乾淨俐落。譬如卷八：〈徐庶訂計走樊城〉的開頭，只寫「曹仁忿怒，意欲踏平新野，大起本部之兵，投新野來。……」，這一段的結尾「徐母罵曹操，操大怒，叱武士執徐母斬之。性命如何？」就這樣打住。下接〈徐庶走薦諸葛亮〉，文接「曹操欲斬徐母，程昱急止之。……」。他如〈劉玄德三顧茅廬〉的這段結尾，「孔明之世之大賢，豈可召乎？遂上馬來謁孔明。」，下寫「未知見否？還是如何？」；再下一節「玄德風雪訪孔明」的下節〈定三分亮出茅廬〉，則接「卻說劉玄德……」。像「卻說……」這樣的說書語調很多，像「未知……如何？且聽下回分解。」也間而有之。可以說這「未知……如何？且聽下回分解」的話語，最早起於這部嘉靖元年刻之出版者稱爲「弘治本」的《三國志通俗演義》。⑥

再按：這本一百二十回的《三國志》，從孫楷第《中國通俗小說書目》所記版本來說，《三國志》演義之有章有回，應在明之萬曆間，以李卓吾之評本爲犒矢。較之章回體之《水滸傳》，遲了一代。是以我認爲中國的「章回體」小說，始於郭武定之刻本《水滸傳》。雖然，明代的四大長篇小說，《三國志通俗演義》最早出現⑦，卻僅有名目而無回數。

還有，爲長篇小說創始了「未知……如何？」，或又加上一句「且聽下回分解」的「體式」則是弘治本《三國志通俗演義》，卻也是由《水滸傳》起，才開始寫出「畢竟……（怎樣？）且聽下回分解。」這麼一句結尾文辭；隨後，《西遊》以及萬曆本的《三國》，還有《金瓶梅》，也都採用了這一回末的結尾體式。只有《金瓶梅》（詞話）的第五回及第三十五回，在「且聽下回分解」之後，又加上兩句詩（雪隱鷺鷥飛始見　柳藏鸚鵡語方知）；第三十五回則在「下回分解」之下，加「正是」兩字，再寫兩句詩：「只恨閒愁成懊惱，始知伶俐不如痴」。還有第七十六回，未寫「且聽下回分解」，則寫：「正是，誰人汲得西江水，難免今朝一面羞。」（指溫葵軒被逐）。且又起行寫了七言詩絕句一首：「靡不有初鮮克終，交情似水淡長情。自古人無千日好，果然花開摘下紅。」

《金瓶梅》（詞話）卻有了這三回變例。

至於其他三本，雖有「且看下文分解」或「下文便見」、「下文便曉」、「下文便知」，但「體式」還是一樣。

五、小說的「文備眾體」

竊以爲大凡文學門類，悉以語言爲藝術展示的手段。但「小說」這一門類，則又是在運用語言上，不拘於專一的形式，而以「文備眾體」爲其小說語言藝術的運作手段。

雖說，這一「文備眾體」的小說語言之興起，始於中唐之古文運動，以具有「史才、詩筆、議論」三者作爲創作小說的運作要件，宋人趙彥衛在其著作《雲麓漫鈔》卷八認爲小說《幽怪錄》、《傳奇》皆是。說：「蓋此等文備眾體，可以見史才、詩筆、議論。」陳寅恪先生說：「小說之文備眾體，《鶯鶯傳》中忍情之說，即所謂議論；會眞諸詩文，即所謂詩筆；敘述離合悲歡，即所謂史才，皆當日小說不得不備者也。」（見《陳寅恪先生文集》〈讀鶯鶯傳〉一文⑧）

但小說之由短篇演進到長篇，文辭累積至百萬言之巨著，如明代之《三國》、《水滸》、《西遊》以及言情之《金瓶梅》相繼問世，則小說之「文備眾體」又是一番氣象。蓋凡文學中的各種韻、散、駢等文體，悉能運作於小說裡面，甚而連文學中的章表、銘誄、戲曲、小唱、書牘、謔笑，大凡人間所有文史形式，無不一一攬爲小說所有。可以說明代興起的長篇小說，無一不是「文備眾體」的文體。更可以說《金瓶梅》（詞話）的「文備眾體」之語言運作乃「集大成」者也。

我們若從「文備眾體」的文情上看，其中的「詩曰」、「又詩曰」，或「有詩爲證」或「有詞×××（詞牌名）」等體式的描寫，打從「弘治本」的《三國志通俗演義》起，便開始了，但只用於文辭的中間。但到了《水滸傳》，便安排在每回的最前面，於是，《西遊記》、《金瓶梅》便沿襲下來。

然而，各回的回首之此一體式，並不限定「詩」或「詞」，也用「格言」等。不過，遇見文情須加之以形容，來描寫其外觀形態，如果寫人或述事，尚須在內涵上使用筆墨。在《三國志通俗演義》時期，使用的體式以詩曰歌之，或說是「史官」之讚，或「後人」之頌，有時再加上「論曰」、「評曰」以散文駢文體式。但到了《水滸傳》便以「但見」之說詞，大多襲用賦體以四六句鋪陳。此一辭賦之駢驪體式，遂成了後期長篇小說之不可或缺的一大體式。

在《水滸傳》、《西遊記》、《金瓶梅》中，這種「但見」（或「登山頂觀看，果是好山：『千峰列戟，萬仞開屏……，』」或原來是歌唱之聲，歌曰：「觀棋柯爛，伐木丁丁，雲邊谷口徐行。……」以及但看他打扮非常：「頭上戴箬笠，乃是新筍初脫之籜；身上著布衣，乃是木棉撚就之妙。」（《西遊記》第一回）。又如「但見」：「頭上戴著黑油油頭髮鬏髻，口面上緝著皮金。一徑裡鬆出香雲一結。周圍小簪兒齊插，六鬢斜插一朵幷頭花，排草梳兒後押。……」（《金瓶梅》第二回）又「但見」：「山石穿雙龍戲水，雲霞映獨鶴朝天。金蓮燈、玉樓燈，見一片珠璣。荷花燈、芙蓉燈，散千圍錦繡。……」（《金瓶梅》第十五回燈市情景）可以說像這類體式的描述文辭，在各回情節中時時出現。更可以說，這一章回小說的行文體式，一直流觴到民國，到西方傳來的新小說之後，始行逐漸消失。

還有，清代以才學逞能的所謂「才學」小說，如《鏡花緣》、《蟫史》以及用駢文寫成的《燕山外史》，無不是打從明代的這四大奇書之「文備衆體」的此一模式精煉出來的。竊以爲《水滸》、《西遊》、《金瓶梅》之「但見」類筆法，誠是小說作者之表現「詩筆」者也。

六、《金瓶梅》（詞話）的小說體式

《金瓶梅》（詞話）是明代四大長篇小說的最後一部。

按《三國》、《水滸》、《西遊》，都有其延伸的前身。而《金瓶梅》（詞話）也有其延伸的前身——從《水滸》蛻變而出者也。然而，傳今之《金瓶梅》（詞話）是不是取早出現於一五九六年（萬曆二十四年）袁宏道（中郎）第一次讀到的那部「勝枚生《七發》多矣」的《金瓶梅》？在我的研究論述中，認爲傳今之《金瓶梅》（詞話）非一五九六年傳出的那一部，有文爲證。傳今之《金瓶梅》（詞話），其內容不能以枚叔的《七發》一文比況之⑨。再說，傳今之《金瓶梅》（詞話），諸多抄誤的文辭，堪以證之此書梓行的匆匆，卻又有袁宏道〈觴政〉一文的疑點——無全抄本又無該書之出版物，何以寫入〈觴政〉強酒人用於酒令呢？⑩

此一閒話，本文不論。但說《金瓶梅》（詞話）之行文體式，雖是沿襲其前三部長篇之

「文備衆體」而來。但其尚有大不同於前三部的文體，那就是有關「戲曲」、「小唱」等等。戲曲、小唱非但是其前三部文中所無，並且是大量地抄入其書。足見該書作者之熱中於戲曲、小唱，非同常人⑪。

如李開先的劇作《寶劍記》⑫，抄了不少，而且是大段大段地抄進來。據卜健的研究，《金瓶梅》（詞話）從《寶劍記》傳奇中，全段照抄，或略加改造襲人，有十幾、二十幾個曲子。再者，蔣星煜先生大著《西廂記考證》一書，發現《金瓶梅》（詞話）一書，不但演唱了《西廂記》的北曲以及南詞，其寫入文中的數量，且超過了其他所錄的各劇劇目。這些有關史料抄入的統計，早有馮沅君在三〇年代即已擷出⑬。近年來，又有蔡敦勇所著《金瓶梅劇曲品探》，把金書中錄入的劇曲來源考索得更加清楚⑭。來自《雍熙樂府》者，占十之七八⑮。他如一些五七言或四六句的韻語，則又十有九改纂自《水滸傳》。惟獨屬於《金瓶梅》（詞話）人物口中歌出的「山坡羊」曲牌，最有特色。蔡敦勇說在（詞話）中共有二十餘隻「山坡羊」，夾雜在全書的情節裡頭。其名稱也十分複雜，有名「四不應山坡羊」、「數落山坡羊」、「慢唱山坡羊」、「哭山坡羊」、「山坡羊打玉簪（兒）」等等，各人唱的字數也不相等⑯。說來，這情事，也不是本文要說的。

然而，我們可以據此認定《金瓶梅》（詞話）的小說體式，敢於大量地譜賦劇曲、小唱，爲後來的小說開闢了新天地。後來的《紅樓夢》，不但把《西廂記》寫了進去，而且把劇藝也搬到書的情節中演出⑰。所以，論者說：無《金瓶梅》的出現，便無《紅樓夢》的繼起。這話，幾是衆所認同的。

還有一部分書牘的此一文體之介入小說，雖然早在《金瓶梅》（詞話）之前，即已有之。可是，出現在《金瓶梅》（詞話）中的書牘，其「體式」則又大不同於前人。其中有一部分信函的發信人，竟在名銜之前加上「下書」兩字。

這名銜之前所加之「下書」兩字，梅節先生見到，認爲《金瓶梅》（詞話）乃「說書人」的「底本」之鐵證。

他認爲這「下書」兩字，乃說書人的口語。

按《金瓶梅》（詞話）中的這類寫上「下書」兩字於名號上者，共有十件。第十二回潘六兒（金蓮）寫給西門慶的，第四十回喬太太寫給西門慶妻子吳月娘的，第六十六回東京翟謙寫給清河西門慶的，第六十七回雷起元覆西門慶的，第七十二回應伯爵妻杜氏請客帖子寫給西門慶夫人吳月娘的，第七十八回宋喬年寫給西門慶的，第八十五回陳經濟寫給潘金蓮的，第九十六回吳月娘下請帖給周守備夫人的，第九十八回，韓愛姐寫給陳經濟的，同回陳經濟覆給韓愛姐的，第九十九回則是一件宋天子改宣和七年，金兵入侵中原，徽宗禪位給太子桓，改元靖康。趙恒委李綱爲兵部尚書，種師道爲大將，總督內外宣務，遂奏請皇帝下一詔命。此一詔命，便署之爲「下書靖康元年秋九月×日諭。⑱」

顯然地，有了這麼一件皇帝的詔諭，卻也寫上「下書」兩字，應可肯定這「下書」兩字，是說書人的語氣加上的。若是沒有這件皇帝詔諭之上，文後也寫有「下書」字，尙可意爲這「下書」兩字，乃發書人自謙詞。有了這一詔諭上也有「下書靖康元年秋九月×日諭」等字，足夠肯定此一「下書」兩字，乃說書人的語氣。那麼，《金瓶梅》（詞話）的此一加入說書人的「體式」在「小說」中，堪可與宋人在「小說」的文體上，加入了「話說」或「卻說」，以及「暫且不表，且說……」，或「話分兩頭，按下此話不表，再說……」……等等「說書人」的「體式」，又增加了這麼一個新「體式」。惜乎此一「體式」，未被後人採用。不說別的，連後起的二十卷本《新刻繡像批評金瓶梅》，也只留下第十二回潘六兒寫給西門慶的那一件，還留有「下書」兩字。其他，如第九十九回，連這件「詔諭」也不見了。

總之，像這類在書牘的署名處，上加「下書」兩字，表達了這「小說」是「說書」者的「文體」格式，比「話說」、「卻說」……等等語氣，表達說書人語氣，可以說是更加清楚。

七、借據與禮單

在宋人話本體式小說中，有一篇《隋煬帝海山記》（上卷），寫有煬帝闢地周兩百里爲苑，聚土石爲山，鑿爲五湖四海，役民百萬。詔天下境內進珍禽異獸、奇花美卉、瑰果佳木，用以點綴充實東西苑之數十院。

詔命一下，無不搜奇集異、爭先恐後地進貢。所列全國各地所進種種類類，計來有：「銅台進梨十六種，陳留進桃十色，青州進棗十色，南留進櫻桃五色，蔡州進栗三種，酸棗進李子十色，揚州進楊梅一種、枇杷一種，江南進銀杏、榧子各一種，湖南進梅三種，閩中進茘枝五色。廣南進八般木，易州進二十箱牡丹，以及鳥獸蟲魚，難計其數。」

像這類描寫，屬於記帳。《金瓶梅》（詞話）也學會這一招，譬如寫西門慶爲太師爺的生日禮物，從來保打從東京辦事回來，聞知蔡太師的生日今年要大做一番，遂把此事傳帶了回來。西門慶便開始準備壽禮，派人到蘇杭等地籌辦。籌辦的壽禮，金銀綢緞，若是把禮單也一樣樣列出，卻也不遜於《隋煬帝海山記》，可是《金瓶梅》（詞話）則是陸陸續續、零零碎碎寫在小說的情節鋪敘中，適時適地地寫入。自第十八回開始準備壽禮，中間還夾入了來旺夫婦進來，與來保爭寵的情節。有關壽禮的等等，先說應伯爵的眼睛在花園內圈棚下，「看見許多銀匠在前打造生活」，又是一些日子之後，又由潘金蓮的眼睛看見「陳經濟（在）那裡封蟒衣尺頭」，遂使潘金蓮從蟒衣想到「先是叫銀匠在家，打造了一副四陽棒壽銀人，都是高一尺有餘，甚是奇巧。又是兩把金壽字壺、兩副玉桃盃、兩套杭州織造大紅五彩羅緞紵絲蟒衣，只少兩疋玄色蕉布和大紅紗蟒衣。」可以說這一禮單中的物事，大大小小也不下百種吧，卻已進步到分布在小說情節裡面寫出，已從「帳簿」中脫臼了出來。《金瓶梅》的小說「體式」是進步了。

正由於《金瓶梅》（詞話）是一部從理想主義的小說窠臼中擺脫出來的，而且大膽地步入了現實人生的社會之間，觀而察之，精粗不遺，明暗不擇，正邪不避，大凡人間所有，無不基乎小說所需而不黜。像人與人兩者的借貸之「借據」，卻也寫了進來。這微末情節，似乎在《金瓶梅》（詞話）之前，小說家還不曾寫入這類「借銀」的字據情節。

在《金瓶梅》（詞話）第十九回「草裡蛇邏打蔣竹山」的情節，是由於西門慶的親家陳洪出了事，關入監牢，連累西門慶也得入獄，遂耽誤了迎取李瓶兒。這李瓶兒生了病，一時惱怒，嫁了醫生蔣竹山。西門慶得知之後，撒出幾兩碎銀子，唆使兩個渾渾兒去處置這件事。這兩人便裝作到蔣竹山新開的藥店去買藥，便硬是賴上蔣竹山在幾年前借過魯華三十兩銀子，同去的這一位硬說他是證人。蔣竹山不同意，這兩人便打蔣竹山一頓，鬧進了衙門。

西門慶設計好了的，進入提刑所，由夏提刑審問。這兩個搗子，便呈上一張借據：

> 立借契人蔣文惠，係本縣醫生。爲因妻喪，無錢發送，憑保張勝借到魯（華）名下白銀三十兩，月利三分，入手用度，約至次年，本利交換。如有欠少時，家值錢物件折准。恐後無憑，立此借契爲照者。

這場官司，蔣文惠當然輸了。不但照契約還錢，還判以「賴債」之罪，當堂重責三十大板，打得皮開肉綻，鮮血淋漓。……

（雖說，《金瓶梅》（詞話）自一六一七年刻出，問世以來已三百八十餘年，這一借據的故事情節，不是在今日的新聞媒體上，還可以見及之乎？）

註

①從戰國時代的寓言到史遷時代的紀傳，所寫人物行傳的設文體式，便已有了變化，宋明時代的小說體式，源自前代史傳，從體式上鑑之，豈不是血緣分明嗎？

②小說到了李唐，基於「文備衆體」的倡行，小說的文體豐富了。加上佛家寶卷的故事宣講，遂導啓了趙宋時代的說書盛行，於是「說書人」的語氣與體式在宋代進入了小說，遂又給「小說」的文學體式展開了新頁。

③由於說書人的說書體式可以一節節、一段段，再一天天連續地說下去，小說的篇幅，遂也隨之日漸增長。抵元代，便有了說平話的《武王伐紂書》以及《七國春秋》、《秦併六國》、《前漢書》、《三國志》等平話，篇幅都增長了。分段分目地說下去。到了明代中葉，《三國志通俗演義》篇幅便長達百萬言以上，分段到兩百四十則。列入全球第一的一部長篇小說便出現。繼之，「章回小說」出現《水滸傳》了。《西遊記》、《金瓶梅》也出現。

④認眞去體認小說發展到宋明一代，在小說體式上，則大多地方還是不曾擺脫司馬遷的史傳寫法。

⑤這看法，是我個人的創見，書於此，以待論者教之。

⑥我手頭只有此書原刻本第八册一册，未去查證該刻本之全貌，並此說明。

⑦筆者十多年前寫有短文：〈水滸傳是章回小說之祖〉，集入拙作《寫作與鑑賞》一書。台北黎明文化公司一九八五年一月出版。

⑧《陳寅恪先生全集》，台北市里仁書局出版，一九七七年十二月二十五日。

⑨關於此一問題，多年來我一直探討，寫有一篇〈傳世之《金瓶梅》非原作〉一文，集入《金瓶梅的作者是誰？》一書中。台北商務印書館一九九八年七月版。

⑩袁中郎的〈觴政〉梓行於萬曆三十五年（一六〇七），斯時之《金瓶梅》尚有全抄本流傳於世，又未梓行。袁氏將之寫入酒令，且說不知《金瓶梅》配《水滸》爲典故者，非飲徒。良是一大疑問。

⑪此一問題，雖明代嘉靖萬曆間之文士愛好戲曲者多，不易指出。而鄞人屠隆有其他相關因子。

⑫《金瓶梅》中抄錄了李開先的劇作《寶劍記》一劇的唱詞不少段。李開先，嘉靖二十六年進士，卒於隆慶二年（一五六八）。吳曉鈴、徐朔方、卜健認定李開先是《金》書作者。惜乎無歷史爲之證（萬曆二十四年《金瓶梅》出現前，歷史無文證之也）。

⑬馮沅君寫有《〈金瓶梅詞話〉中的文學史料》列出詞曲七十六種，應是最早從事此一工作的研究者。

⑭近人蔡敦勇繼起於馮氏之後，再寫《金瓶梅劇曲品探》，比早年馮氏所探索者，超逾多倍。蔡先生服務於江蘇省藝術研究所，任研究員。

⑮按《雍熙樂府》乃明嘉靖四十五年（丙寅）郭勳所輯印。乃明代三大曲選之魁。（其二是《盛世新聲》與《詞林摘艷》。）他選有北曲一千零五十八套，南曲七十八套，雜曲一千八百八十八套，南北小令兩

百零七闋。保有金、元、明戲曲不少珍貴資料。

⑯對於劇曲小唱中的「山坡羊」一曲，竟有許多不同唱法，光是在《金瓶梅》（詞話）中唱出的「山坡羊」就有多種。蔡敦勇先生在他這本《品探》中，探索研究得最爲精詳，給與《金瓶梅》一書的研究者助力甚大。

⑰按《紅樓夢》中的情節，在家庭的喜慶日中，開台演劇，不只一次。《紅樓夢》是一部家喻戶曉的小說，知者多，在此不予詳舉。

⑱梅節先生，廣東人，出生於香港，上海復旦大學新聞系畢業。對於《金瓶梅》（詞話）一書曾投下數年工夫，從事校勘工作。所以他指出了其中幾封信，在信末署名之上加了「下書」兩字。推想「金瓶梅」的底本，來自「書會才人」之手。我則認爲這是《金瓶梅》（詞話）的作者「擬話本」的創意體式。理由是在萬曆二十四年《金瓶梅》的抄本沒有問世的五十年間，無人曾說到社會間有說話人說《金瓶梅》的文字紀錄。

從《金瓶梅》例說小說的史地問題

一、前致語

西方人口中的「小說」定義，是「虛構」（FICTION）一詞。我們中國人口中的「小說」，是「道聽途說、街談巷議」。兩相比擬起來，意義還是相同的。東西方人，都認爲「小說」是人們編造的人間不實故事，卻能在「小說」中呈現「眞實」。

若是把「小說」當作「藝術」來說，其本質應是塑造人物外在形象與內在心象的「寫人的藝術」。

「小說」既是「寫人」的藝術，終離不開「時」、「空」兩個字；「時」屬於「史」，而「空」屬於「地」。換言之，「小說」離不開「史」與「地」。應該說，「史」與「地」兩事，是「小說」藝術不能避開的兩件事。

今天，我從《金瓶梅》這部明代的百萬字長篇小說，所涉及的「史」、「地」兩事，做一簡單的例說，然後，再引申到明代的《西遊記》，清代的《紅樓夢》、《鏡花緣》等書，來談談「小說」的虛虛實實，以及眞眞假假等問題。再進一步，說到小說家應具備哪些寫作的才能。

說起來，我是企圖來談一談「小說家」之所以能成為「小說家」的這種人物的。

二、《金瓶梅》的時空問題（應說是「史」、「地」問題）

凡是讀過《金瓶梅》這部小說的人，都能一目瞭然於它的歷史背景是趙宋的徽宗時代，它的故事，就是從寫梁山泊一百零八將的《水滸傳》剪裁過來的。可是，當中寫到的社會現象，卻是晚明嘉靖、隆慶、萬曆等朝的實事，可以按證得出的。因而這小說所要描寫的「史」的問題，則出現了宋歟？明歟？這兩大糾結在內。

1.時（史），宋歟？明歟？

一開始在第一回中，就寫著：「話說宋徽宗皇帝政和年間①，朝中寵信高（俅）、楊（戩）、童（貫）、蔡（京）四個奸臣，以致天下大亂，黎民失業、百姓倒懸，四方盜賊蜂起……」又說，「反了四大寇：山東宋江、淮西王慶、河北田虎、江南方臘，皆在劫州縣，放火殺人，僭王稱號。……」其中涉及宋史的實錄，如第十七回宇文虛中的參劾蔡京王黼本章，第四十八回曾孝序參劾新河正副千戶夏延齡、西門慶本章，以及蔡京奏行的「七件事」，還有後部的宋室南渡，到了宋高宗建炎年間。這一件件、一樁樁的實寫，都是宋徽宗政和、重和、宣和等十餘年間的實際史跡。史則宋也。

但書中寫的小唱、戲曲，如第三十五回的〈殘紅水上飄〉、第七十回的〈寶劍記〉戲曲，都是明朝人的作品。特別是社會形象，更是晚明的寫實生活寫照。由此看來，史則明也。是以《金瓶梅》這部小說的宋徽宗歷史背景，乃假設，實際上，這部小說的歷史背景，乃晚明也。以宋寓明也。

2.空（地），在山東？在河南？在江蘇？在河北？

《金瓶梅》既是以宋徽宗政和年間爲歷史背景，它的都城自然是汴梁（開封府），河南屬。可是《金瓶梅》中的「東京」，在情節中，寫的似乎不是河南開封。

按西門慶家住山東東平府清河縣，實際上，清河屬於北京，在宋時，屬於京東西路東平府，在明時東平州屬於山東兗州府，清河則屬京師廣平府（屬九縣，東至山東東昌府臨清州界一百二十里，西至河南彰德府武安縣界八十里，南至河南彰德府臨彰縣界八十里，北至廣德府南河縣界六十里。自府治至京師一千里，至南京一七六五里），近運河線。西門慶來去「東京」，如何必須渡過黃河？

小說已經寫明白，西門慶家住的清河，距離臨清很近。若以現實地理論之，臨清在清河縣南方。從西門慶一次次到「東京」往返，看去，不是宋之東京開封，實乃明之北京燕都。寫於第七十回的蔡九知府，由京城銜命到九江去，卻路過清河到西門家留宿。若由東京開封到九江，何須經過山東東平的清河？顯然地，這是打從明代的北京啓身南行，才會便中經過清河。

黃河在我們中國，時常決堤氾濫，每次水災，都要連累到由江浙盤通到天津、北京的運河。運河是北京城生活的命脈，所以明代的河臣，大多著眼於運河的治理。在南運河江蘇境淮安府有清河縣，民間稱南清河。《金瓶梅》的讀者，早已推想到西門慶家住的清河縣，應是今江蘇省的南清河。從地理上看，這部《金瓶梅》的歷史背景，應是明代，不應是宋代。

三、《金瓶梅》的人物問題

小說是寫人的藝術，人物自應是小說的主要成分。

歷來被稱爲「小說」的篇章，以《三國》、《水滸》、《西遊記》來說，它們的題材，都設置了一個朝代。像《三國》寫的就是歷史，《水滸》寫的又是宋江等人的占山爲王，宋江也是史有的人物。《西遊》依循的題材，又是唐朝高僧玄奘西天取經的故事。其中人物都免不了得有歷史的張本。那麼，同是明朝的四大長篇說部的《金瓶梅》，也不例外，它是沿循著《水滸》另闢蹊徑的。涉及到的宋史人物，自也原名原姓寫了進來。

他如小說人物的職官，以及人物的年齡，也能在寫人的干支上，別出虛虛實實來。

1. 人物的姓名

宋徽宗以及其麾下的蔡京、蔡攸父子，還有王黼、楊戩、童貫等人，中學生一見，也能洞然於此一歷史是北宋時代。

他如寫於第十七回的參劾蔡京等人的「宇文虛中」、寫於第十八回的「李邦彥」、寫於第四十八回的「曾孝序」，還有寫於第七十回的「朱勔」，以及拜西門慶爲乾父的「王三官」，名「王」，「招宣夫人林太太」之子，宋史上也有其名。

按宇文虛中，是四川成都華陽人，大觀三年（一一〇九）進士，在徽宗朝宣和初年，蔡攸、王黼、童貫等，貪功開邊，引女眞攻契丹，以虛中爲參謀官。虛中則以廟謨失策、主帥非人，將有納侮自焚之禍，上書極言不可。王黼怒，謫爲集賢殿編修。迨金人南下，徽宗悔黼不用虛中言，曾命虛中草詔罪己。建炎時，曾任資政殿大學士，後卒於金邦。宋史有傳（卷三七一、列傳一三〇），《金瓶梅》寫入，則作「兵科給事中」職。

李邦彥是懷州人，大觀二年上舍及第。生於閭，父乃銀工，是以多能鄙事，善調謔，能蹴鞠。每綴市街俚語爲詞曲，人爭傳之，自號李浪子。後因寵拜相，有「浪子宰相」之稱。堅主割地議和，後罷官，建炎初賜死。《金瓶梅》寫他是「資政殿大學士兼禮部尚書」。

曾孝序是閩之晉江人，本傳說他是「以蔭」入仕。任環慶路經略安撫使，察訪湖北，過京與蔡京論議司事，說：「天下之財，貴於通流，取民膏血以聚京師，恐非太平法。」京銜之，遂出知慶州。至是，蔡京又倡行結糴俵羅法，盡刮民財充數，曾孝序上書糾舉。後知譚州、道州時，傜人叛，孝序平傜有功，進「顯謨閣直學士」，後遷「龍圖閣直學士」知青州。高宗即位，遷「徽猶閣學士」，升「延康殿學士」。後以其部將王定平臨朐趙晟亂，失利而責之，竟與其子曾訏同遭王定殺害。《宋史》卷四五三、列傳第二一二忠義傳列入。《金瓶梅》說他是「都御史曾布之子，新中乙未科進士」，乃小說家言。按曾布乃曾之弟，贛南豐人，曾孝序閩人，籍貫江蘇泰州。

宋喬年也是徽宗時代人，籍隸江西南昌。他是宰相宋之孫。見《宋史》卷三五六、列傳一一五。宋仁宗時召試學士院賜進士出身。父充國曾任大中大夫，卒後，喬年蔭監市易，坐與娼女私及私役吏，失官落拓二十年，有女嫁蔡京子攸。京當政，始起復用。曾任開封府尹，龍圖閣學士知河南府。政和三年卒，年六十七。

《金瓶梅》寫宋喬年，是接替曾孝序巡按御史的人。

朱勔是徽宗朝的佞臣之一，蘇州人。以今天的語言說，此人原屬黑道人物。因徽宗嗜花石異珍，朱勔與其父朱沖，密取浙中珍異進獻，竟任之領蘇杭應奉局，集運「花石綱」事，舳艫相銜於淮汴間，伐藏，毀宮室，流毒州郡二十年。官至秘閣殿學士，時謂東南小朝廷。靖康後始失勢伏法。《金瓶梅》在第七十回，寫朱勔之威赫，寫的像個小朝廷。

《金瓶梅》中的這位王三官，說他本名叫「王」。按王，《宋史》亦有其名，乃神宗時王韶之子。韶有十子，只有王厚、王寀兩人最顯。王韶是王安石同黨，曾任觀文殿學士、禮部侍郎、資政殿學士，《宋史》卷三二八、列傳八七，說王寀也是進士及第，好學工辭章，但愛談神仙事，自言天神可祈而下。林靈素妒之。徽宗曾命王寀到內殿設壇祈神。三夕過後，祈無所聞。林靈素讒王氏父子與西夏通，遂藉此事下王寀大獄、判棄市，但《金瓶梅》所寫，只一紈袴子弟而已。

除上述擇要幾位《宋史》上有傳的人物之外，另外還有幾位《明史》上也有名字的人物。如寫於第四十八回的陽谷縣縣丞狄斯彬，在《明史》卷二〇九、列傳卷九七楊允繩名下，列有狄斯彬其人。按楊允繩名下還有一位馬從謙，嘉靖十四年進士，溧陽人。任尚寶丞時，掌內閣制誥。章聖太后崩，勸帝行三人喪，不服（不回答）。晉任光祿寺少卿時，提督中官杜泰貪污，馬從謙奏啓，竟落個誹謗。巡視給事中孫允中與御史狄斯彬也附和馬從謙奏議劾杜泰。嘉靖帝怒下馬從謙等人法司問罪。叛從謙戍邊，允中、斯彬黨庇，亦謫邊方雜職。帝覽叛加從謙廷杖八十，遂死杖下。狄斯彬嘉靖二十六年進士。

寫於第六十五回之「兗州知府凌雲翼」與「青州府府尹王士奇」兩人，也是《明史》有傳的人物。凌雲翼傳在《明史》卷二二二、列傳卷一一一。嘉靖二十六年（一五四七）進士，歷任南京工部主事，江西巡撫，南京工部、兵部尚書，曾以兵部尚書兼左都御史銜，總督漕運巡撫淮揚，取代河臣潘季馴職。此人在萬曆十六年以至萬曆二十年，尚在世。王士奇傳在卷二二三，列傳一一一，附在其父宗沐名下。臨海人，萬曆十一年進士。歷任重慶知府、播州宣慰使。楊應龍叛，承總督刑玠檄至松坎撫定之，晉兵備副使，治其地。後以參政監軍朝鮮有功，超擢河南右布政使。又擢右副都御史巡撫大同。兄士崧、弟士昌、從弟士性，全是進士出身。（不過，《明史》的王士琦有「玉」旁。）

上舉數人作為例說，不能一一列舉，亦足可說明《金瓶梅》中的人物姓名，有《宋史》上的人，也有《明史》上的人。像這樣的錯綜寫法，雖是小說家言的虛實相應，亦無不史實正確無誤，絕不是「師心自用」而「信口開河」來的。

應知小說家筆下的「虛構」，仍基於小說藝事的需要，必須出乎學養與才智，方能正確流洩於筆尖下的。怎能是憑一己之無知，胡說八道呢？

2.人物的職官

說到《金瓶梅》中的人物職官，更是一大問題。

按西門慶的官職是：「山東提刑所理刑副千戶」。（第三十回）又「山東提刑所掌刑金吾衛正千戶夏延齡」，（第四十八回）西門慶是副千戶，自然也是這樣稱呼的職銜。又第三十六回，瞿謙的信，稱西門慶「即擢大錦堂」；第二十四回李瓶兒死，眾官的祝文則稱西門慶為「錦衣」，稱李瓶兒為「故錦衣西門慶恭人李氏」；又第八十回，友朋祭西門慶的祭文，均稱「錦衣」，還加尊銜「故錦衣武略將軍」。西門慶祖墓上的牌匾，也大書「錦衣武略將軍西門慶氏先塋」。查《宋史》卷一六七職官志第一二〇卷，載有「提點刑獄」之官。

志云：「提點刑獄公事，掌所部之獄訟，而平其曲直，所至審問囚徒，詳覆案牘，凡禁繫掩延而不決、盜竊逋竄而不獲，皆劾以聞。及舉刺官吏之事，舊制參用武臣。熙寧初，以武臣不足以察所部人才，罷之。六年，置提刑司檢法官。紹聖初，以提刑兼坑冶事。宣和初，詔江西，廣東增置武刑一員，然遇闕，則不許武憲兼攝。中興以盜賊未衰，諸路無武臣提刑，處權添置一員。建炎四年罷。紹興初，西浙路以疆封闊遠，差提刑兩員，淮南路罷提刑，令提舉茶鹽官兼領。蓋因事之繁簡而損益焉。……」看來，西門慶的「提刑」官，似是從《宋史》演繹來的。可以說「提刑」一詞，仍基於宋史。

何以又稱「金吾衛」呢？按「金吾衛」乃武衛京師之官，宋名「環衛官」。《文獻通考》論及「金吾衛」言宋制云：「宋爲環衛官，無定員，無職事，皆命宗室爲之。靖康元年，御史中丞陳過庭言，請遵藝祖開寶初罷諸節度使歸環衛故事，於是節度使錢景臻等，併爲金吾衛上將軍。孝宗興隆初，詔學士院討論環衛官制。欲參酌祖宗時及唐太宗制，如節度使則領左右金吾衛上將軍、承宣使則領左右衛上將軍，在內則兼帶，在外不帶。正任爲上將軍，副使爲中郎將，使臣以下爲左右郎將，通以十員爲額，宗室不在此例。餘管軍則解，或領閤門皇城之類，則仍帶，雖戚里子弟，非戰功不除。」上謂宰相：「欲以此儲將才重環衛，如文臣儲才於館閣也。」試想，西門慶「山東清河縣提刑所千戶」如何能稱之爲「金吾衛」？

那麼，按明制，武職有「金吾衛」，兩京師設有金吾衛左右、前後四衛，其職司都是捍守京城。除順天、應天兩府，他則無「金吾衛」的設置。至於「錦衣」一詞，應是明朝「錦衣衛」的簡稱。《明史》卷七六職官志上說：「錦衣衛掌緝捕刑獄之事，恒以勳戚都督領之。恩蔭寄錄無常額。凡朝會巡幸，則具鹵簿儀仗，……統所凡職十有七，中、前、左、右後五所，分鑾輿、擎蓋、扇手、旌節、幡幢、班劍、斧鉞、弓矢、馴馬十司……」《金瓶梅》稱西門慶爲「大錦衣」、「大錦堂」、「金吾衛」，都是援明史職官來的。所謂「武略將軍」，乃從五品的武職尊號，西門慶是副千戶，從五品，應稱「武略將軍」；正五品則晉稱「武德將軍」，西門慶死時，還是正千戶，可以稱「武德將軍」，祭者仍以「武略將軍」稱之，還算是謙遜的呢！

從上引宋、明兩代史書上的職官所記，可以認定西門慶的職稱，乃小說家根據宋、明兩代史書的職官，爲他新創出的一個官稱。我對《金瓶梅》這部書的小說藝術觀，判斷此一說部乃小說家有所諷喻的創作，假設於宋而實則寫晚明也。

他如這小說中的「兵科給事中」、「巡按御史」、「知府」等官名，全是明代的職官稱呼。似也不必細論之矣！

3. 人物的干支

《金瓶梅》中的幾位主要人物，如西門慶、潘金蓮、吳月娘、李瓶兒，小說家都寫上了他們的生辰八字，有干有支。

第三回，當西門慶與潘金蓮見面時，潘金蓮說：「奴家虛度二十五歲，屬龍的，正月初九日丑時生。」西門慶一聽，就答說：「娘子倒與家下賤累同庚，也是庚辰，屬龍的。只是娘子月份大七個月，她是八月十五日子時生。」到了第四回，西門慶告訴潘金蓮說他：「屬虎的，二十七歲，七月二十八日子時生。」若依這兩回所寫的生辰干支計算，西門慶應生於戊辰，此年乃宋哲宗元符元年（一〇八九），潘、吳兩女，則應生於元符三年（庚辰）。小說設置的時代，是宋徽宗政和三年（一一一三），西門慶只有十六歲，兩女只十四歲，對不上史說了。

到了第二十九回：「吳神仙貴賤相人」，報出的西門慶生年，則是「丙寅年、辛酉月、壬午日、丙子時」，則爲元祐元年（一〇八六），算起來，西門慶的年齡是頭尾二十八年，以實計，二十七。潘、吳兩女小兩歲，應爲戊辰，不應是庚辰。到了第四十六回：「妻妾笑卜龜兒卦」，月娘說：「是三十歲了，八月十五日子時生。」卜卦的老婆子道：「這位當家的奶奶是戊辰生。……」在這回改說爲「戊辰生」，干支就符合上了。

這一回，又寫到李瓶兒的生辰干支。李瓶兒道：「我是屬小羊的。」婆子道：「若是屬小羊的，今年二十七歲，辛未生。」按「辛未」是元祐六年（一〇〇一），政和三年（癸巳）是二十三歲，卒於政和七年丁酉（一一一七）九月，年二十七歲無誤。

按第二十二回，李瓶兒死時，陰陽徐先生曾取出萬年曆書來觀看，問了姓氏並生辰八字，批將下來：「故錦衣西門夫人李氏之喪。生於元祐辛未正月十五日午時，卒於政和丁酉九月十七日丑時」，生卒年干支與宋史無差。

到了第七十九回，西門慶死時，吳神仙打算西門慶八字，說到「屬虎的。丙寅年、戊申月、壬午日、丙辰時，今年戊戌，流年三十三歲。」按「戊戌」乃宋徽宗之「重和元年（一一一八）」，上數到元祐元年（一〇八六），頭尾正好三十三歲。

（我在編年時，已發現《金瓶梅》（詞話）寫西門慶年齡有前後錯疊一年的情況。推想是小說家的故作錯綜，如第三回西門慶誤吳月娘是庚辰龍一樣）。

他如第九十二回，西門大姐吊死，「吳月娘大鬧授官亭」，狀上寫著：「告狀人吳氏年三十四歲……」按該年爲宣和元年八月事，她比西門慶小兩歲，這年應爲三十二歲。

還有，第九十三回寫陳經濟由王杏庵送到臨清宴公廟去做學徒，他見了任道士，說他屬馬，交新春二十四歲，時爲宣和二年春。推來應生於紹聖四年（一〇九七），抵政和三年（一一一三）是十七歲，但生年是丁丑，不屬馬。說至此，已不是重要關節矣。

但從上述的西門慶、潘金蓮、吳月娘、李瓶兒幾位小說中的主要人物的生辰干支錯綜來推論，既有詳確的生卒年月寫入，當可證出其中所寫的不確生年干支，應屬於小說家的虛寫，用來錯綜而隱諱者也。

（過去，我推想是後人改寫時造成的錯誤。）

四、小說的「虛構」之虛與「寫實」之實的問題

「小說」固屬「虛構」，至於故事、情節，以及人物的穿插，其實與虛如何界域？讀者與作者未必會去注意及此。作者只憑其才具去寫，讀者也只是憑其好惡而取捨已耳！實則，小說的「虛」與「實」，乃小說藝術的重大問題。

1. 小說「虛構」的應是哪些部分？

認眞說來，凡是被稱之爲「小說」的作品，無論故事、人物，都應有其「虛構」的成分。以歷史爲背景的小說，其所據之史地以及歷史上有名姓職官的人物，小說家都可以予以扭曲或改頭換面，如《三國演義》之有異於《三國志》，就是最佳事例。

可以說，小說的「虛構」部分，天地相當廣闊。只要小說家有「虛構」的才能，他可以在歷史中，重新經營出一段歷史出來。如以唐朝爲背景的《紅鬃烈馬》（薛平貴與王寶釧），如按唐朝的歷史，由盛世到後唐，並無薛平貴與王寶釧這段歷史（原小說似乎是唱本，名《薛平貴征西》）。再如另一以唐朝武則天時代爲背景的小說《鏡花緣》，爲這世界虛構了三十幾個國家。若是縷列起來，這類虛構的小說，古今中外都有。

法國批評家諦波岱（ALBERT THIBACDET，一八七四——一九三六）說：「小說家的才能，不在於使現實復活，而是在於賦可能性以生命。」這話便說明了，小說家筆下的「現

實」，都應是獨創出的，但問題在於小說家有沒有賦予「現實」（題材）以生命。這一由小說家賦予「可能性」（現實的材料）的「生命」，便是小說家「虛構」出的「現實」；屬於人生中各種有生命的現實。縱係「虛構」，卻也是人生中的「現實」。

若照諦波岱的話，則凡屬「小說」藝術，都應出乎「虛構」。

2. 小說應寫的現實是哪些？

「小說」既是「虛構」的藝術，豈不是「小說」中的事事物物，史呀，地呀，人呀，物呀，都可以「虛構」？

可是，「小說」是寫人的藝術，以塑造人物內外在的性行，爲唯一的職志，人是社會中的動物，他是屬於人類生活中的一分子。人類生活的一切，都在時間與空間之內。人類不但爲人類創造歷史，還時時論斷過去的歷史。因而，人類生活中的時與空，便是人類生活中的社會現象。這些社會現象，便是人類生活中的歷史地理。儘管小說家在他的小說作品中，拋開了現實的史與地（寫的不是他生活中的史地），然而，他仍然擺脫不了他生活過或生活中的那個時代的史地。那麼，他的「虛構」種種，仍是「現實」的史地（時空）。所以，小說家還是甩不掉那些「小說」應去寫的部分。

譬如說，你小說中的歷史背景，寫有義和團等事，這小說的歷史背景，自然是清朝光緒一十五年間的史事。所寫人物的活動地方，若是北京，就得熟諳當年義和團在北京活動的情景。這麼一段歷史背景，距今不過百餘年，今之小說家若不熟諳這些近代史料，居然寫出住在北京的人，坐上了火車到了濟南，停了三小時再開，又到了南京。像這一類的小說家，能以「虛構」一詞，來掩飾其無知乎？

他如寫一個中了進士、「點了翰林」的人物，居然在北京城置「翰林第」。這且不說，他這「翰林第」的原宅第是「貝子府」，由這位「貝子」半買半送給他的。④無知矣！

這位「小說家」虛構了這一情節，不知史學家如何論斷？

小說之所謂「虛構」，只是指小說中的故事、人物，都不是小說家的實事報導，或自我傳記的陳述，而是小說家從生活體驗中，以其才能編織出來的。故事、人物，縱有所依據，但在小說中，已是另一個故事、另一個人物。可是，凡是小說家寫到故事中的情情節節，無不應具有令人讀來如身在其中、如身臨其境的眞實感。小說中的人物，看去應個個都栩栩如生，就像他生活在你身邊一樣。換言之，凡是小說的故事、人物等部分，都必須寫出人生的眞實生活境界。法小說家A・紀德認爲「它（小說），是生活經過蒸餾後的溶液，一滴酒中必然蘊藏著無限生活的總和。」換言之，凡是藝術品，都是從藝術家的生活中提煉出來的。那麼，小說家應寫在「小說」中的「現實」，自也包括了故事、情節，以及人物的塑造，在都是小說家應去細針細線縫出的生活現實，小說家如無此才能寫出人類生活的現實樣相，又怎能被稱之爲「小說藝術」？再附加一句：無論小說是那一類型的，或所寫己非人間世界，在敍說與描述方面，都離不開人類生活所能見及的種種生活樣相，都得用「現實」描繪出來。

五、例說其他幾部的「虛構」與「現實」問題

此一問題，不算外國，光是咱們中國，認眞做來，可成專書。這裡，概其一、二而矣！

1.《紅樓夢》的眞眞假假

大家最熟知的《紅樓夢》一書，一下筆就告訴讀者，這書是「甄（眞）事隱」，書中所寫乃「假語村言」。書中主人翁賈寶玉，一出生就是神話，一落胎嘴裡就含著一塊五彩晶瑩的玉石，石上還有文字。生於姓賈的人家。書中還另有一個姓甄的人家，也有個名叫寶玉的男孩子，與賈寶玉的年齡、貌相、愛好，都一樣。故意寫成眞眞假假、假假眞眞，連歷史背景，都沒有寫上什麼朝代，說明「無朝代年紀可考」。可是，讀者卻能從書中的故事、情節，認出這是一部描寫清代康熙朝，江南織造曹家的興衰故事。更有人認爲這書是寫反清復明的諷喻故事。

跟著，從事《紅樓夢》的研究者，無不是一個個進入了該書所寫的眞眞假假、假假眞眞，在眞假兩大問題中，去探索作者（改纂者）曹雪芹的身世、交遊等等，由小說《紅樓夢》進入了曹家，且有人將小說《紅樓夢》的「紅學」轉入了曹家，形成另一門「曹學」。

我把話簡簡單單地說到這裡，當可想知小說的「虛構」與「現實」是如何分野的了。

任何能被稱之為藝術的作品，無不基於人生的反映。儘管各門各類的藝術形態不同，各個藝術家的表現手段或藝術觀照，也各有異趣，但都不能脫離了「人生」這一屬於人類生活的範疇。法小說家A・紀德有言，說寫小說的人，是「代人生活，跟人生活。」換言之，紀德認為寫小說的人，應投入小說人物的生命中去生活。而我則認為「我們若是想投身於藝術宇宙中，無論寫小說、寫論評、或者是閱讀別人的文學作品，或者欣賞音樂、戲劇、繪畫等藝術品，都得設身處地」的進入別人的心境。（當然，最低限度你得受到那作品的吸引。）認眞說起來，任何的優劣，都決定在作者其人，判斷其人有沒有體會生活。凡是在生活上體會深入的作品，勢必能把他寫的那些外在世界，與其內心的眞實世界聯結起來。小說的作者若是沒有認眞用其內心的眞實世界去體會生活，決不可能寫出外在世界的眞實出來。⑦小說故事中的情節、人物，眞眞假假，神靈鬼怪，那只是虛虛實實的表現手法而已。譬如「大觀園」，偏有人去考證它究竟是南京的「隨園」？還是北京的某王府？

說到這裡，我們還得再例說有關神靈鬼怪的小說來認知一下。

2.《西遊記》與《鏡花緣》的虛虛實實

明朝的《西遊記》，雖是唐僧玄奘西去取經的故事，還有藍本（陳遼先生認為《西遊記評話》是《西遊記》的祖本⑧）。然其情節，則寫入了上百個鬼怪的故事。陪同唐僧一路行去的幾個徒弟，孫悟空（猴子）、豬悟能（豬八戒）、沙和尚（悟淨），這三位弟子，在其他文獻中，各有其出身，也都是神話。論者綜說，認爲「《西遊記》實是一部以神話故事的形式，藉幻域來表達作者對現實感喟的詼諧譏諷作品」⑨。寫的故事情節，全是些神魔妖怪。理想的結果，不是被打死，就是被捉拿治罪，要不呢？遁逃修眞去也，或被收服改過自新。總之，不忘佛家的慈悲爲懷。但無論如何怪誕，神也好，怪也好，全不出乎人生世相。也有人予以統計過，有多少天上的精、有多少凡間的怪，往往驚動了天兵神將，到處降妖捉怪。天上的神，地上的怪，神神仙仙、妖妖魔魔，全與凡間的人，廝混在一起。讀《西遊記》，會令你感受到唐僧取經的艱辛，非得通過那九九八十一難。可見聖賢高僧的理想度人爲善之難。

至於清朝的《鏡花緣》，所寫故事情節，又是一番景象。歷史背景，假設的是唐武則天朝，開科取士，舉子唐敖得中探花。有人言唐敖與徐敬業有舊，遂除名。於是唐敖乃淡於功名，夢中知有十二名花，飄零外洋，便搭妻舅林之洋商船出海遊歷。又得舵工多九公之助，居然在海外遊歷了三十餘國。但這三十餘國，全不是人間能見之域，尤非人間能見之人。論者說作者李汝珍是援循《山海經》一書的啓示，憑其想像力，一國國編造出來的「絕域之國，殊異之人」。

其中最爲讀者稱道的是「女兒國」與「君子國」。歐陽健先生⑩爲之別爲兩類，一是「異形之國」（即人物的形貌怪異者）與「異稟之國」（即國人天稟超人者），如身長七八丈的

「長人國」、身高八九寸的「靖人國」，還有身長身寬都是八尺的「踵國」。通身漆黑，連牙齒也是黑的「黑齒國」，卻連小女子的學識都淵博，都難倒了多九公。又有面白如玉的「白民國」、一身長毛的「毛民國」、人身狗頭的「犬封國」。他如「君子國」的好讓不爭、「女兒國」的個個學富五車。都是作者基於學養想像出來的「虛構」情節。蓋作者有所感而有所思，假而虛構之，以反諷其所處人間的浮誇與自我膨脹之人生也。若是情節，往往一下筆就連綿數回，其中涉及音律、章句、練字等學業，讀之也無不令人悅服。因而有人詬病《鏡花緣》中的這些炫耀腹笥淵博的寫法，有損人物性格的塑造。

第二十、二十一回所寫麟鳳山上的九頭鳥與天狗鳥鬥強的情節，其中多九公一一解說他們所見各鳥的各類原始，一一如數家珍。如飛來的鸕鷀鳥，類同鳳凰，就是短小。多九公就告訴林之洋：「此鳥名山雞，最愛其毛，每每照水顧影，眼花墮水而死。古人因牠有鳳之色，無鳳之德，呼作『啞鳳』。」他如「反舌鳥」，鳴叫得嬌嬌滴滴、悠揚婉轉，甚覺可耳。多九公就告訴林之洋說：「此是反舌鳥，又名百舌。」還引述《禮記》〈月令〉上的話：「仲夏反舌無聲」來證此鳥竟在如今的仲夏日亂叫起來，與禮的說法不同，這裡的「反舌鳥」已不按月令鳴叫了。再如一隻形如鵝、身高兩丈、翼廣丈餘的鳥，有九條長尾、十頭環簇，只得九頭，攛至山崗，鼓翼作勢，霎時九頭齊鳴。多九公一看說：「原來九頭鳥出來了。」遂指著九頭鳥說：「此鳥古人謂之鶬鴰。一身逆毛，甚是凶惡。不知鳳凰手下那個出來招架？」

登時西林飛出一隻小鳥，白頭紅嘴，一身青翠，走至山崗，望著九頭鳥鳴了幾聲，宛如狗吠。九頭鳥一聞此聲，早已抱頭鼠竄，騰空而去。此鳥也追入西林。林之洋問此鳥為何不作鳥鳴，偏學狗叫？看這九頭鳥，枉自又高又大，聽得一聲狗叫，牠就跑了？多九公便告訴林之洋，說：「此鳥名鵁鳥，又名天狗。這九頭鳥本有十首，不知何時被狗咬去一個。其頸至今流血，血滴人家，最為不祥。如聞其聲，須令狗叫，牠即逃走。」……

有關《鏡花緣》中這些林中的鳥類相鬥的情節，看起來無不是荒誕的虛構，用來作反諷的文筆。若是一一考據這些神話，卻又大多取自古書，有根有據，都不是平空信口胡謅來的。關於《鏡花緣》所寫有關的「神話」部分，像這些鳥類名號，已有人從事尋根究柢，寫出了考證文章⑪。

其他如多九公在「黑齒國」，因輕視黑女，竟傲慢的拽文，因而受辱的情節。這一部分，作者寫出的文字聲韻，以及炫弄才學的筆墨，非具實學者，不克臻此。應知小說家在小說中炫耀腹笥，也得有豐饒學養為之根。否則，徒暴其短而已。

我簡略的說到此處，所例說的這些證見，足可說明小說家的小說寫作，其「虛構」問題，是怎樣下筆的？可以說小說家的小說，其中故事、情節，無論多麼的荒誕不經，武俠中的飛簷走壁、飛槍飛刀，神話中的騰雲駕霧、超山履海，事事超出常人所能，然卻有一點，那就是絲毫不能違悖人生情態也。

按《鏡花緣》一書，雖已寫明了只是人生中的「鏡花」、「水月」，全是一些眼睛看得見，用手得不到的一種「虛空」，然其一字一句，無不展現了作者李汝珍的治學根深，以及其才情之超人。再說，當中之所以談論到音樂、聲律等學問，正由於他曾立雪於當時學者凌廷堪門下。凌氏不但是一位文學家，且是音樂家、戲劇家也。仲尼有言：「蓋有不知而作者，我無是也。」試看李汝珍的《鏡花緣》，筆下「虛構」出的荒誕不經，無一筆不是出於作者的豐富學養。才情只是火車、輪船以及飛機、火箭的推進器而已。

六、後贅辭（小說家應具備的寫作條件）

1.天賦的才情與智慧是第一要件

在文學藝術門類中，小說與戲劇，應是在寫作上最難的藝術，因爲這兩類具有相同的藝術目的，「塑造人物」——它們是寫人的藝術。在我看來，「小說」與「戲劇」是一對孿生兄弟或姊妹。它要呈現的藝術目的，是「塑造人物」。而且，它們可以長篇大論的去鋪張文辭。我們中國的戲劇還需要韻文去付諸歌唱，自然比詩歌、散文、論述要難些。比方說，「小說」與「戲劇」要是沒有鮮鮮靈靈的人物突出在裡面，還能稱之爲「小說」，稱之爲「戲劇」乎？

論詩者說：「詩有別才，非關書也。」那麼小說呢？似乎小說家也應具有「別才」，有如一般人說的「藝術細胞」。我倒忘不了曹丕寫在〈典論〉文中這番話：「文以氣爲主。氣之清濁有體，譬諸音樂，曲度雖均，節奏同檢，至於引氣不齊，巧拙有素，雖在父兄，不能以移子弟。」這番話，就是嚴滄浪的「詩有別才」一語的源頭。意爲父兄是詩家、音樂家，其子弟未必也是克紹箕裘者，「藝術」一事，不是世襲的。

說來，小說家委實應具備天賦的才情與超人的智慧。

如從古今中外之享大名的小說家來立說，也可以說成「藝有別才，非關書也。」這句話中的「書」，應是指的學歷與出身，不是指的書本。等於今天這樣說：「小說家可以成爲學人。但學人可不能必成爲小說家。」換言之，有些大學問家，未必也是小說家。但有些小說家，卻也是大學問家。

2.文學的素養更是必具的一項

我說大學問家未必能成爲小說家，正因爲那大學問家沒有寫作小說的「別才」。小說家之所以能成爲大學問家，正因爲那小說家書讀得多。換句話說，小說家不但要有視察人生、洞察世情的心眼，以及虛構小說故事情節的「別才」，更要有學富五車的腹笥，所以他有能力作出一部部的驚人說部。

作爲一個眞正可以被世人稱之爲「小說家」的人物，絕不會連「世兄」一辭的稱謂也弄不清楚，連人生事物的情態，也寫不出適當的形容詞者。像「金聲而玉振地哈哈大笑」，像

「蟬聲唧唧」，更不知明、清兩代的「進士」是何等人物。清光緒二十五年就有人從北京坐火車到濟南，再到南京，這樣「虛構」出的小說，能稱之爲「小說」嗎？⑫

小說家必須具備的文學素養，就是有關史地上的各種常識。換言之，凡有關小說家要寫的題材，涉及時空（史地），必須去透徹那歷史背景的史地常識。其次，寫人、寫情、寫景，形容詞務必正確。⑬本來寫文章的人（所有從事藝術工作的人），無不出於一己的表現欲在作祟，方始產生了這種「賣弄」行爲。小說家在小說中炫耀他一己的才學，乃人生的常態，古今中外的小說家，都不免有此炫耀一己才學的行爲。說來，不應有所厚非。可是，總得有實學展現出來，不是抄幾句古書上的文辭，就能炫耀了腹笥之淵深而廣袤的吧？

認眞說，若想做一個合格的小說家，則應是通才也。

3.唐代文士要求於小說家的

唐代的古文運動，包括「傳奇」（小說）的作品，悉是意在改革古文的寫作公式。因爲「小說」必須「文備衆體」。此一問題，宋人趙彥衛已在他的著作《雲麓漫談》卷八說到。文云：「唐世舉人，先藉當世顯人以姓名達之主司，然後以所業投獻。逾數日又投，謂之『溫卷』。如《幽怪錄》傳奇⑭等皆是。蓋此等文備衆體，可見史才、詩筆、議論。」

今人史家陳寅恪先生在《讀鶯鶯傳》中說到：「《鶯鶯傳》中張生忍情之說一節，今人視之，最爲可厭，亦不能解其眞意所在。夫微之善於爲文者也。何爲著此一段迂闊議論耶？」

遂引據趙氏的此段說詞，說：「據此，小說之文宜備眾體，《鶯鶯傳》中忍情之說，即所謂『議論』。會眞諸詩文⑮，即所謂『詩筆』，敘述離合悲歡，即所謂『史才』，皆當日小說中不得不具備者也。」陳氏的此一詮釋，乃針對元微之的《鶯鶯傳》以及唐人的傳奇（小說）揆之，「小說之文，宜備眾體」，殆古今「小說」之不可移之語。我想，凡是汎覽過古今中外小說者，皆可體會到，「小說之文宜備眾體」一語的定理。

「小說之文宜備眾體」，就是我在前面說到的小說家除了應具備小說藝術家的天稟才能，還得在閱讀方面比一般專家學人廣袤。蓋小說的人生世界括乎全宇宙也。

唐人對於小說之「文備眾體」可見「史才、詩筆、議論」的詮釋，當今小說在歷史上，已發展進步了千年，從「文備眾體」可見到的這三大特點，應當另做詮釋了。按「史才」，應是指的小說中的「歷史觀」；所謂「詩筆」，應是指的小說中的文辭像詩樣的精萃；至於「議論」，應是指的小說家展現在小說中的各種深蘊的喻意。試問：「是不是？」

註

①按宋徽宗趙佶一朝，在位二十五年（一一〇一—一一二五），即位時年號建中靖國，改元五次，崇寧（一一〇二—一一〇六）、大觀（一一〇七—一一一〇）、政和（一一一一—一一一七）、重和（一一一八）、宣和（一一一九—一一二五）。《金瓶梅》的故事始於政和二年，終於南宋建炎元年，故事演

進十六年。

②按第十七回、第四十八回寫到的蔡京、王黼，以及上參劾本章的史官宇文虛中、曾孝序，還有文中寫到的蔡京奏行的「七件事」，宋史上均有其人其事。

③按《殘紅水上飄》歌詞，是嘉靖末年吳人李日華作，戲劇《寶劍記》是嘉靖年間人李開先作（李氏卒於隆慶二年一五六八）。

④此一引述的今人所寫長篇大著，不擬實舉。蓋此一大著曾獲某一文化基金會的「文學獎」，蓋評審人另有所取也。

⑤見A・紀德著《偽幣製造者》一書之譯者盛澄華序言。

⑥同⑤。

⑦這一番說詞，也是從《偽幣製造者》的譯者序引言錄來。

⑧見江蘇淮安《西遊記》研究會編《西遊記研究》所收陳遼先生著〈《西遊記平話》是《西遊記》的祖本〉一文（一九八八年五月版）。

⑨見《中國古代小說百科全書》（中國大百科全書編）所寫《西遊記》條。

⑩見台北「貫雅文化事業公司」出版之歐陽健著《明清小說探正》之〈《鏡花緣》歷史價值芻論〉一文。

⑪歐陽健的此一論《鏡花緣》文中，說到孫佳訊先生作〈鏡花緣與古代神話〉一文，對書中所寫鳥類常識，經過考證，無不有根有據，所言悉有所本。應知虛構亦不能「信口開河」也。

⑫同①。

⑬小說中的史地，如與其所寫小說的歷史背景不符，又不是那小說藝術必須存在的「虛構」，那就是小說家的「師心自用」而「信口開河」，若是寫人、寫情、寫景，形容詞也不正確，這「小說」還能令知書的人讀下去嗎？有一次在《聯合文學》的小說獎頒禮典禮上，擔任評審之一的小說家陳映眞先生，曾語重心長地在致辭中，說到了這個文辭應寫得正確的問題。

⑭《幽怪錄》是唐代的小說選集，可在《說郛》中見到重編本。如《五朝小說》、《唐人說薈》，皆題爲唐王惲撰。南宋之趙彥衛引說此書，當可推想此書在宋代即已流行世間。

⑮參本乃台北里仁書局民國六十八年十二月印行之《陳寅恪先生集》（下）頁七九九。（讀者應知元微之的《會眞記》，小說以外，另有《會眞詩》，三十韻，兩者合而爲一也。）

我說《金瓶梅》的歷史

——給所有研究《金瓶梅》的朋友們——

最早傳出《金瓶梅》一書的時間，是萬曆二十四年（一五九六）十月，由袁宏道（中郎）給董其昌的一封信上說到的。這情事，乃衆所周知，不必說了。可是，有兩件事，竟被大家忽略，一是這封信被刻入袁氏的《瀟碧堂集》，出版之後，方始披露於衆目。查《瀟碧堂集》刻於句吳袁氏「書種堂」《袁石公集》，梓行時間是萬曆三十六年秋，（這封信編在此集中，但袁小脩見到此集，已是萬曆四十二年八月）見《遊居柿錄》。二是收信人董其昌，則始終無片語隻字回應袁宏道這封信。

這是什麼緣故？至今無人發現答案。

到了萬曆三十五年（一六〇七）夏，袁宏道又寫了酒令〈觴政〉，於稍後一年，曾把刻成的〈觴政〉隨函寄給友人（袁無涯、潘景升、黃平倩），時在萬曆三十六年以後（見拙作《金瓶梅探原》）。袁氏在〈觴政〉中寫到，說：「傳奇則《水滸傳》、《金瓶梅》等爲逸典，不熟此典者，保面甕腸，非飲徒也。」與他給董其昌信中說的，大異其趣。信上說：

「……雲霞滿紙，勝枚生七發多矣！」按枚乘「七發」，寫的是楚太子有疾，客人向之說古，迨說到第七事，「將爲太子奏奇術之士，有資略者，若莊周、魏牟、楊朱、墨翟、便蜎，詹何之倫，使之論天下釋微，理萬物之是非。孔老覽觀，孟子持籌而算之，萬不失一，此天下之要言妙道也。太子豈欲聞之乎？」於是太子據几而起曰：渙乎若一，聽聖人論士之言，涊然汗出，霍然病已。當可想知袁氏十年前所見之《金瓶梅》已非〈觴政〉用爲酒令之《金瓶梅》，所喻內容，畔然兩書也。

此一問題，從事金書研究者，置若罔聞乎？

展觀有關明代傳抄《金瓶梅》稿本的人，記入文字的時間全在萬曆三十五年（一六〇七）之後；換言之，全在〈觴政〉完成梓行之後。文獻昭然也。

明代人有史料說到全書抄本者，除袁中郎外，計有：*1.*屠本畯的〈觴政〉跋，文見《山林經濟籍》。此文考約作於萬曆三十六年之後（據劉輝考）。*2.*是謝肇淛的《小草齋文集》（卷廿四）。謝說他的抄本「於中郎得其十三，於丘諸城得其十五」，按丘諸城名志充，萬曆四十一年進士，授工部主事，萬曆四十七年調升河南汝寧知府。時謝在工部任司水郎中，抄本應於此時。*3.*是李日華的《味水軒日記》（卷七）。時間記於萬曆四十三年十一月初五日。*4.*是沈德符的《野獲編》（卷廿五）。此文寫作時間，當在丘氏卒後，已是崇禎五年矣。*5.*是薛岡的《天爵堂筆餘》（卷二）。時間也在崇禎。

他如袁中道（小脩）的日記《遊居柿錄》寫到全書，時在萬曆四十二年八月。其他等人，全在金書梓行之後。無足論矣！至於袁宏道寫於〈觴政〉的金書內容，何以與他十年前見到的《金瓶梅》大不相同？又何以自萬曆二十四年到萬曆三十五年，這漫漫十年有奇的歲月，又何以會失去《金瓶梅》的消息？問題出在哪裡？怎能不去探究？（又何以復由袁宏道傳出一種其內容，竟然可以配《水滸傳》爲逸典的《金瓶梅》？凡是研究《金瓶梅》者，能不疑而不究？

固然，中郎之弟小脩在其日記《遊居柿錄》中，敘述到他們兄弟手中的不全抄本的內容，與後來的刻本相類。且與董其昌之先於他們見到此書，卻也牽扯上關係。兼之又有謝肇淛從中郎得其十三的抄本，所述內容，也與刻本故事類。但又怎能與其十年前袁中郎所見到「勝枚生七發多矣」的抄本連成一體？刻本中的故事情節，既不與枚乘的《七發》所「發」，相互呼應而音律諧和，怎能不疑？

尤其，由《金瓶梅》之前期抄本，到後期抄本的傳抄之間，有十一年歲月的斷層，但是，卻復由袁氏在〈觴政〉文中傳出，從此，《金瓶梅》方始隨之而傳抄。斯一斷層問題，竟產生了前後期抄本之內容，有了迴異的問題。

試問，我們是否應去涉入此一問題探究呢？

雖然，《金瓶梅》正式在世間傳抄，應在萬曆三十五、六年（一六〇七、八）這一時代開始，但刻本卻到了萬曆丁巳（四十五）季冬，方行付梓。根據傳抄的史料觀之，有了抄本的人士，全是當時文壇上的知名之輩。而且，個個都與袁氏弟兄有著直接或間接的交往。沈德符說：「此等書必遂有人版行，一刻則家傳戶到……。」休說此書在萬曆二十四年即已出現，就是以萬曆三十五年起算，在萬曆朝那個淫縱的時代，似亦不應遲遲到十年之後，方始有人付梓，想來，誠是一大問題。在那個時代，縱然抄本不完整，也會有人為之補全的。鄭振鐸先生不是說過這麼一句話嗎？他說：「此書最早不可能在萬曆三十年以前流行於世。此書如果作於嘉靖間，則當早已懸之國門，不待萬曆之末。蓋此等書不可終秘者，而那個淫縱的時代，又是那樣的需要這一類的小說。」可以說，《金瓶梅》的刻於萬曆末，從當時社會因素說，都顯得遲了些呢！

怪哉！刻於萬曆末、天啓初的這部《金瓶梅詞話》，竟然不見於明、清兩代的文史，直到民國二十一年（一九三二）始行在山西出現，世人始知《金瓶梅》的作者「蘭陵笑笑生」由其友人「欣欣子」敘述出來。這兩位有關《金瓶梅》的重要人物，已被當時的歷史現實，湮沒了三百餘年。

到了民國二十二年（一九三三），文學史上才有了「萬曆」與「崇禎」這兩部大同而小異的《金瓶梅》刻本。

流行於清朝的《第一奇書》本，承繼的是「崇禎本」內容，清人又加上了評批而已。於是《金瓶梅》刻本，到了民國二十一年發現了《金瓶梅詞話》，大家方始知道明代有兩種明刻本。從梓行時間上說，自然有了前期刻本與後期刻本之別。

香港的梅節先生對於明代這兩個本子，曾加詳細校勘，認爲這兩個本子的內容，可能在傳抄時代，就已經是兩種不同的底本。此一發現，誠是從事金書研究者，應去進行推論的一大問題。

把《金瓶梅》的傳抄與梓行等史乘說到這裡，有關該書的成書年代與作者是誰的問題，也都一一潛藏在上述的這些關乎歷史的川流中。我們必須潛入其中從事淘濾工作，方能有所獲得。

我在本文前面，業已提出了一些問題。有關這些問題，曾在一九九二年六月，出版《明代金瓶梅史料詮釋》一書，也曾提出了這麼許多的問題。推論《金瓶梅》詞話於萬曆爺賓天，匆匆集稿付梓，刻出後，遇上天啓召修三朝要典（萬曆朝的廷擊、天啓朝的移宮、泰昌朝的紅丸），所以梓出後，未敢發行。（第一回中的漢高祖寵戚夫人擬廢嫡立庶故事，極易惹起禍端，所以未敢發行。）是以該詞話本，存世極少。欣欣子、蘭陵笑笑生，縱有知者也喑啞而不敢言。適崇禎繼位，短短數年之間，便有兩種不同的刻本問世。且繼之還有改變版樣再印的版本，看來，不下三幾種之多。眞格是沈德符說的：「一刻則家傳戶到。」誠哉！證明了那時的社會之非常需要這部書。

這些問題，如不一一拾掇清楚，茫茫然循著興致，而落筆立論，欲求論點正確，戛乎難哉！

附　言

對於考證一事，前些年在金陵，曾與老友歐陽健兄聊過我的治學程序，一是歷史基礎，二是社會因素，三是訓詁方法。蓋凡任誰之文學作品，無不是其生活時代之產物。俗云作品反映時代者也。歷史，即時代之軌跡。古典文學之有版本學，即求史之本也。我之不能同意《金瓶梅》之成書嘉靖說，所基者，即此一歷史基礎的意念；史無文也。吳、鄭兩大賢之考證亦基乎此。至於社會因素，更是作者之直接問題。若晚明社會之淫靡，不干公禁，春畫、春藥、淫具，市肆公然出售。（有書可證。）像文獻上說的《金瓶梅》這樣的秘密傳抄，如無其他（政治）因素，夾雜其間，怎會遲遲無人付梓？三是訓詁方法，訓詁是解辭釋義的義理之學。對於小說，更其不易，小說語言駁雜，而且方言俚語充斥，釋義更難。譬如枚乘之「七發」，原文仍在，但訓釋，就會產生異訓。但無論如何異辭，原文尚存，而義理有規也。然乎哉？否乎哉？吾不費辭矣！

一九九七年六月二十一日於臺北安和居

研究《金瓶梅》應走的正確方向

前言

（首先，我要說明的是，本文的論點，指的外緣研究，非對內在言也。）

按《金瓶梅》一書，自萬曆二十四年（一五九六）傳抄問世以來，抵今已近四百年①。四百年來，它的腳步一直走在坎坷的道路上。

*1.*傳抄二十餘年方有刻本問世。何以「此種書」竟無人刊行②？自是受了政治因素的阻礙。（參閱拙作《金瓶梅的問世與演變》，時報公司印行。）

*2.*第一次刻本《金瓶梅詞話》，雖於萬曆末天啓初刻出，卻又未敢公開發行。是以此一刻本，竟在世間被湮沒了三百餘年，抵民國二十一年（一九三二）始被發現。今存世者，僅有三部③。

*3.*第二次改寫重刻，於崇禎初年發行，雖在崇禎亂世，但十餘年間，即有四種刻本之多④。嗣因朱明易姓，此書之流行，再受影響。

4.第三次刻本是清朝彭城人張竹坡，再據崇禎本加以評點，以《第一奇書》的名號、「苦孝說」的掩護，重行梓版問世。但不久即遭公令查禁⑤。

5.由於此書寫有男女性事，雖在明朝未干公禁，卻頗受君子詬病，咸認應付秦火。時至今日，社會開放，而此書則仍被視爲禁忌。可以說，直到今天，它還未能步上平坦之途。

雖說，《金瓶梅》一書自問世到今日，運命坎坷且迭受指摘。但由於它在小說門類中，有其偉大的藝術成就，是以它不僅是我國明代的四大奇書之一，更是國際間爲寫實主義首開先河的巨構。近半世紀以來，《金瓶梅》已是國際間東西方學人特別注目的大書，尤其近十年來，國際間研究《金瓶梅》的學者，越來越多了。

研究《金瓶梅》的學者，他們研究的外在問題，不外三事：一、版本；二、成書年代；三、作者。這三個問題，如前賢日本學者長澤規矩也、鳥居久靖，我國學者吳晗、鄭振鐸等人，已著有卓越成就。但仍有不少問題，尚待吾人繼續深入探索，一一予以正誤並加補充。應爲未來從事《金瓶梅》一書的研究者，開闢一條正確的方向，方不致再陷後人還停滯在猜謎的階段。下面，我們一一討論這三個問題。

一、版本問題

甲、《金瓶梅詞話》

關於《金瓶梅詞話》的初刻本之梓行年代，連日本的版本學家鳥居久靖，都襲用了鄭振鐸的初版於萬曆三十八年（一六一〇）的誤說。至於萬曆丁巳（四五）年東吳弄珠客序的那一本，則臆說是北方刻本，初刻本應是萬曆三十八年間「吳中懸之國門」的那一部。此一說法，全是由於他們沿用了沈德符的《萬曆野獲編》，推臆出來的。此一臆說，業已導誤了四十年了⑥。

我已尋出了兩件史料，否定了鄭振鐸的此一臆說之誤。第一，沈德符在「萬曆野獲編」這篇論及《金瓶梅》一文中，提到的「丘工部」六區，名志充，山東諸城人，乃萬曆四十一年進士。沈德符稱之爲「丘工部」，自是指的丘六區中了進士之後，選派工部任職，方可稱之爲「丘工部」。顯然的，沈德符寫在《萬曆野獲編》中論《金瓶梅》的那些話，寫作的時間應在萬曆四十一年之後。第二，沈德符文中提到的那位「司榷吳關」勸他應梓人之求可以療飢的馬仲良，名之駿，河南新野人，雖是萬曆三十八年進士，他「司榷吳關」的時間，則是萬曆四十一至四十二年。益發可以證明沈德符寫在《萬曆野獲編》中論及《金瓶梅》的那番話，乃萬曆四十一年或四十二年間事。自可基而想知《金瓶梅》不可能在萬曆三十八年出版也。

自從我提出了這兩件史據，鄭振鐸等人的此一誤說，被錯用了四十年的《金瓶梅》初刻於萬曆三十八年之說，東西方的論者，始行一一更改。⑦

今後，《金瓶梅詞話》的初刻本，就是這部《金瓶梅詞話》，應是不會再誤的了。不過，《金瓶梅詞話》的初版年代，我的論斷在天啓初年說，似還有人在疑疑惑惑，彳彳亍亍不敢下筆同意，卻又尋不出辯駁的史據，是以他們還在懸疑著。此一問題，留在後面再說。

乙、崇禎本《金瓶梅》

崇禎本《金瓶梅》乃據《金瓶梅詞話》本改寫而成。現兩書俱存，不必疑猜，一經比對，即行判然。然該一刻本之梓行年代，則仍未能確定。雖經鄭振鐸據書中插圖之刻工姓名，全是崇禎間曾爲陳老蓮刻《九歌圖》和《葉子格》等插圖的刻工，推想此刻當是崇禎間刻於杭州者。但究在崇禎之早期？中期？末期？則未能明言。

今者，此一崇禎本《金瓶梅》，存世版本，尙有四種：㈠《新刻繡像批評金瓶梅》，北平首都圖書館藏。㈡《新刻繡像批評金瓶梅》，日本內閣文庫藏及東京大學東洋研究所藏。㈢天理大學藏。㈣北京大學圖書館藏。這四種版本，業經日本學人鳥居久靖及今在北海道函館大學執教的荒木猛參證判定，是四種不同的刻本。鳥居久靖且判定北平首都（原孔德）圖書館之藏本，印刷較早，其次是內閣文庫本，天理圖書館及北京大學圖書館之藏本居末。⑧

至於這些版本的梓行年代，鳥居久靖的《金瓶梅版本考》，曾引另一版本學家長澤規矩也之說，長澤氏認爲內閣文庫藏之崇禎本《金瓶梅》，以字樣判斷，疑爲天啓中之南京刊本⑨。今者，又有日本北海道函館大學之荒木猛作：〈新刻繡像批評金瓶梅（內閣文庫藏本）

出版書肆之研究〉一文，推定該一版本，由出版之書肆研判，其出版時間，當在崇禎末⑩。那麼，此一內閣文庫藏本，既經鳥居氏判爲「孔德本」（今改爲北京大學圖書館）之後的刻本，則崇禎本之初刻梓行時間，當在崇禎初年，殆無疑問。崇禎紀年一共只有十六年餘，在此短短十餘年之間，由《金瓶梅詞話》改寫成的《金瓶梅》，竟有四種刻本之多。其第一種初刻本，應在崇禎初年，自也是證言之據。

如今，我們又有了一則明人薛岡在其所著《天爵堂筆餘中論及《金瓶梅》的史料，說明他在讀了《金瓶梅》之不全抄本二十年後，讀到《金瓶梅》的完整刻本。經考證薛岡讀到《金瓶梅》抄本的時間，是萬曆三十八年，下數二十年，乃崇禎初年（三年前後）⑪。那麼，崇禎本《金瓶梅》的最早梓行時間，應爲崇禎初年（不可能踰越崇禎三年），亦足可肯定。

我曾判斷《金瓶梅詞話》梓行於天啓初年（約在天啓三年前後），因詔修「三朝要典」（挺擊、紅丸、移宮三案），該刻本未敢發行，嗣後遂有「崇禎本」之改寫梓行。⑫

若從上述推論來看，不惟史跡昭然，而且足跡不亂，可以說崇禎本《金瓶梅》的初刻，梓行於崇禎初年，似已毋須再寫作解說。

二、成書年代

至於《金瓶梅》的成書年代，崇禎本的《金瓶梅》，可以不必說了。今天，我們所能據以研判的，應是《金瓶梅詞話》成書於何年呢？

「聞爲嘉靖間大名士手筆」。這是明朝當時人沈德符寫《萬曆野獲編》中論及《金瓶梅》的語言之一⑬。把《金瓶梅》說成是嘉靖間的作品，沈德符的話是第一人道出。

此後，論及《金瓶梅》者，則大都援用沈氏的此一說法，加以發展、演變，且王世貞編了一則爲父報仇的故事；更有許多不同的傳奇，在世間流傳。彭城張竹坡且以「苦孝說」直指王世貞是《金瓶梅》作者。這些傳奇說法，雖是清朝人編造的，又何嘗不是沈德符這一句諫言的濫觴！

關於《金瓶梅》是嘉靖間作品之說。自民國二十一年《金瓶梅詞話》出現之後，吳晗寫了一篇〈金瓶梅的著作時代及其寫作背景〉，鄭振鐸寫了一篇〈談金瓶梅詞話〉⑭，這兩篇論述的推論，足以否定了誤傳踰三百年的「嘉靖間作品」的說法。不過，他兩人都把《金瓶梅》的成書年代，置之於萬曆中期，說：「《金瓶梅》的成書時代大約是在萬曆十年到三十年這二十年（公元一五八二—一六〇二）中。退一步說，最早也不能過隆慶二年，最晚也不能後於萬曆三十四年（公元一五六八—一六〇六）。」（吳晗說）鄭振鐸也假設於萬曆三十年左右。此一問題，我則持有不同看法。

第一，《金瓶梅詞話》是改寫本，我的此一研究推論⑮，應是肯定的。可以說，《金瓶梅詞話》的內容，已非袁中郎時代閱讀到的那個傳抄本。我們論斷《金瓶梅》的成書年代，絕不能以《金瓶梅詞話》爲立論之據。

第二，《金瓶梅詞話》既是改寫本，自可肯定在《金瓶梅詞話》之前，還有另一種《金瓶梅》底本。可以說，《金瓶梅》到了《金瓶梅詞話》，已有了兩種稿本。先無論這兩種稿本的異同如何？而我們在論及《金瓶梅》的成書時，都應分開來說。不能以今之《金瓶梅詞話》與其以前的《金瓶梅》底本，混爲一談。這一點，應是我們今後研究《金瓶梅》必須遵循的一條正確路向。

第三，我的研究，業已判斷《金瓶梅詞話》是泰昌元年方始改寫完成梓行的版本，所據史料是寫於該書第七十回、七十一回兩回的一年兩冬至，隱喻了泰昌與天啓兩個元年⑯。此一研判，雖還有人持疑，也有人不願贊同。但如依據明朝論及《金瓶梅》的九人史料，一攤開來作比竝推繹，詳細研究，準會發現這其中有些說詞，有相互矛盾之處，也有彼此共同之處。

甲、相互矛盾之處

⑴沈德符說他於萬曆三十七年間，向袁小脩抄得《金瓶梅》全稿（其中缺少五十三回至五十七回五回）挈歸。⑰

⑵袁中道（小脩）在其萬曆四十二年八月的日記《遊居柿錄》中，說他尚未讀到《金瓶梅》全稿，還是萬曆二十六年在眞州跟隨哥哥中郎時，「見此書之半。」⑱

(3)謝肇淛於萬曆四十一年之後，在其所著《小草齋文集》〈金瓶梅跋〉中也說，《金瓶梅》尚無全本，他手上的抄本只有百分之八十：「於中郎得十其三，於丘諸城得十其五，稍微釐正。而闕所未備，以俟他日。」⑲（從上述三人的說詞來看，沈德符的話，可就有了問題了。袁中道與謝肇淛都說他們在萬曆四十二年，尚未讀到全本，沈氏如何能在萬曆三十七年向袁中道抄到全稿？）

乙、彼此共同之處

(1)袁中道：「……大約模寫女兒情態俱備，乃從《水滸傳》潘金蓮演出一支。所云金者，即金蓮也；瓶者，李瓶兒也；梅者春梅婢也。……」（日記《遊居柿錄》）

(2)沈德符：「……中郎又云：『尚有名玉嬌李者，亦出此名士手，與前書各設報應因果。武大世化爲淫夫，上烝下報；潘金蓮亦作河間婦，終以極刑；西門慶則一騃憨男子，坐視妻妾外遇，以見輪迴不爽。』中郎亦耳瞟，未之見也。……」（《萬曆野獲編》卷廿五）

（以上兩則所述，其共同之處，指所閱之金瓶梅，悉爲從水滸傳支出之潘金蓮故事也。）

(3)袁中道：「……舊時京師，有一西門千戶，延一紹興老儒於家；老儒無事，逐日記其家淫蕩風月之事，以門慶影其主人，以餘影其諸姬。……」（《遊居柿錄》）

(4)謝肇淛：「……相傳永陵中有金吾戚里，憑怙奢汰，淫縱無度，而其門客病之，採摭日逐行事，彙以成編，而託之西門慶也。……」（《小草齋文集》卷廿四）

（以上兩則所述其共同之處，指《金瓶梅》一書之寫作來源同也。）

⑸沈德符：「聞爲嘉靖間大名士手筆。」（《萬曆野獲編》卷廿五）

⑹屠本畯：「……按《金瓶梅》流傳海內甚少，書帙與《水滸》相埒。相傳嘉靖時，有人爲陸都督炳誣奏，朝廷籍其家。其人沈冤，託之《金瓶梅》。……」（《山林經濟籍》）

（以上兩則，則共指《金瓶梅》一書，應作於嘉靖。）

我們如從上述的六則明人對於「金瓶梅」一書的說詞來看，他們之所以說法有同有異，且有極端矛盾衝突之處，這也正說明了《金瓶梅》一書之在明朝當時，並未普遍流行，正如《山林經濟籍》所說：《金瓶梅》流傳海內甚少。」傳抄時，只在文士間秘密進行，刻成《金瓶梅詞話》之後，也未流行。是以至今我們只能見到《金瓶梅詞話》的刻本一種，連明朝同時代人薛岡，也只見到崇禎初年的刻本，並未見到《金瓶梅詞話》⑳。再說，所有明朝人論及《金瓶梅》者，尙無一人提到欣欣子與蘭陵笑笑生。那麼，我判斷《金瓶梅詞話》於天啓初年刻出後，恰好遇上「詔修三朝要典」的聖命，因而不敢發行。後來，有人把《金瓶梅詞話》中的政治隱喩刪去，重寫了第一回，再行梓版發行。於是，崇禎本的《金瓶梅》，在崇禎的十餘年動亂中，還有了四種不同的刻本。符節了沈德符之說：「一刻則家傳戶到」；可是，沈氏這句話的上一句：「此等書必遂有人版行」，卻符節不上了。因爲《金瓶梅》自傳抄來，不惟二十餘年沒有人梓行，甚而流行也只限於文士之間。怎能符節「此種書必遂有人版行」呢？

所以我推斷《金瓶梅詞話》梓行於天啓初年，雖經刻出，也未敢公開發行。

再說，袁宏道有一封寫給謝肇淛討還《金瓶梅》借書的信函，我已考證出此一信函乃僞託㉑。若與《萬曆野獲編》沈德符的那段漏洞百出的話相提並論，可以想知明朝人論及《金瓶梅》的說詞，不惟大僞纂之處，必也有隱諱之飾。想來，不是很顯明嗎？

總之，關於《金瓶梅》的成書年代問題，我們必須分作兩個階段研究。㈠傳抄時代的《金瓶梅》。㈡即今之《金瓶梅詞話》。㈢傳抄本的《金瓶梅》作於何年？有未寫完？㈣《金瓶梅詞話》改寫過程如何？完稿於何年？雖說，這些問題，我已耗去不少精力，成書三種，費辭不下五十萬言，但仍待各方賢者賜正。

三、作者

有關《金瓶梅》的作者，在過去三百多年來的時代裡，世上一直傳說是王世貞，兼且編了不少五花八門的故事。自民國二十一年發現了《金瓶梅詞話》，有了欣欣子的序文，指出作者是蘭陵笑笑生，雖已有了這個名字，但這位蘭陵笑笑生究竟是誰？卻仍是個謎。正由於這蘭陵笑笑生還是個謎，是以至今，研究金瓶梅的人，對於作者是誰？仍在猜謎階段。

過去，被猜的對象頗多，計算起來，幾踰十人。但除了一些只是順口溜說，未曾提出論述者外，尚有五說囂然世間。

1.朱星的仍持王世貞說。[22]

2.吳曉鈴、徐朔方的李開先說。[23]

3.張遠芬的賈三近說。[24]

4.黃霖的屠隆說。[25]

5.芮效衛（David Roy）的湯顯祖說。[26]

以上五說，都有或長或短的論文發表。雖然，戴不凡也曾提出作者可能是金華人的說法，卻未正式闡述，只是從少許語言上，提出意見而已[27]。自還算不上一說。我在「《金瓶梅》探原」時代（民國六十八年（一九七九）以前），也只指出作者是一位長於北方的江南人，或具有南人生活習尚的北方人而已。下面，僅就上述五說，略抒管見如左：

1.王世貞說

關於王世貞一說，竊以爲吳晗與鄭振鐸兩位的論述，足以否定了作者是王世貞之說（上節所述）。那麼，今之仍持王世貞之說者，就必須先把吳、鄭兩位的論據，一一批駁，不僅批駁，還應一一予以摧圮，然後，方有餘地去建立你的論述。這是考據上的基本原則，「先破而後立」也。那麼，我們如以此理論來看朱星的《金瓶梅考證》，卻發現朱星只是在自說自話，因爲他不曾去批駁吳、鄭兩位業已否定了《金瓶梅》的作者不可能是王世貞的論據。

雖說，朱星耗費了不下五萬言的篇幅，來專論此一問題，卻無一題提出了有力的論據，兼且以《萬曆野獲編》的濫言爲則，眞可說是無足論矣！

可以說，「王世貞說」之不能成立，已無討論的餘地。

2. 李開先說

認爲《金瓶梅》的作者是李開先著，是吳曉鈴與徐朔方。而我，只讀到徐朔方的〈金瓶梅的寫定者是李開元〉一文，他這篇近兩萬言的論述，提出的主要論點是：《金瓶梅詞話》原是說書人口中的說唱詞話，經過一位作家加工寫定的；寫定的這個作家就是李開先。

何以，會選定李開先是《金瓶梅》的寫定者呢？第一，因爲李開先是山東人。第二，《金瓶梅詞話》第七十回刊有李開先的戲劇《寶劍記》。第三，李開先的《寶劍記》是《水滸》故事，《金瓶梅》也是《水滸》故事。大體如是。

首先，我們要問的是：如果說《金瓶梅》（詞話）的原稿，來自多位不同的說書者之口，那就等於說《金瓶梅》（詞話）早在嘉靖中葉，就在社會上騰之於說書人之口了。那麼，何以明朝嘉靖、萬曆時人無說唱《金瓶梅》的紀錄？張岱雖在《陶庵夢憶》記了一條「（楊）與民復出寸許界尺，據小梧用北調說金瓶梅一劇，使人絕倒。……」時間已是崇禎七年了。再說，《金瓶梅》（詞話）若是李開先寫定，它的問世時間，最遲也應在嘉靖三十年前後（一五五二），而《金瓶梅詞話》之梓行時間，卻在萬曆末年（一六二〇）。從寫成到梓行，之間竟有近六十年之久，無人出版。沈德符說：「此等書必遂有人版行，一刻則家傳戶到。」因爲嘉靖、萬曆那個淫靡的社會，最需要像《金瓶梅詞話》那樣的書。怎會無人版行？但事實上，《金瓶梅》一書的問世，最早紀錄是萬曆二十四年（一五九六），我們在前面已說了又說㉘。

再說，《水滸傳》早在嘉靖初年，即已問世。李開先可據《水滸》故事寫《寶劍記》，萬曆間的蘭陵笑笑生自然也能據《水滸》故事寫《金瓶梅》。更是不必辯說的了。

說來，徐朔方的「李開先寫定說」，連個理論基礎也無有，何須多所費解。

至於吳曉鈴的「李開先說」，雖未見及文字，他在美國卻演講多場，朋友們曾來信告知所講梗概，口頭上也有朋友向我略述。從吳氏演講時，期期乎指摘徐朔方的〈《金瓶梅》是李開先寫定說〉一文，是在閒談中聽了他的說詞，然後行之於文的，自可想知他們的立論點是共同的了。想來，他們的「李開先說」，都是打從「山東人」這一意念演繹出的。這裡不多說了。

3. 賈三近說

張遠芬的「賈三近說」，也是基乎賈三近是山東嶧縣人的意念，進而演繹出來的。近來，我讀了他所寫的論著《金瓶梅新證》㉙，全書不過十萬言，竟以近五萬言的篇幅，選擇《金瓶梅詞話》中的語言，而且肯定的說，那些話全是他們山東家鄉嶧縣話。我想張遠芬一定年紀不大，且足跡所至未遠，對於趙元任先生這一系統的語言研究，也不曾涉獵，遂產生若是看法。實則，他選擇的那些話，乃我國的「北方話」語系，不僅齊、魯、豫，以及燕、薊、晉、陝，流行那些話，他如蘇、皖之北，甚而川黔雲貴，也說那些類同的語詞，日本語言學者橋本萬太郎，曾經列出圖表，用色彩區別㉚。這些有關我中華語言的調查，趙如蘭（元任先生女公子）更是做得既多又細。翻檢一下趙如蘭博士的研究，亦能得之。此一問題，不多說了。

至於張遠芬的「新證」，最值得一說的，應是他拈出的欣欣子序中的「明賢里考」。張氏把欣欣子序末的「書於明賢里之軒」的「明賢里」一詞，別成兩詞來說，推理「明賢」兩字，乃南朝齊之廢市東昏侯蕭寶卷的本名。由於蕭齊的遠祖「居東海蘭陵縣中都鄉中都里」，本屬蘭陵人。遂進而基是聯想到此一「明賢里」乃暗指「蘭陵」，蘭陵乃「蕭明賢」的祖籍也。張遠芬便因此一穿鑿，把「明賢里」與「蘭陵笑笑生」聯想到一體。遂說這「欣欣子書於明賢里之軒」等字，就是嶧縣人賈三近的暗示，乃「蘭陵笑笑生（賈三近）」在蕭明賢的故里「蘭陵」（嶧縣）所作（之《金瓶梅》也）。想來，此一推想，可以說是既巧且妙。但卻未免穿鑿幽深而附會杳遠矣！

若以修辭學理，來看這「書於明賢里之軒」數字，顯然的，「明賢里」三字乃一辭，非兩辭。正如張遠芬引錄的《南史齊高帝本紀》中的這句話：「其先本居東海蘭陵縣中都鄉中都里」一樣，「明賢里」、「中都里」，所指者，悉為所居之里巷，蘇州府可能有「明賢里，其他鄉縣，也可能有「明賢里」，絕非泛指「蕭明賢」的祖籍「蘭陵」也。如果是張遠芬的那種聯想的「暗示」，則應寫作「書於明賢之里小軒」。蓋張遠芬的說法，則「明賢里」應為「明賢」之「里」也。再說，以「里」來代一郡之地，亦似屬少見。

他如張遠芬之「金華酒考」，強調《金瓶梅》中的「金華酒」，即唐詩中的「蘭陵美酒」。可是，明朝人馮時化的「酒史」，則寫明「金華酒」即浙江金華產也。明人既如此說，今人怎能否定。

再說，著作像《金瓶梅》（詞話）這樣一部大書，作者應有寫作動機。張遠芬的「新證」則未道及。賈三近官至左都給事中，既未失意於名場，亦未失意於官場。似無寫作《金瓶梅》一書的衝動。看來，賈三近不可能是《金瓶梅》的作者。

*4.*屠隆說

黃霖提出「屠隆說」。雖然他的初稿〈金瓶梅作者屠隆考〉一文，僅從明本《開卷一笑》中的〈祭頭巾文〉，並尋出了「一衲道士」即「屠隆」等資料。仍不易讓人信服「笑笑先生」就是「笑笑生」。而我，則認為屠隆較之傳說中的十餘人，更有可能寫作《金瓶梅》。所以我支持此說。

第一，屠隆生於嘉靖二十年——或二十一年（一五四——一二），卒於萬曆三十三年（一六〇五），《金瓶梅》最早傳抄於萬曆二十四年（一五九六）。在其生存時間上，可以配合。

第二，屠隆是萬曆五年（一五七七）進士，在官僅七年，即遭罷黜（萬曆十二年免官）。且被黜的原因，涉於詩酒放蕩，且出於挾仇誣陷。罷免的罪名，則又是前職曠廢。可以說是「必欲逐之」。

第三，屠隆出身貧家，二十爲諸生，三十五歲中進士，曾困頓名場十五年。在官七年無罪而罷，家居二十年（自萬曆十二年至三十三年），賣文爲活。在生活情況上，有其寫作《金瓶梅》一書的可能。

第四，屠隆的眞正罷官原因，如從他在《白榆集》與《棲眞館集》上的詩文觀之，可以蠡知起因於他於青浦令任內，正好遇上皇長子常洛誕生，他一時衝動，寫了〈賀皇長子誕生〉等文四篇，逆鱗了皇上的心情。遂在調京任禮部儀制司主事時，遭仇口誣陷，而羅辭黜逐。當屠隆洞悉遭黜底因後，一再向友人表示他是受了「雕蟲一技」之累。對於他的無罪而罷，雖有人同情，要他倣效馬遷之〈報任安書〉、李陵之〈與蘇武書〉，使己之冤抑著之竹帛而不朽。他則表示此非上策，不願如此做。但對罷官事，雖「不能受」，卻「不能怒」。而且說，候蟲之鳴待時，「時未至而喑喑無聲，時至而嘒嘒不已。」這些，都充分的顯示了屠隆有寫作《金瓶梅》的可能㉛。

不過，屠隆可能寫作的《金瓶梅》，應是《金瓶梅詞話》以前傳抄的那部《金瓶梅》。

5.湯顯祖說

美國芝加哥大學的芮效衛，前歲五月在印第安那大學的《金瓶梅》小說討論會上，發表論文〈湯顯祖是金瓶梅作者說〉。他在論文中例說了三十條，指湯顯祖是《金瓶梅》的作者。雖然他依據了徐朔方的〈湯顯祖年譜〉，東拉西扯的穿鑿附會了幾達三萬言的篇幅，但可以立說者，則一條也無。我在《金瓶梅的問世與演變》一書中的創說，如入話之劉邦寵戚夫人廢嫡立庶的故事，堪與明神宗之寵鄭貴妃有廢長立幼的史實，有所隱喻的說法，芮效衛也據以用在湯顯祖的生存年代上。想來，把明神宗的宮闈事件與《金瓶梅》牽連到一起，那是我所創說的「政治隱喻」。

湯顯祖的劇作，向被譽爲是注重辭藻華美辭章派大家，換言之，湯顯祖的作品風格，最講究的是辭藻典麗。試問，《金瓶梅》（詞話）是何類的作品？正如李日華所詬病者：「市諢之最穢者也。」[32]光是這一點，也就難與湯氏拉上關係。

日本學者八木澤元著《明代劇作家研究》一書[33]，論及湯氏的人品時，曾考說他一生不二色。意爲除所娶正房妻子之外（湯曾續娶），未嘗涉足歡場，尤其是與其當代其他士子不一樣的是：「不娶妾」。那麼，從人品上說，也無法把湯顯祖與《金瓶梅》拉上關係。

芮效衛在這篇論文中，提到了《金瓶梅》的作者之所以把小說的展示場地放在「清河」，那是由於中國人之每以「河清」作爲天下太平的象徵。「俟河之清」也。（大意如此。）可是，芮效衛卻不知「清河縣」的命名由來，是由「清河」（河水是清的）而來，乃「黃河」之對，非基乎「河清」而命名。若去一查清河縣志，我們則可發現清河這地方，在漢高帝時即置郡了，安帝時且改之為「甘陵國」。自漢以還，清河曾兩封為國、九置為郡。封王、封侯者，抵明已有數十，虛封者尤多。北宋時王則之亂的貝州，故城就在清河。若基此而想，自可獲知《金瓶梅》的作者之所以把小說的故事，放在清河演出的意想矣！㉞所以，我猜得傳抄時的《金瓶梅》，可能不是西門慶的故事。這是題外話了。

總之，芮效衛的「湯顯祖說」，是很難成立的一說，光是湯顯祖的文品與人品這兩個先決的問題，他就尋不出理論與以周圓。

四、研究《金瓶梅》應走的正確方向

前面，我已把近五十年來，研究《金瓶梅》的「版本」、「成書年代」以及「作者」等問題的各家陳說，簡略的述論了一個梗概。雖我述論，難免囿於我一己的主觀，但研判資料，不可違悖理則。再說，關乎學術研究，不僅要具備超乎常人的智慧，更應具備豐饒的相關知識。否則，勢難臧事。尤其重要的是，首應讀通你研究的那部原著吧。

說來，《金瓶梅詞話》是一部不易讀通的大書。我自認我這十五年來，雖已仔細研讀了十餘遍之多，卻仍感於尚多語言，不能理解。此一問題，我在《注釋》及《箚記》兩書中，已明言之矣。我之所以孜矻不懈的寫了三十萬言的《金瓶梅箚記》，又寫了近二十萬言的《金瓶梅原貌探索》，目的期把這部書錯綜問題，一一摘出，提供國內外所有研究該書的作者，作爲參考。可以說，我這是老蠶吐絲結繭的工作，凡所成就，非己所期。譬如，我提出的問題：

A《金瓶梅詞話》是改寫本

(1)此一問題，應是我的正確研判。今後，凡是研究《金瓶梅》的「成書年代」及「作者」是誰的學人，就不能籠統的以《金瓶梅詞話》作爲論據。因《金瓶梅詞話》已非傳抄時代的原著。

(2)至於《金瓶梅詞話》以前的傳抄本《金瓶梅》，有未寫完？其內容與《金瓶梅詞話》有多大出入？是不是西門慶的故事？尚有待我們繼續追究。我在《金瓶梅原貌探索》中提出的研究，主要的目的乃提供此一問題。

B《金瓶梅詞話》的成書年代

(1)《金瓶梅詞話》是改寫本，應是確定的。那麼，《金瓶梅詞話》改寫於何時？成書於何時？梓行於何時？應是我們研究的一個重要問題。

(2)此一問題我已提供了（三部著作，行文已逾五十萬言，前面已說到）不少資料，雖判定《金瓶梅詞話》改寫完成於萬曆四十三年（一六一五），梓行於天啓初年（一六二一—二三）。史跡斑斑，證據鑿鑿。《金瓶梅詞話》是《金瓶梅》的初刻本。東西方學人不是已經承認了嗎?!

C《金瓶梅》的作者

說到《金瓶梅》的作者，問題可就多了。前文業已說到。至於作者究竟是誰？我雖然支持屠隆一說，尚有待進一步探索尋據。但無論如何，有一個問題我們必須確定。那就是，我們研究《金瓶梅》的作者究竟是誰的時候，絕不可專指《金瓶梅詞話》，因爲《金瓶梅詞話》是改寫本。如論作者是誰，應分作兩個階段看：一是《金瓶梅詞話》，二是《金瓶梅詞話》以前的那不全抄本《金瓶梅》。這一點，方是研究《金瓶梅》作者應遵循的一條正確路向。

遺憾的是，直到今天，凡是研究《金瓶梅》作者的論著，則率指《金瓶梅詞話》。關於這一問題，我在《金瓶梅探原》時代，也是如此。到了《金瓶梅的問世與演變》，我已修正了。

至於《金瓶梅詞話》還保存了傳抄時代之《金瓶梅》的原貌多少，我在《金瓶梅原貌探索》中，雖已提出了不少問題，則仍有待我們繼續探索。這一點，更是今後我們研究《金瓶梅》的作者，應走的一條正確路向。

五、餘語

有關《金瓶梅》一書的研究，比年以來，逐見熱烈。美國與日本，已有大學專開此書作爲研究課程了。大陸方面，也出版了多種有關《金瓶梅》的專論，上已述及要者。看來，本文論及的幾個問題，在不久的將來，勢必有個完善的結論產生。特預期焉！

我一再說，我的《金瓶梅》研究，有如老蠶吐絲結繭，其目的並不是吐絲供人織布作衣穿著，而是爲了自然的孳生，成蛾生子也。遺憾的是，這些年來，我在辛勤中完成的成果，時被一些自大誇飾者，棼絲成衣，著之於體，連那繭絲的來源，也隻字不提，儼然以開山鼇河者自居。若是情形，則非我這老蠶所期矣！

說起來，我的《金瓶梅》研究，乃是由吳晗、鄭振鐸兩人的研究孳生出來的。早在《金瓶梅探原》中，即已明言。應知道術貴本，源如無本，焉能流長！我之所以在此說了這些感慨的話，正有所期於國際學人的《金瓶梅》研究，應貴乎立本也。

附記：本文在中國古典文學第一屆國際會議席上提出，經國立中興大學文學院院長余玉照教授提示，本文所論，純係外緣研究，題目不能含蓋，且有行文之處，亦未顧及。所示極是，乃據更正並加注。特在此說明並致謝忱！

註

①袁宏道於萬曆二十四年十月間，在寫給董其昌的一封信上，說到《金瓶梅》一書。是現有史料最早提到

《金瓶梅》的一件。

②沈德符在《萬曆野獲編》中曾說：「此種書必遂有人版行，一刻則家傳戶到。」

③《金瓶梅詞話》雖梓行於天啓初，但在明朝則未發行，是以明朝人談到《金瓶梅》者，無人提到《金瓶梅詞話》上的欣欣子序文。直到民國二十一年（一九三二）在山西發現了《金瓶梅詞話》，世間方知有欣欣子與蘭陵笑笑生。存於世的《金瓶梅詞話》，僅有三部另二十三回。我國有一部，其他均在日本。

④崇禎本《金瓶梅》，存於世者，現有四種刻本，每種都有不同版本存在。

⑤清康熙三十四年（乙亥）梓行的《第一奇書》本，在清朝被列爲禁書。但在有清之兩百餘年間，此書刻本有二十餘種之多。

⑥鄭振鐸於民國二十三年七月作〈談金瓶梅詞話〉一文，認爲沈德符說「吳中懸之國門」的那本，初刻於萬曆三十八年，《金瓶梅詞話》乃第二次的北方刻本。

⑦法國學人雷威安（ANDRE LEVY）首先響應我的論據，文見拙作《金瓶梅的問世與演變》之附錄五。

⑧鳥居久靖著《金瓶梅版本考》，見日本天理大學學報十八輯—昭和三十年十月。

⑨同右注。見第三四六頁。

⑩荒木猛著〈新刻繡像批評金瓶梅（內閣文庫藏）出版書肆之研究〉，原刊一九八三年六月號東京出版之《東方》書評雜誌。任世雍譯文，刊於民國七十三年三月號《中外文學》。

⑪拙作《金瓶梅的新史料探索》，刊於民國七十三年十一月十九日、二十日中華日報副刊，並於同年十二

月九日在第六屆中國古典文學會議上發表。

⑫此一問題可參閱拙作《金瓶梅的問世與演變》一書之第五、十兩章。

⑬見《萬曆野獲編》卷二十五。

⑭吳晗著〈金瓶梅的著作時代及其社會背景〉一文，刊於民國二十二年十月十日出版之文學季刊創刊號。鄭振鐸著〈談金瓶梅詞話〉刊於民國二十三年七月文學。

⑮參閱拙作《金瓶梅的問世與演變》（民國七十年八月臺北時報出版公司印行）。《金瓶梅箚記》（民國七十二年十二月臺北巨流圖書公司印行）。《金瓶梅原貌探索》（民國七十四年三月臺北學生書局印行）。

⑯參閱拙作《金瓶梅的問世與演變》第七章。

⑰見《萬曆野獲編」》廿五《金瓶梅》條。

⑱見《遊居柿錄》（新興書局版竹九七九條。）。

⑲見《小草齋文集》卷廿四〈金瓶梅跋〉（中央圖書館漢學中心有複製本）。

⑳參閱拙作〈金瓶梅的新史料探索〉（臺北學生書局印行之《金瓶梅原貌探索》附錄五）。

㉑參閱拙作《金瓶梅審探》中「論袁宏道給謝肇淛的這封信」第五十三—六十九頁（臺北商務印書館印行）。

㉒見朱星著《金瓶梅考證》（⑴民國六十九年十月天津百花文藝出版社印行。⑵民國七十二年九月臺北木

鐸出版社印行）。

㉓見徐朔方著〈金瓶梅是李開先寫定〉一文（民國六十九年三月杭州大學學報第一期）。

㉔張遠芬著《金瓶梅新證》（民國七十三年一月山東齊魯書社印行）。

㉕黃霖著〈金瓶梅作者屠隆考〉（民國七十二年五月上海復旦大學學報第三期）。

㉖芮效衛（David Roy）著《湯顯祖乃金瓶梅作者說》（民國七十二年五月十二日至十四日，美國印第安那大會《金瓶梅》小說討論會發表）。

㉗見民國七十二年四月木鐸出版社出版之《小說見聞錄》（《金瓶梅》零札六題）。

㉘同前註一。

㉙同本節註三。

㉚此圖失記刊於日本何一雜誌。待補。

㉛參閱拙作〈論屠隆罷官及其雕蟲罪尤〉（探索屠隆可能寫作《金瓶梅》動機）一文——見臺北學生書局民國七十四年三月出版《金瓶梅原貌探索》附錄五。

㉜見李日華《味水軒日記》卷七。

㉝見羅錦堂譯：《明代劇作家研究》第七章（民國五十五年九月香港龍門書店出版）。

㉞參閱拙作《金瓶梅原貌探索》中，〈武松、武大郎、李外傳〉一章。

研究《金瓶梅》不能忽略歷史因素

今存乎世的《金瓶梅》版本，共有三種：㈠詞話本；㈡崇禎本（應稱爲繡像本）；㈢第一奇書本。從內容以及篡易情形看，自是「詞話本」在前，「崇禎本」次之，「第一奇書本」再次之。那麼，「崇禎本」源於「詞話本」，而「第一奇書本」源於「崇禎本」，也是不爭之論。蓋原書尙存，可以比對。

至於「崇禎本」是否淵源於今之《金瓶梅詞話》？此一問題，則尙待推論，本文不提，僅就大陸學人劉輝先生的〈從詞話本到說散本〉（刊一九八五年十二月出版的《中國古典小說論叢》第三輯）一文，略抒淺見。

詞話本的底本

傳於今世的這部《金瓶梅詞話》僅存三套，有二十三回，一在我國，餘在日本。這部小說是模倣話本形式寫成的說唱體小說，書名即已標明，曰：「詞話」。此一事實，乃不爭之論，且鄭振鐸早已拈出。（見鄭作〈談金瓶梅詞話〉一文，刊民國二十二年七月文學創刊號）。由於事實昭然，未嘗有人提出異說。可是，徐朔方等人則據此而引申，認爲「詞話本」乃從說書人口中得來，並說今之「詞話本」乃李開先寫定。此一問題，我已指摘多次，證出「詞話本」絕不可能是嘉靖間人的作品；實則，鄭振鐸與吳晗也早已證見到了。今者，一九八五年十二月出版的《中國古典文學論叢》第三輯，刊有劉輝先生的〈從詞話本到說散本〉（金瓶梅成書過程及作者問題研究之一），仍循徐朔方先生的此一意見，向前發展。除了同意徐氏之說「詞話本」源自說書人之口，至於「寫定」問題，則脫離「詞話本」下推到「崇禎本」；他認爲「崇禎本」方是定本。更把寫定的作者推疑到李漁頭上。想來，可是越發的荒誕難求了。

我要再說一遍，「《金瓶梅詞話》是一部模倣話本形式寫成的說唱體小說」（與散文體小說相揉合），難道，此類夾入說唱的小說，只有說書人方有此才能嗎？提出此一認定者，未免膠柱鼓瑟矣！若以此論去推求作者，則又是刻舟而求劍，何可得也！

從今之《金瓶梅詞話》的錯誤情形來看，顯然的，「詞話本」的底本，來自多數人手中的抄本，由於付梓匆匆，未嘗經人總成編纂。是以造成重疊錯簡，再加上手民之誤刻而未經校勘，遂有了這些錯誤現象。這樣推想，應是合理的、合邏輯的。這意見，我說了不少次了。

若是出於說書人之口，請問，這位說書人在哪裡？

說書人在哪裏?

按《金瓶梅》的抄本，就今已見到的史料來說，最早出現於萬曆二十四年（一五九六）。再以刻本《金瓶梅詞話》的東吳弄珠客序言時間來說，已是萬曆四十七年（一六一九）季冬，我們不必再向嘉靖二十六年（一五四七）李開先頭上推論，從萬曆二十四年到四十五年，亦整整二十年有奇矣。試想，此一抄本若是出於說書人之口，何以二十年間在明人的典籍中，尚無說唱《金瓶梅》一書的紀錄？雖然張岱在其《陶庵夢憶》中，寫有說唱《金瓶梅》的紀錄一則，已是崇禎七年。這時，「崇禎本」已很流行了（最少有兩種已梓行）。

我們從事考據工作，在立說之前，首應明瞭所立說的作品，處身的那個社會形成的歷史因素。此一問題，乃立論之基。等於蓋房子，光有建築材料不成，必須先有建築的基地。通常，我們必須先取得了建築基地，再去鳩工庀材，否則，不是海市蜃樓也可能誤建在別人的基地上，一訴諸法理，就步上「拆屋還地」的命運了。像徐朔方等人提出的「詞話本」源自說書人之口的說法，便是一句沒有根的話，是以其文乃「海市蜃樓」也。試想，「詞話本」如來自「說書人」之口，那麼《金瓶梅》這部書該已是多麼熱鬧的在社會間公開流行了。我要再重複發問：何以明朝的當代人沒有說唱金瓶梅的紀錄？

再說，《金瓶梅》是最早出現於萬曆年間的作品，我們研究它的成書與作者，又怎能不去了解嘉、隆、萬那個時代的社會現狀？那個時代，淫穢的文字與畫圖，不干公禁，可以在社會上公開發售。這些話，鄭振鐸的《談金瓶梅詞話》也說到了。沈德符的《萬曆野獲編》不是說嗎：「此等書必遂有人版行，一刻則家傳戶到。」這話正是那個晚明時代的文化情況。何況，萬曆時代的出版業極為鼎盛，晚明人的改纂風氣，更是歷代之最。所以我認為像《金瓶梅》這樣的書，正符合了那個社會的需要，不可能抄本流傳了二十餘年，方始有了刻本。若照晚明的出版實況來進而推想，像《金瓶梅》這樣的小說，縱然抄本流傳無全稿，也會有人為之敘全付梓的。居然無此情事，又怎能不向政治諷喻上想呢！此一問題，我已成書多種，這裡不贅述。

總之，我們研究古典文學的人，應請出證據去說話，提不出證據，不可憑臆想而瞎三話四。

崇禎本的淵源

有人懷疑「崇禎本」與「詞話本」可能是同時在明朝社會上流抄著的兩種不同版本。香港友人梅節先生在從事這兩種版本的校勘之後，有此懷疑。（他給我來信，大要提及。）由於我還未曾進行此一校勘工作，還不能肯定答覆梅先生，我是否同意此一推想。但從「崇禎本」之刪減「詞話本」中的戲曲小唱情事來看，「崇禎本」似是淵源於「詞話本」。更可以說它是在「詞話本」梓行之後，再進行改纂付刻的。至於「崇禎本」在改纂時，手頭是否還擁有一些不同於「詞話本」的散亂抄本？可就很難說了。但依情理推想，應是可能的。

劉輝先生很細心的拈出了「詞話本」第二十八回秋菊尋鞋的這段話：「……正是……都被『六十（丁）收拾去，蘆花明月竟難尋。』尋了一遍回來，春梅罵道：『奴才，你媒人婆迷了路，沒得說了。王媽媽賣了磨，推不的了。』秋菊道：『好，省恐人家不知道，甚麼人偷了娘的鞋去了。我沒曾見娘穿進屋裡去。……」摘出秋菊的這句：「好，省恐人家不知（道）。」是抄本上的評語。

關於這個句子，雖然到了「崇禎本」已被刪去，但這七個字（原文「知」下無「道」字）在秋菊這段話中，我卻感受不到它不是秋菊的話。如把這七個字跟以下的十二個字連成一句：「好，省恐人家不知甚麼人偷了娘的這隻鞋去了。」則可以看成是秋菊聽到春梅罵她：「……王媽媽賣了磨，推不的了。」可能春梅的聲音太大，就自言自語的說：「好，省恐人家不知甚麼人偷了娘的這隻鞋去了。」然後再向春梅說：「我沒曾見娘穿進屋裡去，……」不也文氣通順嗎？

另一則第二十四回中的這段文字：「後次大姐回房罵經濟：『不知死的囚根子，平白和來旺媳婦子打牙犯嘴，倘忽一時傳的爹知道了，淫婦便沒有事，你死也沒處死。幾句說經濟。』劉先生認為這文中的「幾句說經濟」五字，也是「詞話本」誤把批語刊入正文。認為這五字是批語。

在我看來，這五字不像批語，只是缺文的半句話。我們看這段文字，業已寫明是「大姐回房罵經濟」，委實用不著再加批語「幾句說經濟」。

如以「詞話本」的錯訛情形綜而觀之，這五字乃由於闕文所形成。我們可以這樣補上：「『……淫婦便沒事，你死也沒處死。』幾句話說得經濟一時不知如何回答。」（或者「幾句話說得經濟面赧心熱躲開去了。」）

評語，必須有評斷的意義。這五字無評斷意義，怎能看作評語。

不過，我仍不排除劉先生的這一看法。據有抄本的人，一面讀一面批，也是情理上的事。但尚須仔細尋求他處有無像秋菊這段話中的情形，若能再尋幾條確證，此一看法，方能成立。否則仍難據以立說。

再按劉先生從「詞話本」中尋到了說唱例句，馮沅君早就說到了。至於訛誤錯亂等例句，我也說了不少遍了。要知道，「詞話本」既是以「詞話」爲標題的小說，當然要夾雜說唱進來；用不著非來自「說書人」之口。「詞話本」的底本既是從多人手中得來，付梓時匆匆，又未有人綜合統一修訂，梓時又未校勘，當然會產生這樣的訛誤。斯亦情理之常也。

《第一奇書》本的淵源

張竹坡評批的「第一奇書本」，源自「崇禎本」，也早有定論。今劉輝先生疑竹坡另有底本，未必是「崇禎本」。看法是從第八十二回張竹坡的這段批評推想的。

「原評謂此處插入春梅。予謂：『自酒醉，春梅關在炕屋，已點明春梅心事矣！』」

關於這一評語所指的「原評」，確在「崇禎本」第八十二回，可是劉輝沒有看到，他說「早於北京大學藏本刊刻的首都圖書館藏本，此處卻無任何評語。因此，我們有理由做出這樣的判斷：在『詞話』本沒有刊刻問世以前，『金瓶梅』還在抄本流傳時，有的抄寫者已經下了批語。……」我沒有見過他們「首都圖書館」的「崇禎本」藏本，不知是否無張竹坡說及的這句評語，但王汝梅與侯忠義編的《金瓶梅資料匯編》則從他們所據的「崇禎本」，摘出了這句評語。我手頭的日本內閣文庫藏本，第八十二回的這句評語，也赫然刻在其中，曰：「趁勢插入春梅，妙甚！」基乎此，則已堪證張竹坡的《第一奇書》，乃源自「崇禎本」也無所疑議。

既若是，則劉輝先生的此一「評斷」，無所附麗矣！

《金瓶梅》與李漁

在《第一奇書》的版本系列中，只有「在茲堂」本，刻上了「李笠翁先生著」，可是，《第一奇書》是彭城張竹坡的評批本，由皋鶴堂梓行於康熙乙亥（三十四年）。不惟早有定論，今且尋得張氏族譜加以肯定，是以李笠翁連《第一奇書》也沾不到邊。至於《金瓶梅詞話》，抄本問世時，笠翁尚未出世，刻本於萬曆四十五年冬序刻（出版時間還要後），笠翁尚不到十歲；他出生於萬曆三十九年（一六一一），如何攀扯得上。

按劉輝先生的意見，打算把「崇禎本」的梓行，下推到崇禎末年甚或清代去。可是，劉先生卻忘了薛岡《天爵堂筆餘》的那條資料。就是依據我的說法，薛岡看到的刻本最遲也是崇禎三年前後。這時的李漁尚不到二十歲，有可能「寫定」「崇禎本」嗎？

再說，「崇禎本」的「繡像」（挿圖），留下的刻工姓名如劉應祖、黃子立、洪國良，都是明代的新安名手，鄭振鐸先生說：「黃子立又曾爲陳老蓮刻《九歌圖》、《葉子格》。這可見這部《金瓶梅》也當是杭州版。其刊行的時代，則當爲崇禎間。」按陳老蓮（洪綬）生於明萬曆二十七年己亥（一五九九），卒於清順治六年壬辰（一六五二）。他的《九歌圖》刻於崇禎十一年（一六三八），但其中刻工如黃子立（建中）這一名手家族，在萬曆二十年（一五九二）就在出版界活躍著了。再按「詞話本」刻本，最早不會上踰萬曆四十五年（一六一七）。我在前面說了，如據薛岡的那條史料（薛文作於萬曆末或天啓初）來說，薛岡看到的刻本最遲應是萬曆末、天啓初。那麼，所謂「崇禎本」的梓行，最遲似不至於下延到崇禎十年以後去。若以沈德符的那句「此等書必遂有人版行，一刻則家傳戶到」的這話來推論，則「崇禎本」的版行，不可能遲於《金瓶梅詞話》十年以上。再說，崇禎紀年不過十六年有奇，可是「崇禎本」之《金瓶梅》竟有四種之多（今已發現者）。這一點，亦是證「崇禎本」之初刻，當在崇禎初或天啓末。斯一歷史因素，不能不顧及也。

這樣推來，李漁焉有寫定「崇禎本」的可能？

不可忽略歷史因素

研究古典文學，首先想到的應是歷史因素。任何一件有血有肉的作品，都是時代的產物；無不映射了那個時代的社會現象。像《金瓶梅》這樣的一部描寫現實社會的小說，它的最早抄本，若不是夾有政治諷喻，在明朝嘉隆、萬那個社會，是不可能遲遲二十餘年無人梓行的。若是騰諸於說書人之口，休說在嘉靖，在萬曆也應有紀錄可尋，今則無也。

說來，這些歷史因素，怎麼不顧及呢？忽略了這些歷史因素，立說就無根了。

（一九八六年十二月二卷七期總第一十九期）

關於《金瓶梅》

一、《金瓶梅》的淫穢問題

數百年來，《金瓶梅》被視爲淫書。不錯，如從寫在故事中的那些有關男女性行爲的精細描寫，誰也不能掩飾它不是一部涉及淫穢的書。但如把它放在小說的寫實藝術上看，則又不得不給與情理上的諒解。因爲它並不是一部光是著眼於淫穢，而毫未寫出其他藝術內容的書，我們如把它所寫的那些淫穢部分，予以全部刪除，也不會消失它在小說藝術上的許多偉大成就。此一看法，早已經有人說到了。

既然，刪去了它其中的那些淫穢部分，也不影響它的藝術內容，那又何必細描那些男女之私呢？我想必有人會提出此一問題。這問題我也探討過，所得答案有二：㈠時代傳統：在明朝那個承平頗久，一個又一個皇帝們都喜貪宮幃的時代裡，自然而然的便形成了社會的淫靡。因而小說家們的筆下，出現了淫穢的描述，自亦是適應時代之情了。在金瓶梅以前，如《效顰集》、《如意君傳》、《金主亮荒淫》、《張於湖誤入女貞觀記》，以及同時代的

《繡榻野史》、《弁而釵》、《宜春香質》等書，無不有性行爲的描寫。就是徐渭的《四聲猿》以及湯顯祖的《還魂記》、陸采的《南西廂》、屠隆的《修文記》、沈璟的《博笑記》，都免不了有淫穢之述，《金瓶梅》當然就少不了了。㈡更由於《金瓶梅》的作者，在寫作時把視線放在現實上，受了寫實意念的推動，遂把人生中的現實形態，錙珠不遺的行之於文。這或許就是《金瓶梅》在這方面，寫得比其他小說細膩而更符乎現實境界，遂使它在這方面享有了大名的基因。要不然，何以我們一提到淫書，大家所想的就是《金瓶梅》而不及其他，甚而不知其他呢！

袁宏道是最早涉及《金瓶梅》的人，他的弟弟袁小脩在萬曆四十二年（一六一四）八月日記中，提到《金瓶梅》的時候，對於淫穢部分，曾作如是論斷。他說他當年與董其昌談到《金瓶梅》這部小說時，董其昌說：「決當焚之。」袁小脩則認爲：「以今思之，不必焚，不必崇，聽之而已。焚之亦自有存之者，非人力所能消除。但水滸，崇之則誨盜，此書誨淫；有名教之思者，何心務爲新奇，以警愚而蠹俗乎！」李日華也斥之爲「市諢之極穢者」。可見當時的時人，也認爲《金瓶梅》是一部淫書。

東吳弄珠客在序中說：「讀《金瓶梅》而生憐憫心者，菩薩也；生畏懼心者，君子也；生歡喜心者，小人也；生效法心者，乃禽獸耳！」這幾句話，確給讀《金瓶梅》的人，指示了一個正大的原則。清人張竹坡說：「凡人謂《金瓶梅》是淫書者，想必伊止知看其淫處也。

若我看此書，純是一部史公文筆。」誠然，我們如能認眞而深入的去研讀這部書，《金瓶梅》洵有史記的諷喻之筆，其發抒塊壘之處，也確不亞於史遷之情。所憾者，大多人都只在淫穢上去閱讀。有一天，一位年將從心的老人，嘻嘻哈哈地向我說：「《金瓶梅》我讀了不少遍，但我只挑其中那些地方讀，其他的都使我感到枯燥。」斯眞禽獸耳。有爲是書之淫穢而辯者說：「詩云：『以爾事來，以我賄遷。』此非瓶兒等輩乎！文云：『子不我思，豈無他人。』非金梅等輩乎！狂且狡童，此非西門敬濟等輩乎！乃先師手訂，文公細註，豈不曰，此淫風也哉！所以云：『詩三百，一言以蔽之，曰：思無邪。』註云：『詩有善有惡，善者，啓發人之善心，惡者，懲創人之逆志。聖人書者，立言之意，固昭然於千古也。』今夫《金瓶》一書，作者亦是將褰寒風雨孳兮子衿者詩，細爲摹倣耳。夫微言之，而文人知儆，顯言之，而流落皆知。不意世之看書者，不以爲懲，勸之韋絃，反以爲行樂之符節，所以目爲淫書，不知淫者自以爲淫耳。」但爲淫書諱護者，固有此說之作，然竊以爲《金瓶梅》良不適於未成年之青年閱讀。因爲，我不能否認它其中的淫穢描寫，無損於青年人的身心。雖然，在文學上，它是一部具有高水準藝術成就的小說，是今日世界上的第一部現實主義的偉大作品。

二、《金瓶梅》的版本

《金瓶梅》最早出現於萬曆二十四年（一五九六），那時只有半部。但究竟半到多少？

今已不易確證。僅在謝肇淛的《小草齋文集》上見到謝說：「於中郎得十其三。」或可據此想知在萬曆二十四年只出現了前三十回。雖然，沈德符在《萬曆野獲編》中記述《金瓶梅》時說，他曾於萬曆三十七年（一六〇九）向袁小脩抄得《金瓶梅》全稿，缺其中五十三至五十七等五回，且說，攜回之後，友人馮夢龍及時在吳關收稅的戶部主事馬仲良，都勸他應梓人之求。他不願出售，但卻未幾時吳中便有刻本問世。是以後來，凡是論及《金瓶梅》的人，都以沈德符的《萬曆野獲編》爲準則，一律說「《金瓶梅》初版於萬曆三十八年（一六一〇）」，魯迅、鄭振鐸以及東西方學人，相沿成說。實則，戶部主事馬之駿仲良是萬曆三十八年進士，派去蘇州滸墅關收船料鈔，時在萬曆四十一年（一六一三），他勸沈德符應梓人之求的時間，自不可能是萬曆三十八年了。何況，袁小脩寫在萬曆四十二年（一六一四）八月的日記，尚且表示他還不曾見到《金瓶梅》全本，沈德符又怎能在萬曆三十七年（一六〇九）向袁氏抄得全本？這顯然一大矛盾了。這一矛盾的癥結究在何處？可參閱業已出版之拙作《金瓶梅的問世與演變》一書，這裡無篇幅多說了。但有一點可以在此說明的是，李日華的《味水軒日記》，已證明了他在萬曆四十三年（一六一五）正月初五日讀到了沈德符藏的《金瓶梅》抄本，未說是殘卷。可以說，這是一個確定《金瓶梅》有了全稿的有力證據。更可從爾推想，《金瓶梅》的全稿在沈德符手上，已有一段時日了吧！

在我們今天所能見到的最早的《金瓶梅》版本，是東京弄珠客序於萬曆丁巳（四十五—

一六一七）冬的《金瓶梅詞話》。因而我們都稱這部《金瓶梅詞話》是「萬曆本」；日本人稱爲「詞話本」。不錯，這部《金瓶梅詞話》是存乎今世的《金瓶梅》的最早刻本，在它之前，似不可能再有其他刻本。我的此一研究的推斷，已成定論，東西方學人均已引用，不必再說。可是，它是萬曆刻本嗎？今經縝審探討，這部《金瓶梅詞話》，竟然是天啓年間的作品。因爲其中曾隱喻了泰昌與天啓的改元問題。在第七十回，寫西門慶於十一月十二日由清河動身去東京，抵京後住了四晚才是冬至。通常，由清河抵京是半月行程。因爲他們這次晉京，是要趕在冬至前到達，所以在行程上趕緊了些。或者我們可推想他們走了十一、二天，或十二、三天，提前個三、兩天到。抵京後住了四晚才是冬至，自可推想這個冬至，不是十一月二十七日，便是十一月二十八日。可是，西門慶離京，則在第七十二回寫著十一月十一日，是在冬至這天過了兩晚之後的這一天。顯然的這個離京的冬至，是在十一月初九日。這一推斷是毫無疑問的。若一查明史，可眞是乞巧，泰昌元年的冬至是十一月二十八日，天啓元年的冬至是十一月初九日。泰昌於萬曆四十八年（一六二〇）八月一日即位，在位僅僅一個月，未及改元，便崩逝了。天啓於當年九月初六日即位，翌年改元天啓，關於泰昌紀元的問題，臣僚曾有不同建議。這些問題，都是明史上的大事。我曾爲此問題，寫了一篇〈金瓶梅編年說〉，發表於〈中外文學〉民國六十九年四月號（八卷十一期）。再寫〈金瓶梅的編年改元與出世行程〉一文，分兩期發表於《文藝》，民國六十九年十月號十一月號。以及我的第二本研究：《金瓶梅的問世與演變》一書，更加詳細的論述了此一問題。在在均足以確證《金瓶梅詞話》乃改寫於天啓初年的作品，刻成也在天啓年間。所以，我們不能再稱它爲「萬曆本」了。

《金瓶梅詞話》於天啓初年改成刻出後，並未敢大事發行，仍怕其中的政治隱喻惹來麻煩，遂又再加改寫，重寫了第一回，又改去了第七十二回中西門慶離京返清河的日子，改爲十一月二十日離京。這樣一改，這個冬至便是十一月十八日，不是天啓元年的冬至十一月初九日。同時，又把不整齊的回目，改整齊了。最重要的一點，是把第一回的卓田那闋「眼兒媚」說項羽劉邦也爲「花柔」，以及引述劉邦寵愛戚夫人有廢太子改立趙王如意的歷史，全部刪除，改成〈西門慶義結十兄弟〉爲第一回。顯然的說明了《金瓶梅詞話》刻成後未能大事流行的原因。就是第一回的政治諷喻。是以《金瓶梅》自所謂「崇禎本」梓行後，方始普遍流行。抵清康熙乙亥（三十四—一六九五）皋鶴堂再以張竹坡的苦孝說評點，刻爲《第一奇書》，於是，《金瓶梅》才更爲盛行。後來流行於世的版本，最多的一種便是竹坡本《第一奇書》。但如以版本的淵源說，《金瓶梅》的版本已有兩個不同的系統，那就是萬曆丁巳多敘的《金瓶梅詞話》及改寫了第一回的所謂崇禎本《金瓶梅》。竹坡本便是依據崇禎本加以評點的。至於《金瓶梅詞話》以前的抄本，其眞正的內容究竟如何？雖然，我寫了十萬言的《金瓶梅的問世與演變》，仍未能獲得確切證言。總之，我已提出不少線索就是了。

三、《金瓶梅》的作者

《金瓶梅》的作者是蘭陵笑笑生，這是一個最肯定的名字。可是，「蘭陵笑笑生」只是個筆名，他的眞實名籍如何？至今仍未能獲得一個正確答案。不過，數百年以來，傳說最久的一個認定，便是王世貞的說法。雖說，指《金瓶梅》是嘉靖間人的作品，從沈德符的《萬曆野獲編》就開始了，確切指出作者是王世貞（鳳洲），當爲康熙三十四年（一六九五）序張竹坡批點之《第一奇書》的秦中謝頤，因而數百年來，大家便一直認爲作者是王世貞。雖有人表示懷疑，終屬少數。自《金瓶梅詞話》於民國二十一年（一九三二）被發現，北京大學（北平古佚小說刊行會）影印了一百部，世人始知作者蘭陵笑笑生的筆名，當時有兩篇重要的研究論文，發表於民國二十二、三年間，即吳晗的〈金瓶梅的著作時代暨其社會背景〉一文，以及郭源新（鄭振鐸）的〈談金瓶梅詞話〉。吳氏根據明史考據出《金瓶梅》絕不可能是嘉靖間作品，郭氏根據欣欣子之序文，推繹作者不可能是嘉靖間人。他們一致認定作者是在萬曆中葉方始寫成的作品。而且，吳郭兩人都把《金瓶梅》一書的寫成，放在萬曆中葉——約爲萬曆三十年以前。而且，大家全基於「蘭陵」的地名，配上書中語言，便確切的認定《金瓶梅》的作者，必是山東人。此一認定，也誤說了有四十餘年之久了。

關於《金瓶梅》的作者乃山東人之說，我首先提出異議。第一篇論文發表於民國六十一年（一九七二）九月二十四日至二十八日台北市《聯合報》副刊。以後又加重寫，發表於民國六十六年（一九七七）七月二十八日至七月三十日台北市《中華日報》副刊。認爲他們說《金瓶梅》的語言是「山東的方言土白」，乃不合邏輯的說法。山東一省幅員數千里，附縣踰百，方言各有特色，怎能以「山東」省區之大來概說「方言土白」。而且，我國語言，雷同之語態聲調，遍及中原冀魯豫以及蘇皖之北，甚而晉陝等地，都有相似語彙與音聲，怎能如此泛然概說。再說「蘭陵」故地，雖在山東之境，但江南武進，亦有「蘭陵」，也不能徒以蘭陵一詞，認定就是山東的古蘭陵，不是江南的僑蘭陵。所以，吳晗等人的這兩個立說，都不能成立。何況，書中語言甚襍，尚夾有吳語、越語、燕語，以及其他駁雜的語言。「蘭陵」一詞也許有假借荀子爲蘭陵令的意念，作爲性惡說而立論於《金瓶梅》的創意。此一推想，我已在〈論蘭陵笑笑生〉一文，及《金瓶梅探原》一書的〈補述〉中提到了。〈論蘭陵笑笑生〉一文發表於民國六十六年（一九七七）十二月十六日台北市《出版與研究》半月刊；〈補述〉一文，發表於民國六十七年八月號《中華文藝月刊》。美國芝加哥大學教授芮效衛（David T. Roy）於民國六十九年（一九八〇）台北漢學會議，曾據此說提出論文〈A Confucian Interpretation of the Chin Ping Mei〉。試想，我們怎能據此兩點，去認定《金瓶梅》作者是山東人。

那麼，《金瓶梅》的作者是誰呢？我們如果想去認眞的來探討此一問題，應分作兩部分來進行研究，第一，是《金瓶梅詞話》以前的《金瓶梅》；第二，是《金瓶梅詞話》以後的《金瓶梅》。當然，《金瓶梅詞話》是我們今天研究金瓶梅的重要部分。從《金瓶梅》早於萬曆二十四年（一五九六）出世半部，到《金瓶梅詞話》的成書梓行，中間有二十餘年的空檔。如果，早年出世的《金瓶梅》，就是《金瓶梅詞話》的這個西門慶的故事，在那個淫縱的萬曆社會，連春畫也不干公禁的時代，怎會延宕了二十多年不能成書而又無人梓行。正如沈德符說的：「此等書必遂有人版行，但一刻則家傳戶到。」縱無成書，也會有人之續成付刻的。編纂竄改，更是明朝人的習氣。這些情形，居然都沒有發生在《金瓶梅》上，自可想知阻礙它的成書與梓行，必有更大原因了。但一經追查神宗實錄，我們便發現到明神宗寵愛鄭貴妃及溺愛鄭氏之子常洵的踰乎常情，因而牽涉到廢長立幼的問題。這是一件在萬曆一朝的四十八年間，連生事故鬧擾了三十餘年的宮闈大事。我已據史寫了一篇〈一月皇帝的悲劇〉，附錄於《金瓶梅的問世與演變》一書中。可以據爾推想在萬曆二十四年（一五九六）間問世的半部《金瓶梅》，是一部對明神宗的廢長立幼的意圖，有所諷諫的政治說部，所以袁中郎讚美說：「勝枚生七發多矣！」

在《金瓶梅詞話》第一回，不還殘存著這一諷喻嗎？若基此推想，則早期的《金瓶梅》作者是誰？可就不易說了。我雖在《金瓶梅的問世與演變》一書中，推說了一些可能的人，也都是假設，不能肯定了。

不過，如從沈德符、袁中道、謝肇淛等人，提到《金瓶梅》時的說詞來看，顯然的，這班人必定知道《金瓶梅》的作者是誰，所以他們才說了那些爲《金瓶梅》有所掩飾的話。至於《金瓶梅詞話》其中既寫入了泰昌、天啓兩個元年的冬至，當然是天啓年間改寫成的了。看來，《金瓶梅詞話》必是一部集體創作。這些修改寫了《金瓶梅》爲《金瓶梅詞話》的人士，定是與早期《金瓶梅》的作者相識而且有所相關連的人。甚至所謂「崇禎本」《金瓶梅》的改寫，也是這一夥人。其中的重要人物，沈德符是一位絕難脫離干係者。我對作者是誰的推論只能到此爲止。

在《金瓶梅探原》中，我已把作者縮小到必是一位具有江南生活習尙的人士，從飲食與起居看，已非常清楚了。像沈德符、馮夢龍、謝肇淛、袁氏兄弟，以及李贄（卓吾），都是南方人。

四、《金瓶梅》的故事背景

《金瓶梅》的故事，取自《水滸》，加以枝節而成西門慶身家興衰的故事。這是人所共知的事，似已毋庸再說。至於故事的背景，寫的是宋徽宗政和年間，故有花石綱的應奉事務，點綴其中。實際上，是用以諷喻明神宗的開礦惡政。所以，金瓶梅的眞正故事背景，是明之神宗朝，非宋之徽宗朝。

按《金瓶梅》的故事演述，是編年體的，起於宋徽宗政和二年（一一一二），迄於宋欽宗建炎元年（一一二七），上下綿亙共計十六個年頭。故事中的地理背景，是山東東平府清河縣爲基點，相互演示情節的重要地方，有東京卞梁，以及山東臨清。其他江南等地，如杭州、揚州、湖州，以及浦口、嚴州等，雖也枝節到了，但作者並未認眞的去明確而詳密的描寫這些地方。甚而連東京都算上，除第七十一、二回寫西門慶晉京謝恩時，覲見天子的一些情況之外，其他亦未見描述。只有臨清多寫了一些故事的演出，其餘，幾乎全在清河一縣。卻又令人感於清河縣城很大，一如明之北京。這是我們研究《金瓶梅》的故事的地理背景，應去特別注意到的一點。

我們認爲《金瓶梅》的故事背景，暗寫的是明神宗的萬曆朝政，最顯著的地方，除了上述泰昌、天啓的改元，以及花石綱的隱喻，更明確的一處，莫過於第八十七、八兩回寫到的東宮册封。第八十七回：「單表武松自從西門慶墊發孟州牢城充軍之後，多虧小管營施恩看顧。次後施恩與蔣門神爭奪快活林酒店，被蔣門神打傷，央武松出力，反打蔣門神一頓。不想蔣門神妹子玉蘭，嫁與張都監爲妾，賺武松去，假捏賊情，將武松拷打，轉又發安平寨充軍。這武松走到飛雲浦，又殺了兩個公人，復回身殺了張都監與蔣門神全家大小，逃躲在施恩家。施恩寫了一封書，皮箱內封了一百兩銀子，教武松到安平寨與知寨劉高，教看顧他。不想路上，聽見太子之東宮，郊天大赦，武松就遇赦回家。」第八十八回：「卻表陳經濟前往東京取銀子，一心要贖金蓮成其夫婦。不想走到半路，撞見家人陳定，從東京來告說家爺病重之事，奶奶使我來請大叔往家去，囑託後事。陳經濟一聞其言，兩程做一程，路上躦行，有日到東京他姑父張世廉家。張世廉已死，只有姑娘現在。他父親陳洪已是歿了三日光景。滿家帶孝。經濟參見父親靈座，與他母親張氏並姑娘磕頭。

張氏見他長成人，母子哭做一處，通同商議。如今一則以喜，一則以憂。經濟便道：『如何是喜？如何是憂？』張氏道：『喜者，如今且喜朝廷冊立東宮，郊天大赦；憂則不想你爹爹得病死在這裡，你姑夫又沒了，姑娘守寡。……』」看來，這兩處所寫太子冊封事的郊天大赦，似極平常。但在萬曆朝則是一件大事。關於常洛太子的冊封，自萬曆十四年（一五八六）一月開始，到萬曆二十九年十月要求皇帝爺速速冊立東宮的本章，不知凡幾，因此謫官譴戍的人，也不下數十人。

所以到了二十九年十月方行草草完成冊封之禮，這種事件，不僅未見於徽宗之朝，其他各代，亦絕少有此廢立太子而久久不予冊立太子的情事。當然，不立太子之朝是例外了。八十七、八十八兩回的這一記述，自是指常洛太子的冊立事。按常洛太子冊立於萬曆二十九年（一六〇一）十月十五日。

寫於《金瓶梅詞話》中的職官，十九都是明朝的官制，這一點，前人曾經說到。如第十回稱蔡京爲「內閣」，自非宋時職官之稱，按宰臣之稱爲「內閣」，乃明朝人的習慣，明人稱輔臣為「內閣大臣」。明朝自廢除宰相後，在四殿二閣中各設大學士（通常祇補三人），正五品，後多以尚書兼攝，凡擔任此大學士職者，謂之「閣臣」。所以稱蔡京為「內閣」，自是明朝官稱了。他如第十七回寫兵科給事中宇文虛中劾倒楊提督，所謂「兵科給事中」也是明朝的官制。給事中之分屬吏、戶、禮、兵、刑、工六科，掌規諫之事，與都察院的御史們同稱為「科道官」，悉為明制。這裡寫宇文虛中（此人確為宋徽宗時人）為「兵科給事中」，顯然是明朝的社會背景了。

至於第七回寫「緊著起來，朝廷爺一時沒有錢使，還向太僕寺支馬價銀子來使。」以及全書中寫了不少在臨清、清河等地看守「皇莊」、「皇木」、「傳廠」的太監，也都是明朝中葉才有的事，而且也唯有萬曆一朝最為普遍。這些研究，吳晗早於四十年前便說到了。他如第六十五回寫有管磚廠的工部黃主事來西門家弔字，並商請西門慶留上黃太尉一飯。「工部主事」之職，也是明朝的官制。其他細節上的背景資料，大都屬於明朝，更是不勝枚舉了。

五、《金瓶梅》的人物

小說是寫人藝術，人物自然是小說的重要部分。我在前面說了，《金瓶梅詞話》的故事，寫的是西門慶的身家興衰，人物自以西門慶為主線。雖然西門慶在第七十九回便死了，全書一百回，尚有二十一回沒有了西門慶，又怎能說西門慶是主線人物呢？可是，後面的二十一回雖已沒有了西門慶，寫的卻是西門慶身後一切交代。有人說，八十回以前，寫的是金（蓮）瓶（兒），八十回後寫的是春梅。此一二分法是用不到《金瓶梅詞話》人物塑造的故事情節的。我們只要一看春梅在前八十回中的那一尊尊鮮靈的形象，比後二十回占有的篇幅要多，演出的事件，也無不擔當著要腳，就知道這二分法不對。如果沒有她，潘金蓮可就出色不起來，她是潘金蓮的影射。如第十一回〈金蓮激打孫雪娥〉、第十二回〈潘金蓮私僕受辱〉，第二十二回〈春梅正色罵李銘〉，第二十七回〈潘金蓮醉鬧葡萄架〉、第二十九回〈吳神仙貴賤相人〉，以及第五十八回〈懷妒嫉金蓮打秋菊〉、第五十五回〈春梅毀罵申二姐〉，還有與奶子如意爭洗衣棒槌等等，都寫在前八十回中。後二十回寫春梅的重要情節，不過第八十五回〈薛嫂月下賣春梅〉、第九十回〈雪娥官賣守備府〉、第九十五回〈春梅遊舊家池館〉而已。所以，我們如果研究《金瓶梅》的人物，與全書的故事情節，有相關間的關係，西門慶方是全書故事發展情節的主幹。

《金瓶梅》的人物，以西門慶爲中心，所以每一人物都圍繞著西門慶，或附庸於西門慶的相關情節中。這些人物，不外西門慶的妻妾僕婦與童男丫頭，以及店夥友朋。除了這些，便是那有賴於西門慶供應財貨的官吏與飛繞在西門慶涎餘汗酸下的蚊蠅之類。再無其他等人了。

西門慶一共娶了八個妻妾，髮妻陳氏，已故，遺有一女，即嫁與陳經濟的西門大姐。續弦吳月娘，收房了陳氏的丫頭孫雪娥，又娶了私娼卓丟兒、麗春院的李嬌兒，以及孟玉樓、潘金蓮、李瓶兒。在《金瓶梅》的故事演出時，陳氏與卓丟兒都不在世了。排行起來，是李嬌兒、孟玉樓、孫雪娥、潘金蓮、李瓶兒。另外還有陳經濟與西門大姐夫婦，這些就是西門慶的家屬親人。重要僕婦計有來旺宋惠蓮夫婦、來保惠祥夫婦、來昭一丈青夫婦，及小鐵棍兒、來爵惠元夫婦。來興惠秀大婦，家僮有岱安、平安、來安、越安、來友、書童、琴童、棋童、畫童、王顯、春鴻，還有後生榮海，小郎胡秀、崔本，以及司茶鄭純、燒火劉包、看墳張安，還有王六兒的弟弟王經。丫頭有玉簫、小玉、蘭香、小鸞、夏花、元宵、迎春、繡春、春梅、秋菊、中秋、翠兒，再加上一個奶子如意兒。店裡的夥計韓道國王六兒夫婦、賁地傳賁四夫婦。其他人物，都是西門家以外的。

如妓家的李桂卿、李桂姐、吳銀兒、鄭愛月等等，他有王婆母子、武大兄弟、鄆哥、何九，以及來往京師繞道西門家的無恥官吏、和尚、姑子、媽媽子，還有那些大小幫閒兄弟及搗子們，交通官商之間的李三、黃四、喬大戶，地方上的各界有司，遂給《金瓶梅》架構成一個完整無缺的現實社會。所以，我們如果想去研究明代萬曆一朝的社會史，《金瓶梅詞話》中的這些人物行誼，良是引以參研的寶貴資料。可不能小看它是小說已也。

六、《金瓶梅》的小說藝術

如以小說的藝術準則來看《金瓶梅詞話》，除了人物性格塑造之外，更重要的還得有嚴實的結構、合理的情節、精到的描寫、適於人物生活的對話。那麼，我們如從這些準則去看，《金瓶梅詞話》的結構則是散亂的，從編年上統計，一百回的情節，是如此分配的：①政和二年一回至二回之半。②政和三年，二回至十回。③政和四年，十一回至十四回。④政和五年，十四回至二十二回。⑤政和六年，二十三回至三十九回。⑥政和七年，三十九回至七十八回。⑦重和元年，七十八回至八十八回。⑧宣和元年，八十八回至九十二回。⑨宣和二年，九十二回至九十三回。⑩宣和三年，九十三回至九十五回。⑪宣和四年，九十六回至九十九回。⑫宣和五年、宣和六年無情節。⑬宣和七年，九十九回至一百回。⑭建炎元年，一百回。從這一統計來看，就足以想知《金瓶梅詞話》結構，極不均衡，全部故事雖有十六年的演進時間，但重要的情節，全傳陳在政和三、四、五、六、七及重和元年這六年之間的時間裡。像政和七年，一年之間鋪設三十回之多，這一年就占據了全書百分之三十的篇幅。到了宣和元年之後，一年只寫有兩回、三回，最後，一年的時間，連一回情節也沒有。許多事情，只是草草三言兩語帶過。自難免有人要說《金瓶梅》的最後，只是草草了結而已。這情形，當然是無可諱言的在結構上鋪張情節不夠完善的缺點。推想起來，卻又是時代使然了。在那個時代的小說，總喜把故事中的所有人物，都在結尾時一一予以清楚交代，甚至連他們的死後轉世也安排進來。這種寫法，對於結構的藝術自然談不到了。

《金瓶梅》的故事，除了借錄《水滸傳》的部分之外，採錄自其他說部的片片段段，卻也不少，美國哈佛大學的韓南教授，曾有一篇論文〈金瓶梅所採用的資料〉，指出不少部分的來源，這裡不抄錄了。譬如其中的詞話、劇曲，大多出於雍熙樂府，或時人的作品。雖然辭藻美，引用於情節，也是地方；換言之，都適合情節上的需要，但在今日讀者看來，則感於他們是累贅了。尤其，姑子們在宣道時，插述了一些佛家故事，如第七十三回薛姑子講說佛法，連五戒禪師的五戒故事，都一一述說，第三十九回玉皇廟打醮，連齋意文字都一一錄出。他如皇帝的詔命、邸報、本章、祭文、狀子，無不一一錄入。吃酒閒談，還要插述人云亦云的小故事、小笑話，眞是無所不包，應有盡有。從內上說，稱得上是駁襍。這些，都是《金瓶梅》的小說藝術上的缺點。不過，這些駁襍的附庸，略而不讀也能領略到小說上的奥義。這一點，我們後面再說。

孫述宇在論及〈金瓶梅的藝術〉時曾說：「《金瓶梅》是需要好好校訂過，也很需要好好評介一番的。不然這本書馬上湮沒了。儘管小說還很易買到和借到，仔細看的讀者今天已是少之又少；一般人都是慕『淫書』之名而來，只翻尋那些講述房事的章節。我們也不能全怪讀者，因它描寫確實細膩。字數驚人之外，書中生動的對話，多是明末山東的方言，今日讀者往往讀也讀不來，更遑論欣賞那特別的味道。小說又有當今讀者不喜歡缺點，使我們從開首就對它生出偏見。而書又寫得深沈，比別的中國小說都深沈得多。一般人若是抱著看淫書或消閒書的心情來看，看見只有些家庭瑣事，沒有《水滸》中的天上星宿降生來播亂塵世與討平遼國，沒有《紅樓夢》中的補天遺石降生爲最漂亮的愛，怎麼看下去？」但是孫氏又說：「但這書的錯誤無論怎樣多，終是瑕不掩瑜。

「我們即使拿著最差的版本，只要不存成見，有耐心的看下去，必是看出這是天才之作，這書和莎士比亞的戲劇相似的地方很不少，我們提到兩者都愛以今說古，此外兩者都愛說笑話，都不避情欲，而致讓人詬爲淫猥；但要緊的是，兩者都是很多瑕疵的、不以謹愼見長的天才之作。這樣的作品，要吹毛求疵是容易不過的。但是，爲什麼不看他們的優點與成就呢！」

孫述宇的這番話，確是說到了我們讀者應如何拿出耐心來讀這部書的道理。所以我抄在這裡。

《金瓶梅》的偉大成就在寫實上，正因爲作者的筆鋒是放在寫實上的，對於人物性格的塑造，絕少賦以理想的意念，事事都在現實人生上。所以《金瓶梅》的人物，一個個都是現實人生中人，他們的一言一笑，都是我們生活周遭可以隨時見到的熟人，絕無一個是超乎常人的英雄，或具有靈異的神魔。雖然，你得細數，西門慶家婦女們的瑣屑生活，一天間的事，可以鋪陳三回，但簡略之處，卻也往往簡簡一筆勾過。有些地方，不僅把他們唱的曲詞，一字不遺的錄入，連齋意、祭文、狀子等全文文辭，也照抄不漏。這些，也都是寫實的缺點了。

不過，《金瓶梅》的藝術成就。應是它所隱示那個明朝社會的淫靡。我們看，寫在《金瓶梅》中的那多人物，有幾個是有益於國家社會的人，雖然那個周守備與金人作戰陣亡，作者卻未嘗寫過他有何作爲。也是一位在官場上往還宴飲的人物之一。全書一百回，人物上百人，演出的時間，上下十餘年，他們除了吃喝玩樂，每天都在過著醉生夢死的日子，與官吏交往，不是逢迎，便是送禮關節，營私、逃稅，事事都與官府勾串。天大的事，只是派人上京一打點，不惟禍事消失，還兼而帶來一筆發財的消息，第四十八回的「蔡太師奏行七件事」，不是給西門慶平空得來三萬鹽引的財富嗎?!那位參劾西門慶的曾御史（曾孝序亦宋中人），反而謫官，再而又羅織以家人私事，讁戍嶺表。西門慶則逐漸由副而正，到了七十回便升任正千戶了。

像西門慶這種人物，如果不是自作孽，死於胡僧的藥物，興不能已而暴炸，升到武職最高的總兵官，殆亦意中事耳。

可是，西門慶雖死，還有個事事學習西門慶的張二官起而代之。這一點，才是吾人研究《金瓶梅》藝術的一大關鍵哩！

七、如何研讀《金瓶梅》

《金瓶梅》是一部不容易讀的小說，特別《金瓶梅詞話》，這已是大家說到的事。第一，它使用的語言駁雜，雖然說它是「山東土白」並不合事實，但大多的語言，則是中原一帶鄉人習用的口語與俚白俗諺，口調語態距今業已久遠，與今日時代的語言層次，頗多不能渾融。第二，在情節上挿入冗雜的其他材料，我們在前面說過，除了詩詞劇曲之外，還雜入不相干的故事。第三，進行的基調太慢，又不是單線發展，因而有要按下這事不表，回頭再敘他事，更由於步調進行得慢，往往讀了兩、三回，花去了不少時間，故事還未讀完某一天。到了後十回，基調卻又快得驚人，三言兩語，就帶過了幾年。像這些地方，都是今日讀者深感腦脹而又頭昏目眩的地方。

不過，我們研讀《金瓶梅》，應分兩方面來說，一是研究者，二是娛樂者。你如企圖去研究這部書，必須一字字認眞而仔細的讀上兩遍，然後再決定你要寫的題目，進行蒐集你寫作論文所需要的資料。《金瓶梅詞話》值得我們研究的問題很多，我雖已花去了幾近十年的時間，只研討了兩個問題，㈠作者問題。㈡成書年代問題。雖已寫成了兩本論文，仍未獲肯定性的結論。只是把《金瓶梅》問世後的演變，繫出了一條可能是如此走將出來的路線而已。至於它所涉及的社會問題，更是一門大學問，需要付出豐贍的學養與積久不懈的辛勤，方能去進行這一問題的研究，這一社會問題，牽涉到宋徽宗前後及明神宗前後這兩個時代的政治、經濟，以及整個社會動盪。我已查出《金瓶梅詞話》中凡所涉及的宋朝史事及官員姓名，大都是宋史上的實人實事，雖相關的時代，不能與《金瓶梅詞話》中的宋史編年符節，但卻不是無中生有。

如第十七回〈宇給事劾倒楊提督〉、第四十八回〈蔡太師奏行七件事〉，以及第六十五回的〈宋御史結豪請六黃〉，都能在宋史中查出史實。像宇文虛中、曾孝序、宋喬年，以及李邦彥，宋史均有其人；不僅止於蔡京父子與宋勔、楊戩、童貫也。由此，自可想知《金瓶梅詞話》的作者們，是一些諳通史書的人，他們運用宋徽宗的花石綱以諷喻明神宗的開礦榷稅，這就是值得吾人去進行鑽研的一個大問題。至於有關小說藝術上的問題，可作研究的題目就更多了。

如果，你只是一個想在小說上一獲愉快的人，那麼，你就不必認眞的去一字字讀它，你可以專從某一個人的塑造描寫上去研讀，譬如，你專看有關潘金蓮的部分、春梅的部分、李瓶兒的部分、西門慶的部分，這樣研讀，你才會讀出趣味來。老實說，《金瓶梅》的成功之處，就在於他寫活了這些人物。我們讀他有關這些人物的塑造，最精到的就是語言的鮮靈活，每一句話都是那人在那時那地那情之下，必須如此說出的語言，我對於小說的對話，曾認爲小說人物的對話應合「五斯」的原則。第一，斯人，這個人物；第二，斯時，在這時候；第三，斯地，在這種地方；第四，斯情，在這種情況下；第五，斯言，必須說出這麼一句話。這一原則，用在金瓶梅中，十九都合乎此一原則。下面，我們隨便抄一段來看看。

（第二十八回　陳經濟因鞋戲金蓮）

一宿晚景題過，到次日，西門慶往外邊去了。婦人約飯時起來，換睡鞋，尋昨日腳上穿的那一雙紅鞋。左來右去少一隻。

問春梅說：「昨日我和爹攙扶著娘進來，秋菊抱娘的舖蓋來。」

婦人叫了秋菊來問，秋菊道：「我昨日沒有見娘穿著鞋進來。」

婦人道：

「你看胡說。我沒穿鞋進來，莫不我精著腳進來了。」秋菊道：「娘！你穿著鞋，怎的屋裡沒有？」婦人罵道：「賊奴才，還裝憨兒！無故只在這屋裡，你替我老實尋是的。」

這秋菊三間屋裡，床上床下，到處尋了一遍。哪裡討那雙鞋來。婦人道：「端的我這屋裡有鬼，攝了我這雙鞋去了。連我腳上穿的鞋也不見了。要你這奴才在屋裡做甚麼？」

秋菊道：「倒只怕娘忘記落在花園裡，沒曾穿進來。」

婦人道：「敢是合昏了，我鞋穿在腳上沒穿在腳上，我不知道？」叫春梅：「你跟著這賊奴才，到花園裡尋去。尋出來便罷，若尋不出我的鞋來，教她院子裡頂著石頭跪著。」

這春梅眞個押著她，花園到處，並葡萄架根前，尋了一遍兒。哪裡得來，再有一隻也沒了。正是：「都被六丁收拾去，蘆花明月竟難尋。」尋了一遍兒回來，春梅罵道：「奴才！你媒人婆迷了路兒，沒的說了；王媽媽賣了磨，推不的了。」

秋菊道：「有恐人家不知甚麼人偷了娘的這隻鞋去了。我沒見娘穿進屋裡去。敢是你昨日開花園門，放了那個拾了娘的鞋去了。」

被春梅一口稠唾沫穢了去，罵道：「賊見鬼的奴才，又攬纏起我來了。六娘叫門我不替她開。可可鬼就放進人來了。你抱著娘的鋪蓋就不經心瞧瞧，還敢說嘴兒。」一面押她回到屋裡，回婦人說沒有鞋。婦人教採（ㄐㄧㄡ）出她院子裡跪著。秋菊把臉哭喪下水來說：「等我再往花園裡尋一遍，尋不著，隨娘打罷。」春梅道：「娘休信她，花園裡地也掃得乾乾淨的，就是針也尋出來，哪裡討鞋來。」

秋菊道：「等我尋不出來，教娘打就是了，你在旁戳舌兒怎的！」婦人道：「也罷。你跟著她這奴才，看她哪裡尋去？」

這春梅又押她在花園山子底下，各雪洞兒、花池邊和牆下，尋了一遍。沒有，她也慌了。被春梅兩個耳刮子，就拉回來見婦人。

秋菊道：「還有那個雪洞裡沒尋哩！」

「那裡藏春塢是爹的暖房兒，」春梅道。「娘這一向又沒到那裡。我看尋哩尋不出來，我和你答話。」於是押著她到藏春塢雪洞內。正面是張坐床，旁邊香几上都尋到，沒有。又向畫篋內尋。

春梅道：「畫篋內都是他的拜帖紙。娘的鞋怎的到這裡？沒有遮溜揰工夫兒，翻的他恁亂騰騰的，惹他看見又是一場兒。你這揸刺骨，可死成了。」

良久，只見秋菊說道：「這不是娘的鞋！」在一個紙包內裹著些棒兒香排草，取出來與春梅瞧。「可怎的有了娘的鞋。剛才就調唆打我。」春梅看見果是一隻大紅平底鞋兒。說道：「是娘的。怎麼來到這書篋內？好蹊蹺的事。」於是走來見婦人。

我們看這近千字的描寫，把春梅與秋菊這兩個丫頭的性格，眞是寫活了。這一段如果名之曰「尋鞋」，用不著加首尾，就是一篇頗爲完整的小小短篇。何況，這隻鞋還關連著後面的情節，揭發了來旺媳婦與西門慶的首尾呢！像這種小地方，不是我們讀《金瓶梅》時，可以享受到的愉快嗎？你如果有心進入研究，準會發現秋菊是《金瓶梅》中多麼重要的一個人物。這裡不多說了。

孫述宇先生說得對，讀《金瓶梅》是需要有耐心的，沒有耐心，眞是讀不下去。不過，如果像我上面的這點讀法呢？你只要花上個多小時的耐心，就能獲得不少小說家在藝術上給你的快感。像秋菊尋鞋這樣的小情節，在《金瓶梅》中不知凡幾，你可以從回目上，去作一部分又一部分的研讀，我相信一定會讀出趣味來。其中的這些小情節，前後都有關連，就像上引的一段秋菊尋鞋，情節並沒有完，因爲那隻鞋並不是潘金蓮的，是來旺媳婦的。後面，秋菊還有罪受呢！

我不能再多所引述了，我只能舉出這一小小情節作例子，也不是故意挑出來的。其中許多人物的對話，關乎著那人物的性行至大，讀時要耐心去體會，就會發現某一人物的成敗，都關鍵於他們的性格。這些，作者都認眞而細膩的寫在對話中。就像秋菊回答潘金蓮的那些話，就會令人覺得這女孩眞是不善辭令。「我昨日沒見娘穿著鞋進來。」所以潘金蓮罵她：「我沒穿鞋進來，莫不我精著腳進來了！」其實潘金蓮可眞是不曾穿鞋進來。再看秋菊與春梅對話，益發顯示出了這女孩的能夠經得冰霜，作者爲她取名秋菊，也就是這個意思吧！

金瓶梅確是一部有內容的小說，卻不是一部藝術完美的作品。如果大家只有興於其中的淫穢，那就是禽獸之心，無從領略它的優點了。

（此文作於一九八〇年十二月，刊於增你智出版《金瓶梅詞話》中。）

附：「丘諸城」是丘志充

《小草齋文集》的丘諸城

近來，在幾袋有關研究《金瓶梅》的資料中，有一件江蘇徐州師範學院一九八七年第三期學報，刊有一篇顧國瑞作〈「丘諸城」是誰？（兼與馬泰來商榷）〉一文。我讀過馬泰來在日本各圖書館公幹，在明萬曆間人謝肇淛著《小草齋文集》卷廿四，載有〈金瓶梅跋〉一文。有句三：「此書向無鏤版，抄襲流傳，參差散失，唯弇州家藏者，最爲完好。余於袁中郎得其十三，於丘諸城得其十五，稍微釐正，而闕所未備，以俟他日。」馬泰來作文錄布之，以資研究《金瓶梅》者運用。文中認定之「丘諸城」，乃謝肇淛在京城工部服務，（時在萬曆四十三、四等年）與萬曆四十一年進士丘志充（諸城人）任工部主事升郎中同在工部同事。馬氏遂認定丘志充（字六區）是謝在杭的《小草齋文集》之〈金瓶梅跋〉中的「丘諸城」。但這位顧國瑞先生的考據，洋洋灑灑，不下三千言，則否定馬氏之認定「丘諸城」是丘志充（六區），他則認定借與謝在杭的《金瓶梅》稿十五之「丘諸城」是丘雲嶠。時在萬曆三十三年，謝氏在山東東昌任職，作客於諸城時，向丘雲嶠借去的。在我說來，丘雲嶠並未中進士第，只是秋試舉人，雖任縣知事，還擔當不起「丘諸城」三字呢！

按明代文士筆下的以生地冠姓之稱呼，如嘉靖年間的大學士嚴嵩，江西分宜人，曾稱之曰「嚴分宜」；萬曆間的大學士居正，湖廣江陵人，習稱之曰「張江陵」。明代各朝之大學士，率都以生地冠姓者稱之也。然一般中進士之後，在任職五品以上，彼此互通音問，亦往往以生地冠姓尊稱之。正如謝肇淛之稱丘志充（六區）爲「丘諸城」也。丘雲嶠僅中秋闈之舉人，官止縣令；擔不起稱之「丘諸城」也。乞再考正之正我。

第二輯　版本問題

《金瓶梅》刻本

說起來，「金瓶梅」的刻本，並不複雜，連同清康熙年間的張竹坡評批本，也不過三種；且竹坡本的底本乃明之「崇禎本」（《新刻綉像批評金瓶梅》）。實際上，《金瓶梅》的小說內容，有異者只有兩種：

(1)《新刻金瓶梅詞話》。

(2)《新刻綉像批評金瓶梅》。

前者有東吳弄珠客寫於萬曆丁巳（四十五）年冬的敘文，故習稱之爲「萬曆本」，後者則稱之爲「崇禎本」。（根據鄭振鐸的〈談金瓶梅詞話〉一文之論說。）

雖然版本不多，但光是這兩種版本所糾結出的問題，反而比《紅樓夢》還要複雜得多。譬如《新刻金瓶梅詞話》是十卷本（十回一卷，百回十卷）、《新刻綉像批評金瓶梅》是廿卷本（五回一卷，百回廿卷）。這版本上的十卷與二十卷之分，是否還隱藏著與作者有關的問題呢？

此一問題，非常值得探討。

一、先說《新刻金瓶梅詞話》

由於此一刻本，卷前有「新刻金瓶梅詞話卷之〇」，以及前置詞與目錄前等處，悉有此等字樣。因而大陸學人劉輝先生則據以推斷該刻本乃二次翻刻於萬曆四十七年者；「第一次刻本」，則刻於萬曆四十五年（丁巳）。即沈德符《萬曆野獲編》說的「未幾時，而吳中懸之國門」的那一部。

劉輝先生的論點是：

第一、沈德符文中的「未幾時」，是馬仲良（之駿）司榷吳關的萬曆四十一年（一六一三）以後的「未幾時」。是以「吳中懸之國門」的《金瓶梅》，應是「東吳弄珠客」敘予萬曆丁巳（四十五）季冬的《金瓶梅詞話》。否則，在萬曆四十三年（一六一五），沈德符的侄子沈伯遠不會仍以抄本《金瓶梅》借給李日華。

第二、薛岡（《天爵堂筆餘》作者）於萬曆四十四年（一六一六）與其友人包巖叟一道由京南歸。他們九月離京，一路風雪冰凍，水途坎坷，抵瓜州已是臘盡冬來。來到江南兩人分手，薛岡經錢塘返里（鄞縣）；包巖叟因途中跌傷，暫時滯留，然後去錢塘。換歲，正是東吳弄珠客敘刊《金瓶梅詞話》問世的一年，包巖叟此時恰在吳中一帶。所以，這個時候，包把刻本全書《金瓶梅》寄給薛岡，是合情合理的事。

劉輝先生的這兩條理由，祇是爲「新刻」兩字找出的烘托。他用這條理由，來說明沈德符與薛岡兩人看到的刻本，乃《金瓶梅》最早刻本，不是今之《金瓶梅詞話》。因爲傳今之《金瓶梅詞話》有欣欣子敘，他們全沒有題到「欣欣子」與「蘭陵笑笑生」。而且，傳今之《金瓶梅詞話》，有「新刻」兩字。遂據以斷定這部《新刻金瓶梅詞話》，是第二次翻刻本。欣欣子敘是後加上去的。刻於萬曆四十七年。

（關於劉輝先生的此一論斷，本文不需要去從事辯論，因爲劉先生認爲這部「新刻」本是「翻刻」，既是「翻刻」，行款及內容，都是相同的。並不影響本文的立說。所以此處不費辭了。）

若據劉輝先生的此一推論來說，今見之《新刻金瓶梅詞話》，就是「吳中懸之國門」的那一部，只不過加上了一篇欣欣子的敘文而又補上「新刻」兩字之翻刻本而已。並不影響大家把它看成初刻本的相關內容。

如此說來，這部十卷本的《新刻金瓶梅詞話》，正是沈德符從袁氏兄弟手上抄來的二十卷本的另一抄本。

那麼，這一十卷本的抄本，來自何處呢？

當然，我們需要去追尋一下。

1. 十卷本的來處？

從史料上看，藏有廿卷抄本的，有袁氏兄弟、沈德符、丘志充、謝肇淛（還有董其昌）等人。

其他如屠本畯在王肯堂（宇泰）、王釋登（百穀）兩處各看到的「二帙」，是十卷本還是廿卷本？無有明證，無從獲知。至於傳說中的王世貞（鳳洲）兄弟家以及徐階（文貞）家的所謂「全本」？是十卷本還是廿卷本？甚而此一傳說是眞是假？今悉缺少文獻爲證。

那麼，沈德符《萬曆野獲編》耳食來的袁中郎之說：「今惟麻城劉延白承禧家有全本；蓋從其妻家徐文貞錄得者。」此一路線的本子是幾卷本呢？

今據大陸學人陳毓羆先生作〈金瓶梅的傳抄、付刻及作者新探〉一文（刊河北師範學院學報一九八六年九月第三期），則認爲《金瓶梅詞話》的底本，來自麻城劉家。而且說，經手由麻城劉家借出《金瓶梅》全稿抄本的人，推想是馮夢龍。

陳毓羆先生的此一推論，雖多聯串的虛疑，卻也不無道理。先不論此一十卷本之《金瓶梅詞話》，是不是來自麻城劉家，然而它應是沈德符《萬曆野獲編》文中的「未幾時而吳中懸之國門矣」的那一部。即傳今之《金瓶梅詞話》，應是毫無問題的。

至於這部十卷本《金瓶梅詞話》，是否來自麻城劉家？糾結的問題甚夥，容待另文討論。不過，此一十卷本，卻又另有說詞，說它是廿卷本之後的刻本呢！

2. 十卷本後刊於二十卷本說

香港友人梅節先生，從事校勘《金瓶梅詞話》，首先發現到它與所謂「崇禎本」，有太多不同之處。兼且發現了它們是從兩個不同的底本而來。他說：

「在輾轉傳抄過程中，開始出現兩種本子，一爲十卷本，一爲二十卷本。……」

又說：

「二十卷本面世風行一時，書林人士見有利可圖，乃梓行十卷本《金瓶梅詞話》。爲了招徠讀者，除錄入二十卷本之弄珠客序廿公跋外，另撰欣欣子敘，作爲公關手段。十卷本《新刻金瓶梅詞話》雖更接近評話底本，它的刊行卻在二十卷《金瓶梅》之後。……」

梅節先生這番話的第一點，乃其此次從校勘工時的一次創見，指出《金瓶梅》一書，在傳抄時代就有兩種不同的底本。此一創見，業已證實，從謝肇淛之〈金瓶梅跋〉文中的一語「爲卷廿」，即已肯定了。

今又見到了刻本十卷本《新刻金瓶梅詞話》與二十卷本《新刻綉像金瓶梅詞話》；也正好是兩部卷次不同而內容亦有異趣的刻本。

足以證明這兩部刻本，乃來自傳抄時代的兩種不同底本。這一點，也是肯定的。

梅先生又說十卷本後於二十卷本《新刻綉像金瓶梅詞話》，他主要理由，也與其他人士一樣，認爲所有明代人論及《金瓶梅》的人士，無人題到「欣欣子」與「蘭陵笑笑生」，遂認爲十卷本《新刻綉像金瓶梅詞話》是後刻，梓行在二十卷本《新刻綉像金瓶梅詞話》之後。

此一說法，似乎不能成立。

第一，沈德符手上的《金瓶梅》是二十卷本，已有謝肇淛的《金瓶梅跋》作證。那麼，沈德符《萬曆野獲編》文中的那句：「未幾時而吳中懸之國門矣」的那一部，當然是另一抄本作爲底本的。如從時間因素上說，「吳中懸之國門矣」的這部《金瓶梅》，應該是今見之十卷本《新刻金瓶梅詞話》。應該是大家已經公認的第一次《金瓶梅》刻本。它不可能刻在廿卷本《新刻綉像批評金瓶梅》之後。

第二，再查《新刻繡像批評金瓶梅》，刻有崇禎帝的避諱字「檢」字改爲「簡」（見第九十五回），足證此本是崇禎間刻本。可是十卷本的《新刻金瓶梅詞話》，則無避諱字，如「校」（天啓諱）「檢」（崇禎諱），全刻如字。這一點，也可以證明《金瓶梅詞話》之梓行，先於二十卷本。

再說，《新刻批評金瓶梅》的大不同於十卷本《金瓶梅詞話》之處，是改寫了第一回，又刪削了詞曲，略去細節，還有回目的文辭以及回前詩詞，也全刪改了。若是後刻於十卷本的痕跡。

說來，還有其他論及《金瓶梅》等文的寫作時間呢！更是一些長有枝枝節節的問題。我們將會在其他篇目中論到，此處不枝節了。

總之，傳今之十卷本《新刻金瓶梅詞話》，應是《金瓶梅》一書傳抄了二十年後的第一次刻本。

在沒有新證據提出時，此說應是肯定的。

二、新刻綉像批評—金瓶梅

這部廿卷本《新刻綉像批評金瓶梅》，向被稱爲「崇禎本」。雖有人提出懷疑，如劉輝先生在其所寫〈金瓶梅版本考〉一文（遼寧人氏出版社一九八六年六月印行），曾以北大藏本之一。一圖上，刻有回道人（李笠翁）題辭，遂基之論斷該本應是清順治年間的刻本。實際上，祇要去翻檢該書之第九十五回，查出「吳巡檢」一律改刻爲「吳巡簡」，就不致有此懷疑而做此推論了。

可以說，傳世之四種《新刻綉像批評金瓶梅》，全是崇禎年間的刻本，應是肯定的。問題是，何以十卷本《新刻綉像批評金瓶梅》梓出未久，另一部廿卷本又連連梓出了出種呢？這一問題，方是我們要討論的呢！

1. 十卷本與廿卷本的出版之時間差距

十卷本《新刻金瓶梅詞話》，梓行的時間，最大的上限也祇是萬曆四十五年（一六一七）季冬（年杪矣），廿卷本的梓行時間，最大的上限，也祇是崇禎元年（一六二九）。兩者間的時間差距已達十年。

試想，十卷本的《金瓶梅詞話》，出版後已十年，不惟祇它一種刻本，雖有證據（毛利氏棲島堂本之第五回末葉有半葉異辭）證明該刻本，曾經再印。卻也印證不上沈德符《萬曆野獲編》的那句：「此等書必遂有人版行，一刻則家傳戶到」的說詞。如以十卷本《金瓶梅詞話》來說，它出版後，似未受到廣大讀者的歡迎。到如今，傳世的三部零廿三回，證明它們全同版印出的同一種刻本。

可是，廿卷本的《新刻繡像批評金瓶梅》，在崇禎這荒亂的十五、六年間，居然有了四種不同的刻本。足可想知「此等書」在當時社會上，之廣受大眾歡迎。否則，怎會有四家競相梓行？

如論內容，兩者雖有不同處，但差異極小，算來不過十之一二而已。可以想知讀者大眾的熱愛，似非爲了十卷本的內容，沒有廿卷本可讀性高，當是十卷本刻出後，未敢公開發行吧？

從十卷本之第一回還保留著政治諷喻的這一內容來說，便不得不令我們想到十卷本之祇有一種刻本的原因，當是礙於政治諷喻的問題，而未敢發行也。

那麼，從十卷本與廿卷本的這一出版差距，以及兩者的梓行情形，一冷一熱的大不相同這一問題來說，也可以據以推想到十卷本上的「欣欣子」敘文，之所以始終未被明代論《金瓶梅》者題到，似乎不是劉輝與梅節兩位先生推論出的原因。

關於此一問題，應從明代各家論及《金瓶梅》的文辭中，再去尋求答案。

第一，可以說所有論及抄本的人，竟無任何人題及《金瓶梅》的「敘」與「跋」。這一情事的答案有二：

(1)傳抄本的《金瓶梅》，既無敘文也無跋文。

(2)保有全本的人，大都知道作者是誰。稿本上雖有敘跋等文，也都會同隱瞞了。

第二，承認讀到刻本的人，數來祇有沈德符、薛岡兩人，也祇有薛岡說到東吳弄珠客的敘，明示了他讀到的刻本，無欣欣子的敘；東吳弄珠客的敘就在「簡端」（第一篇）。

（他如寫《陶庵夢憶》的張岱，敘《三遂平妖傳》的張譽，以及馮夢龍的《魏忠賢小說斥奸書凡例》，雖也說到《金瓶梅》，但俱未說明是刻本還是抄本？縱係刻本，也不知是十卷本還是廿卷本？除張譽之敘作於泰昌元年冬至，其他兩人則寫於崇禎間。）

照這樣看來，從各家所寫文辭，仍舊不能獲得答案。那麼，我們再從各家論及《金瓶梅》的寫作時間，去尋求此一答案。

此一答案，應從後期傳抄本說起。

〔初期傳抄本，祇有袁宏道、中道兩人說到，連董其昌也竟無一字說起。且已確定初期傳抄本始於萬曆廿四年（一五九六）前後。〕

A.屠本畯（田叔）的〈觴政〉跋文，作於萬曆卅五、六年間，最遲也不得遲於萬曆四十一年。因爲屠本畯編的這部《山林經濟籍》上，有校閱者柴懋賢寫於萬曆四十一年（一六一三）的序。（見劉輝的〈屠本畯的《山林經濟籍》與《金瓶梅》〉一文——一九八六年六月遼寧人民出版社《金瓶梅成書與版本研究》）。屠氏卒年約在天啓初。可能見到刻本。

B.謝肇淛（在杭）的〈金瓶梅跋〉（《小草齋文集》），論者多推想寫於萬曆四十四年至四十六年（一六一六—一六一八）間。因爲他曾向丘志充（諸城）借到《金瓶梅》抄本十之五，丘是萬曆四十一年進士，任工部主事，與謝是工部同事。但謝於萬曆卅九年（一六一一）調張秋治河，再返工部已是萬曆四十四年（一六一六）初，四十六年（一六一八）秋又離京矣。丘在京任職則到四十七年底，始行離京出任河南汝寧知府。美國學人馬泰來先生寫〈諸城丘家與《金瓶梅》一文（《中華文史論叢》第〇輯一九八〇年〇月），推想謝之從丘錄得《金瓶梅》抄本，時間當在萬曆四十四年至萬曆四十六年間。此說雖合邏輯，然謝氏卒於天啓四年（一六二四），他的《小草齋文集》，編成於天啓七年（一六二七）臘冬，刻於崇禎間。這篇《金瓶梅跋》作於何年？尚無文獻予以確定。若以時間論，謝在世時，能未見《金瓶梅》刻本乎？何不補充說明？

C.李日華的《味水軒日記》，說到《金瓶梅》在萬曆四十三年（一六一五）十一月。李卒於崇禎八年（一六三五），更應該看到《金瓶梅》刻本。但李氏卻未再提到該書。

右三人，都應該見到《金瓶梅》刻本，何以他們都無下文呢？

說明他們見到《金瓶梅》刻本的人，衹有兩位：

沈德符《萬曆野獲編》與薛岡《天爵堂筆餘》而已。

沈德符看到《金瓶梅》刻本的時間，問題最多。魯迅、吳晗、鄭振鐸等人之所以肯定《金瓶梅》初刻於萬曆卅八年（一六一〇），就是根據的沈氏《萬曆野獲編》的說法。後來，我把此事弄清楚了馬仲良（之駿）「司権吳關」的時間，是萬曆四十一年（一六一三），遂又配合上了東吳弄珠客敘刻的《金瓶梅詞話》，把沈德符看到《金瓶梅》刻本的時間，改爲萬曆四十五年（一六一七）。遂肯定沈德符《萬曆野獲編》論《金瓶梅》這番話的寫作時間，放在崇禎纔是正確的。因爲這番話的末句云：「丘旋出守去，此書不知落何所？」（指《玉嬌麗》。）按丘志充調任河南汝寧知府，是萬曆卅七年（一六〇九）間，（抵任在萬曆四十八年。不到十年升任到二品布政，遂思及還京，以行賄手段行之。夫其秘而大下獄判死刑，崇禎五年棄市。故沈氏之《大牢事。）

再說《金瓶梅》的刻本

正因爲所有明代人士論及《金瓶梅》者，都不曾說到「欣欣子」與「蘭陵笑笑生」，遂有人因之懷疑這部刻有「欣欣子」敘文的《金瓶梅詞話》，是否比《綉像批評金瓶梅》（崇禎本）早？

關於此一問題，若是根據今見之《金瓶梅詞話》與《綉像批評金瓶梅》這兩種刻本的版本情況來說，《金瓶梅詞話》刻於前，《綉像批評金瓶梅》刻於後，應是毫無問題的事實。

第一，《金瓶梅詞話》刻有一篇〈東吳弄珠客敘〉，寫明「序於萬曆丁巳（四十五）季冬」，而且其中無避諱字。依據版本學的說詞，只能說它是「萬曆本」。

第二，《綉像批評金瓶梅》，則有避崇禎皇帝的避諱字（「檢」字刻爲「簡」字），堪以證明此一刻本，刻於崇禎，應稱之爲「崇禎本」。

據此事實，我們對傳於今世的這兩種刻本，應是《金瓶梅詞話》梓行在前，《綉像批評金瓶梅》梓行在後。當是毋庸懷疑的。

可是，這些明代人士，論及《金瓶梅》，何以無人說到「欣欣子」與「蘭陵笑笑生」呢？

於是，有人據以懷疑，做出了這樣的推論：

「廿卷本面世後，風行一時，書林人士見到有利可圖，乃梓行十卷本《金瓶梅詞話》」。

說到這裡，另一個問題又產生了。

不惟「欣欣子」與「蘭陵笑笑生」無人說起，連「東吳弄珠客」其人，也無人說起。祇有薛岡的《天爵堂筆餘》，引述了東吳弄珠客敘中的話，而且說是「簡端」，不用問，他讀到的《金瓶梅》，第一篇敘文就是東吳弄珠客的敘，並無欣欣子的敘。

若是根據版本學家的著錄，我們知道《金瓶梅》的版本，《金瓶梅詞話》有兩敘一跋，（欣欣子與東吳弄珠客的敘及廿公的跋），「崇禎本」《綉像批評金瓶梅》則只有東吳弄珠客的敘及廿公的跋。那麼，我們認爲薛岡讀到的《金瓶梅》，是「崇禎本」，似乎比認爲他讀到的是《金瓶梅詞話》，還要正確些吧！

關於此一問題，美國學人馬泰來先生，寫有一篇〈有關金瓶梅早期傳播的一條新資料〉一文（刊一九八四年八月十四日《光明日報》），考證薛岡在京城讀到抄本《金瓶梅》的時間，應爲萬曆二十九年（一六〇一），時陝西三水文在茲，中該年辛丑科進士，選庶吉士。薛岡文中的「文吉士」，應爲文在茲，不應是文翔鳳。因爲文翔鳳未當選庶吉士。

（此一問題，筆者保留原來的看法，認爲薛岡文中的「文吉士」，可能是對文翔鳳中進士後，尚未選官時的尊稱。）

（本文，且以馬氏的此一證說，來研判此一問題好了。換言之，承認馬泰來先生的此說。）

如果，薛岡讀到的《金瓶梅》刻本是《金瓶梅詞話》，那就肯定了早期的刻本《金瓶梅詞話》，是沒有「欣欣子」敘文的。要不然，薛岡的文庫，不會把東吳弄珠客的敘文，說成「簡端」。

這樣看來，我們今天讀到的多了一篇「欣欣子」敘文的《金瓶梅詞話》，是怎麼回事呢？從明朝出版界的出版情形，來推想《金瓶梅詞話》與「欣欣子」敘文這件事，可以說刻有「欣欣子」敘文的這一種《金瓶梅詞話》，是沈德符文中的「未幾時而吳中懸之國門矣」的後印本。在後印時，補刻進去的。

劉輝先生的〈金瓶梅版本考〉（見一九八六年六月遼寧人民出版社印行之《金瓶梅成書與版本研究》），認為《金瓶梅詞話》有兩種刻本，在今之兩敘一跋《金瓶梅詞話》之前，纔是薛岡與沈德符等人見到的《金瓶梅》。「現存《新刻金瓶梅詞話》，是詞話本的第二個刻本。」劉先生的這一推論，雖有推論的理則，卻無現實社會的推論基礎。試想，像《金瓶梅詞話》這麼巨大篇帙的書，怎能想刻就去再刻一部？

若是依是依據晚明的出版情況來說，我們今見之欣欣子敘，「蘭陵笑笑生」作的《金瓶梅詞話》，應是同一刻版的後印，欣欣子的敘，乃後印時補刻進去的。後印的時間，可能在

「崇禎本」梓行之後。

不過，此推想，也有問題。那就是傳於今世的三部《金瓶梅詞話》，全有欣欣子的這篇敘，而且全是兩敘一跋，三部《金瓶梅詞話》相同。這就足以證明《金瓶梅詞話》梓行時，欣欣子的敘文，便在「簡端」了。又怎能說有「欣欣子」敘文的《金瓶梅詞話》是後印的刻本呢？

何況，這存世的三部《金瓶梅詞話》，還有一部第五回末葉異版。這一點，也足證《金瓶梅詞話》的刻版，且曾先後印過兩次。都有欣欣子敘文。

若從此一情事看來，認為最早梓行的《金瓶梅詞話》，並無「欣欣子」的敘文，很難成立。最低限度無有證據來這樣肯定的說。

如今，我們祇能肯定的說：

第一，《新刻金瓶梅詞話》，十卷，兩敘一跋，僅有一種（現存三部又廿三回殘卷），乃今見之《金瓶梅》最早刻本。從內容看，此一刻本當刻於泰昌或天啓初。其中無避諱字。

第二，《新刻綉像批評金瓶梅》，廿卷，今見之存世者，共有四種：日本內閣文庫藏本；日本天理圖書館藏本；北京首都圖書館藏本（原孔德本）；北京大學圖書館本（原馬廉本）。此四種刻本的行款，內閣本與北大本同，天理本與首都本同。內閣與天理兩種，都有避崇禎帝之避諱字，「檢」改刻為「簡」，足證刻於崇禎箄間，前已言之矣！

由上列兩事看來，《新刻金瓶梅詞話》之梓行時間，應在《新刻綉像批評金瓶梅》之前，似無問題。

不過，若要把此一問題加以肯定，尚須再費唇舌。

下面，我們一一析論這些問題。

新刻《金瓶梅詞話》雖說，論《金瓶梅》者，都說今之《金瓶梅詞話》是第一次刻本；咸已認定在萬曆四十本年（一六一七）以前，無其他《金瓶梅》刻本。

但大陸學人劉輝先生，卻否定了此一已成定論的說法，他認爲今之《金瓶梅詞話》乃第二次刻本，第一次刻本是沈德符《萬曆野獲編》文中的那句「未幾時而吳中懸之國門矣」的那一部；刻於萬曆四十五年，即東吳弄珠客敍的這一部。但卻不是我們今天看到的這一部。我們今天看到的這一部，是《新刻金瓶梅詞話》。

論《金瓶梅》兩種明代刻本

如從這部廿卷本《新刻繡像批評金瓶梅》之刻有崇禎皇帝的避諱字來說，它的出版在十卷本《新刻金瓶梅詞話》之後，應是不爭之論。但從謝肇淛（《小草齋文集》）、沈德符（《萬曆野獲編》）的說辭來說，「《金瓶梅》」在傳抄時代，即有了「十卷本」與「廿卷本」之別。至於這兩種傳抄本的成書，來自同一作者或有後人介入？雖很難推論，然從今見之兩種刻本的內容上，仍能尋得一些分曉。

㈠第一回

廿卷本的第一回，與十卷本大不相同，是徹底改寫過的。這兩種刻本，雖所編卷帙不同，一作十卷、一作二十卷，但兩種刻本的內容與情節，則仍爲一百回。廿卷本雖有刪節，如與《水滸傳》或《三遂平妖傳》比起來，還說不上有「繁」、「簡」之別。蓋二十卷的字數，短於十卷本，不過三兩萬言。

如十卷本中的戲曲與小唱，廿卷本刪去了不少。他如第八十四回的〈宋公明義釋清風寨〉

這段故事也刪去了，算得是「割掉贅瘤」（鄭振鐸語）。但像第一回這樣徹底改寫過的情形，其他各回尚無有。更有不少各回前後的證詩，十之九都全部更換過了。若是情形，似乎不是鄭振鐸《談金瓶梅詞話》所意想的「也不過爲便於一般讀者計」而進行改寫的。顯然的，廿卷本的改寫，有其重要的目的。

關於此一問題，我曾寫專文論及，認爲十卷本（《金瓶梅詞話》）第一回的入話（劉邦寵戚夫人有廢嫡立庶意）按到《金瓶梅》的頭上，乃是「一頂王冠」，戴不到西門慶頭上去的。〔參閱拙作《金瓶梅的問世與演變》下編（陸）及臺北聯經出版公司印行《中國古典小說研究專集》；㈡〈金瓶梅頭上的王冠〉等文〕我想，正由於此一原因，廿卷本把它徹底改寫過了。

從謝肇淛的《小草齋文集》與沈德符的《萬曆野獲編》論及「金瓶梅」的文辭來看，我們確實知道袁氏兄弟及謝、沈等人手上的「金瓶梅」抄本，是廿卷本。至於這一「爲卷二十」的說辭，始於初期傳抄？還是始於後期（萬曆卅四年以後）傳抄？今雖缺少文獻可徵，但如從初期傳抄到後期傳抄，之間竟有十年有奇的空宕而無聲無闃的這一情況來作推想，這「爲卷二十」的產生，可能非初期傳抄時代所曾有，或許是在這「十年有奇的空宕」裡改寫而成的。

香港的學人梅節先生從事這兩種刻本的校勘，發現這兩種刻本來自兩種不同的底本。益發可以使我們認定廿卷本《新刻綉像批評金瓶梅》，雖梓行在後，改寫則可能在十卷本《新刻金瓶梅詞話》之前。梅節先生懷疑廿卷本梓行在十卷本之前，答案可能在此。

基乎上述演論，可以認定廿卷本的改寫完成，在十卷本之前。且十卷本還殘餘的那多有關政治諷喻的情節，就是有力的直接證據。

那麼，廿卷本的第一回，之所以徹底改寫過了，其目的，就是刪去「政治諷喻」；換言之，摘去那頂戴不上西門慶頭腦上的王冠。

㈡第四十八回

當苗青案賄放之後，夏提刑便從清河縣李大人（縣令）那裡，抄得了巡按山東監察御史曾孝序的參本「邸報」，知道他們正副提刑，都被巡按大人參劾了。

按「邸報」，一如今日的政府公報，亦稱「邸抄」（鈔）。明朝稱之爲「邸報」、「邸抄」、「邸鈔」，其「邸」乃指「內閣」，由內閣抄出的上諭之謂。雖說「邸報」一辭，唐時人即稱之。據「日知錄」之「雜事」記「邸報」云：「宋史劉奉世傳：『先是進奏院每五日具定本報狀上樞密院，然後傳之四方，而邸吏輒先期報下，或矯入家書，以入郵置』云云。呂溱傳：『儂智高寇領南，詔奏邸，毋得輒報。』溱言：『一方有驚使諸方聞之，共得爲備，今意人不知，其意何也？』曹輔傳：『政和後，帝多微行，始民間猶未知。及蔡京謝表，有

「輕車小輦，七賜臨幸。」自是邸報聞四方。』邸報字見於史書，蓋始於此時。」照此說來，十卷本的第四十八回，寫夏提刑說：「學生令人抄了個邸報在此，與長官看。西門慶聽了，大驚失色。急接過邸報來，燈下觀看。」此處使用「邸報」兩字，正合史實。蓋此時正是宋道君的政和年代。但到了廿卷本，竟把「邸報」兩字改了。改爲「底本」，改爲「底報」矣！

讀至此，能不令人疑而問之：「爲啥要改呢？」

此一問題，稍諳明史者，必知萬曆間內閣文書，較之前朝而「邸報」四方者普遍，是以今日有《萬曆邸鈔》一書傳世。明代其他各朝均無之（無邸鈔成書傳世）。基乎此，我們當能知其改「邸」爲「底」的因子矣！

實無他，有恐「投鼠忌器」也。遂改「邸報」、爲「底本」爲「底報」。想來，也未免謹慎太過。

總之，二十回本的此一改寫，絕非手民之誤，亦非抄者誤書。深恐關係上政治諷喻吧！

㈢五十三回至五十七回

沈德符《萬曆野獲編》說：

「然原本實少五十三回至五十七回，遍覓不得，有陋儒補以入刻。無論膚淺鄙俚，時作吳語，即前後血脈，亦絕不貫串，一見知其贋作矣！」

關於這幾句話，本文的前章，也引述過了。且也是《金瓶梅》研究者，討論最多的幾句話。凡是引論這幾句話來演述問題的人，率以十卷本《新刻金瓶梅詞話》為本，尠有以二十卷本《新刻綉像批評金瓶梅》為則者。蓋大家咸認十卷本是沈德符《萬歷野獲編》說的那部「未幾時而吳中懸之國門矣」的最早刻本。是以乏人拿廿卷本來作比勘。

自從香港學人梅節先生進行兩種刻本之校勘，打算校正出一部正而無誤的標準本，方始發現今見之兩種刻本乃來自兩種不同的底本，因而使我發生了探討此一問題的興趣。終於在進行了半年之後，不惟發現了梅先生的此一看法正確，兼且發現了沈氏口中的這句「有陋儒補以入刻」的這五回，可能指的是廿卷本不是十卷本。這麼一來，需要去討論的問題可多了。

今經粗略的比勘了這兩種刻本的情辭起結，以及內容的變動情況，歸納如左：

第一，（廿卷本）竟徹頭徹尾把十卷本的情節與內容，都改寫過的，只有第一回的前半目之〈景陽岡武松打虎〉，易以〈西門慶熱結十兄弟〉。這一部分大家均已說到了。

第二，徹頭徹尾把十卷本的情節與內容，略有刪改，又重新改寫了的，只有第五十三、五十四兩回。這一部分，不曾有人說到。〔十卷本五十三回〈吳月娘承歡求子息（誤刻為「娘」），李瓶兒酧願愿保兒童」，廿卷本則易為〈潘金蓮驚散幽歡，吳月娘拜求子息〉。五十四回〈應伯爵郊園會諸友，任醫官豪家看病症〉，廿卷本則易為〈應伯爵隔花戲金釧，任醫官垂帳診瓶兒。〉〕

第三，僅僅刪去了結尾的情節，祇有第八十四回的〈宋公明義釋清風寨〉這一部分。大家也都說到了。

其他，如刪去頭尾的贅辭（跳出情節以外的閒話）以及證詩者，也有許多回，還有刪去十卷本中的詩詞、劇曲、小唱等情者，也有許多回。大都與情節無損，不礙本文立論，這裡都不列舉了。

祇有第五十六回的〈別頭巾文〉，廿卷本刪除了。卻有關本文立論，我們會特別論說這一問題。

總之，廿卷本的故事與情節，與十卷本頗有差異之處，勘來卻祇有首回及五十三、五十四兩回，再加上第五十六回的〈別頭巾文〉，本文需要推論，茲一一述之。

（第一回早已論之又論，此處不贅。）

㈣專論第五十三回

甲、十卷本

按十卷本第五十三回所寫情節，計有㈠銜接上一回潘金蓮代李瓶兒看小孩，卻丟下孩子跑到山子洞去與陳經濟幽會，被貓兒諕著了，哭個不停，又打冷戰。吳月娘到李瓶兒房裡去探望官哥好些沒有？回房時經過照壁，竟聽見照壁後潘金蓮與孟玉樓說她巴結李瓶兒，沒有志氣，自己沒的養，偏去強遭魂的呵卵脬。月娘聽了，氣得回房後偷偷兒悶聲哭泣。因而引發起吳月娘取出王姑子爲她整治的妊子藥物出來，端詳又端詳、祈禱又祈禱，對天長歎說：「若吳氏明日壬子日，服了薛姑子藥便得種子，承繼西門香火，不使我無祀的鬼，感謝皇天不盡了。」下面再話頭一轉，轉到了上一回西門慶到劉太監莊上，赴黃主事的宴約。㈡由此一西門慶到劉太監莊上宴飲的話頭，再銜接上昨日陳經濟與潘金蓮不曾在山子洞得手，再寫到今天他們得到了這個西門慶不在家的機會，於是到了黃昏時，又跑到捲棚後幽會去了。下面便寫到陳經濟第一次得手，兩人都達到目的了。繼著寫西門慶由劉太監莊上回家，醉醺醺的跑入吳月娘房中，吳月娘爲了明天纔是壬子日，藉詞不願留他。西門慶便轉到潘金蓮房中，雖寫了一段閨房之趣，卻也不忘與潘、陳的淫縱呼應上。跟著便是一夜過了，次日即是壬子日。寫月娘一早起身梳洗後的服藥情形，西門慶又來探望，疑心吳月娘昨晚生他的氣。於是應伯爵來，替李三、黃四借銀。完了這件事，又是安主事收到禮物後的謝帖，一一處理完後，已是掌燈時分。下面便寫西門慶到月娘房內宿了一晚。翌日早，潘金蓮見了西門慶還奚落一番。這一回的上半情節〈吳月娘承歡求子息〉，至此便結束了。再一轉便是這一回的下半情節〈李瓶兒酧願保兒童〉。㈢自從吳月娘聽了潘金蓮背後說她巴結有孩子的李瓶兒，已兩日不去探望李瓶兒，李瓶兒就跑來說官哥日夜啼哭打冷戰不住。吳月娘就要李瓶兒自作擺布，早些料理好孩子。許許願、敬敬神，於是〈李瓶兒酧願顯保兒童〉的情節便開始了。先是請施灼龜來，折騰了半天，再請劉婆子來，說是諕著了，要收驚，又折騰了半天。再到城隍廟謝土，又折騰了一些時候。最後，又找了錢痰火來，再折騰了半天。到了第二天，西門慶又冠帶起來，挑起豬羊到廟裡去謝神。因爲應伯爵替李三、黃四借錢，得了中人錢，應允請客，遂前來邀請西門慶等弟兄們去聚一聚。引出下一回〈應伯爵郊園會諸友〉。

乙、廿卷本

按廿卷本第五十三回所寫情節，銜接上一回的事，只有一句：「話說陳經濟與潘金蓮不曾得手，悵快不題。下面便寫西門慶赴黃、安兩主事宴。他不在家，陳經濟與潘金蓮遂有這一幽會的空隙。情節同於十卷本，但乏十卷本的寫實生動。跟著寫西門慶由劉太監莊上回來，到月娘房中，月娘藉詞不留他，再到金蓮房，閨情同於十卷本，但不如十卷本寫的眞實而生動。再下面便寫到吳月娘求子息的情節。雖也寫有黃安兩主事的回拜（十卷本無回拜事，只是書童送來兩位主事收到禮後的謝帖），應伯爵雖然來了，卻未寫替李三、黃四借款事。再下面寫到西門慶到月娘房中住了一夜。第二天，吳月娘還爲西門慶備了羊羔美酒與補腎之物，吃了後再上衙門。衙門回來，到李瓶兒房裡去看官哥，談到還願的事，叫玳安去喊王姑子來，爲官哥做些好事。應伯爵常時節來，這纔談到借銀子的事。（只不過三言兩語，也未借給。）應伯爵請西門慶吃飯。王姑子到來，西門慶告訴王姑子找她來，要做些什麼事。一要酬報佛恩，二要消災延壽。王姑子便告訴西門慶先拜（印？）卷藥師經，再印造兩卷陀羅經。又附

帶央及王姑子為李瓶兒在疏意裡邊帶一句。這一回，就這樣結束了。（三一一）

(五)專論第五十四回

甲、十卷本

這一回的情節，十卷本處理的極為簡單而扼要。除了一下筆寫了一句「西門慶在金蓮房裡起身」，下面便寫〈應伯爵郊園會諸友〉，一直寫到第十頁，書童趕來，報告「六娘身子不好的緊」，方始結束了這一上半的回目。再下面，便寫西門慶上馬回家，到了李瓶兒房裡，疼得至為苦楚。遂馬上著人去請任醫官。以下的四頁篇幅，所寫全是任醫官看病與取藥的情形。情節完全符合回目的〈任醫官豪家看病症〉。（這一回的情節雖不周折，內容則極為豐富。尤其是上半段的「園遊會」，更是情趣橫生。這一點，我們後面再論。）

乙、廿卷本

一開頭寫王姑子和李瓶兒、吳月娘商量起經的事。原教陳經濟來跟去禮拜禮拜。陳經濟知道明天西門慶要去門外花園吃酒，推說爹已留他店裡照管。吳月娘遂改派了書童。下面便寫西門慶吩咐了郊外飲酒的事。第二天一大早，便乘轎到觀音庵王姑子那裡做「起經」的事。回來，應伯爵等人已來邀請，便一同到城外一個內相花園去飲酒。也像十卷本一樣，寫大家一起吃酒行令聽歌說笑等玩樂情形。酒令、笑話，都與十卷本所寫不同。祇有應伯爵戲弄妓女韓金釧撒尿濕了褲腰的情節相同。在此插寫了陳經濟與潘金蓮的約會未能成功，被小玉出來進去的那一趟給驚散了。於是下面便寫西門慶辭身回家，到李瓶兒房裡歇了。聽到李瓶兒向他訴說自從有了孩兒，身上一直不乾淨，如今飲食也不想，走動也閃肭了腿一般。於是，方始寫到請任醫官爲李瓶兒看病這一情節上去。方始完成了這一回下半回目〈任醫官垂帳診瓶兒〉。

從兩種《金瓶梅》刻本的這兩回（五十三、五十四）內容來說，再以沈德符《萬曆野獲編》的這句「有陋儒補以入刻」的五回（五十三至五十七）作爲口實，那麼，「有陋儒補以入刻」的刻本，應是廿卷本《新刻綉像批評金瓶梅》，可不是十卷本《新刻金瓶梅詞話》。蓋廿卷本的這兩回（五十三、五十四），比起十卷本來，這兩回的內容，在小說在藝術成分上，距離未免太大了。

㈥綜論第五十三、四兩回

甲、先說第五十三回

論結構，從第一筆吳月娘等人混了一場，身子也有些不耐煩，逕進房去睡了。與上一回的情節銜接，一直在一折折周轉到結尾，寫到西門慶應允了應伯爵的邀請，到郊外一家庭園去赴宴，引接了下一回〈應伯爵郊園會諸友〉，可以說無不折折周轉得嚴嚴實實，已到了風不透雨不漏的情景。本文沒有必要細說這些。就是對人物性行的塑造，現實情景的描繪，亦無不栩栩如生、景物如見。如寫吳月娘的慈母心腸：「醒時約有更次，（一覺醒來的一更天光景），又差小玉去問李瓶兒，道：『官哥沒怪哭嗎？叫奶子抱得緊緊的，拍他睡好，不要又去惹他哭了。奶子也就在炕上，吃了晚飯，沒待下來又丟放他在那裡。』李瓶兒道：『你與我謝聲大娘！道：自進了房裡，只顧呱呱的哭，打冷戰不住。而今纔住得哭，磕伏在奶子身上睡了。額上有些熱刺刺的，奶子動也不得動。停會兒我也待喚他起來吃夜飯淨手哩！』那小玉進房，回覆了月娘。」再寫吳月娘無意聽到潘金蓮在背地裡說他未生養，竟去巴結有了孩子的李瓶兒。晚上，獨自悶坐房裡，說道：「我沒有兒子，受人這樣懊惱！我求天拜地，也要求一個來，羞那賊淫婦的㞞臉。」於是，走到後房文櫃梳匣內，取出王姑子整治的頭胎衣胞來，又取出薛姑子送的藥看。……」用韻文形容那妊子藥物在吳月娘心日中豔美，眞是精采極了。這些，廿卷本全沒有。

吳月娘吞食妊子藥物，兩種刻本都有描寫。這裡，不妨錄來比較一下。請看：

「……就到後房，開（匣）取藥來。叫小玉燙起酒來，也不用粥，先吃些乾糕餅食之類。後就雙手捧藥，對天禱告。先把薛姑子一丸藥用酒化開，異香觸鼻。做三兩口服完了。後見王姑子製就頭胎衣胞，雖則是做成末子，然終覺有些注疑，有些焦刺刺的氣子，難吃下口。月娘自忖道：『不吃他，不得見效；待吃他，又只管生疑。也罷，事到其間，做不得主了，只得勉強吃下去罷。』先將符藥，一把罨在口內，急把酒來。大呷半碗，幾乎嘔將出來，眼都忍紅了。又連把酒過下去，喉舌間，只覺得有些膩格格的。又吃了幾口酒，就討溫茶來漱淨口，睡向床上去了。」（十卷本）

「然後箱內取出丸藥，放在桌上，又拜了四拜。禱告道：『我吳氏上靠皇天，下賴薛師父王師父這藥。仰祈保佑早生子嗣。』告畢，小玉燙的熱酒，傾在盞內。月娘接過酒盞，一手取藥調勻，西向跪倒。先將丸藥嚥下，又取末藥也服了。喉嚨內微覺有些腥氣。月娘迸著氣一口呷下，又拜了四拜，當日不出房，只在房內坐的。」（廿卷本）

這兩下一對照，豈不是優劣立見？連解說都用不著了。這裡不好意思再去錄那一段色情描寫。有興趣的人，不妨對這兩種刻本，對照讀一遍，我認爲也是優劣立見的。

乙、再說第五十四回

這一回的上半回目是〈應伯爵郊園會諸友〉，所以十卷本一下筆便寫：「西門慶在金蓮房裡起身，就吩咐琴童玳安送豬蹄羊肉到應二爹家去。」這天，雖是應伯爵作東主，還是西門慶出人、出東西。（佣人是西門慶家的，彈唱的也是西門慶的面子叫的，食物也是西門慶準備的。烘襯西門慶在幫會弟兄中的豪氣。）先寫弟兄們在應家聚會玩樂，人衆未到齊時，常時節與白來創兩人下棋消遣，應伯爵要兩人賭東道，於是一賭扇子、一賭汗巾，應伯爵作明府。跟著謝希大（吳典恩也）到，參加了棋賭，一下注常時節勝，一下注白來創勝。寫兩人下棋悔子、寫兩人輸贏的風度表情、寫妓女們的調笑歌唱、寫兒弟們的笑談詼諧，讀來如身臨其境、身在其中。（恰似我們就在他們大家夥身邊一一看到、聽到似的。）寫西門慶之不得不離開那個歡快的場合。只不過這樣輕輕一筆：「正吃得熱鬧，只見書童搶進來，到西門慶身邊，附耳低言，道，『六娘身子不好的緊。快請爹回來，馬也備在門外接了。』西門慶聽得，連忙起身告辭。……雖然應伯爵認爲這種耳報法極不好，便待喝住。西門慶以實情告訴他。就謝了，上馬來。」試看這種上下回目的情節轉折，夠多麼的自然。不僅此也，西門慶之後，還寫了應伯爵隔著籬笆眼用草戲弄韓金釧撒尿的淫趣。跟著寫大家笑了一番，即寫西門慶留下的琴童，代應伯爵收拾家活，下舡進城，衆人謝了。然後再寫西門慶返家後的請醫官爲李瓶兒看病的情節。

像這種處理小說情節演變的高明手法，眞說得上是神理的筆墨。但到了廿卷本，這些地方，則呆滯死僵得無一絲生氣矣！

（這裡只有一個缺點，論兩人下棋輸贏的，把東道物寫錯了。常時節的扇子，寫成白來創的了。）

廿卷本的這一回，一下筆寫過請王姑子「起經」的事，便是按下不題，「且說西門慶和應伯爵常時節談笑多時，只見琴童來回話道：『唱的叫了吳銀兒，有病去不得，韓金釧兒答應了，明日早去。……』」再寫第二天「起經」，再寫應伯爵常時節來請。實則，用不著再來請的，頭一天已經說好了，何必再多此一舉。刪去了上午在應家的那場玩樂，便逕行到郊外劉太監園中。在園中的遊樂，雖也寫得是飲酒行令、說笑聽唱，若與十卷本一比，情趣的濃淡厚薄，讀者準能感味到的。

應伯爵說的幾個笑話，也不是十卷本所有的。他竟一連講了兩個罵富人的笑話，頭一個以「賦」字諧「富」，罵富人有點「賊」形。又講了一個西狩獲麟，孔子夜哭不止，弟子怕老師哭壞了身體，便尋一個牯牛，滿身掛了銅錢哄他。孔子見了說：「這分明是有錢的牛，卻怎的做得麟！」光是這一點，也就證明了這位作者不配做小說家。像應伯爵這個幫閒而深受西門慶寵愛的人物，怎會說出這類罵西門慶的笑話。比起十卷本的那個「吃素」的笑話。乃是因爲韓金釧吃素，方始引發應伯爵說出來的情節，又怎能兩相比擬呢！

丙、兩回內容牽涉到的兩種刻本上的問題

我們從上述這兩回的兩種刻本之情節不同情況來說，再來印證沈德符《萬曆野獲編》的那句「原本實少五十三回至五十七回，遍覓不得，有陋儒補以入刻」的話，雖不能全部印證上，但這五十三、五十四兩回的不同於十卷本，誠可以「陋儒補以入刻」之說論之而不必疑。

此一問題，最令我不解的，就是沈德符《萬曆野獲編》的這句話（「有陋儒補以入刻的五回」），經過兩相比勘，確確實實有了其中兩回（五十三、五十四）是改寫過的，而且改寫的不如十卷本遠甚。但根據謝肇淛《小草齋文集》中的「爲卷廿」這句話，堪以據而推論出沈德符手上的《金瓶梅》是廿卷本。那麼，沈德符《萬曆野獲編》文中的「陋儒補以入刻」者，會是這部廿卷本嗎？

今見的四種廿卷本《新刻綉像批評金瓶梅》，日本內閣文庫本與天理圖書館本，都是崇禎間刻本，有文中避崇禎帝名諱字爲證（「由」字也避爲「繇」）。而十卷本《新刻金瓶梅詞話》則未避崇禎或天啓二帝諱。再說，從刻本的字形、行款來看，十卷本也不像是刻在廿卷本之後的刻本。

那麼，此一問題的最合理解釋，應是十卷本刻於廿卷本之前。梓行的時間，當在泰昌、天啓間。因爲遇上天啓詔修《三朝要典》，其中的政治諷喩，怕惹上麻煩，不敢發行，遂把刻本隱藏起來了。得到印本的人，也只是參予改寫的這班人，自也隱而不言。所以明朝人沒有論及「欣欣子」與「蘭陵笑笑生」者。（三—二）

(七)沈德符《萬曆野獲編》的矛盾語言

關於沈德符《萬曆野獲編》說的「有陋儒補以入刻」的這五回，我們已經發現到廿卷本《新刻綉像批評金瓶梅》中的第五十三、五十四兩回，有「補以入刻」的情況。這麼一來，沈德符《萬曆野獲編》的話，與謝肇淛《小草齋文集》的話，便又產生了新的矛盾與衝突。

依據沈說，他手中的抄本來自袁氏兄弟；依據謝說，他手中的抄本，「於中郎（袁）得其十三，於丘諸城得其十五」，且說明「爲卷二十」（乃廿卷本）。

在此先不說沈德符說他於萬曆卅七年間向袁小脩（中道）抄來的《金瓶梅》全本有所牴觸（袁氏兄弟僅有十其三），就是此一「有陋儒補以入刻」的五回之說，也因之產生了問題。

第一，如果沈德符手中《金瓶梅》廿卷本，缺五十三至五十七這五回，他讀了刻本又怎麼判斷出這五回是「陋儒補以入刻」的？他說的：「無論膚淺鄙俚，時作吳語，即前後血脈，亦絕不貫串，一見知其贗作矣！」這些情況，也不能在廿卷本的這五回中，印證得上。如從此一說詞來看，不惟這個廿卷本非沈氏這些話所指的那個刻本，十卷本更是對照不上。雖然於十卷本的五十四與五十五回之間，有重疊不契之處，卻又怎能是「陋儒」之咎，陋儒也不會陋到上一回剛寫過任醫官看過病也拿過藥煎好吃了，跟著下一回再寫任醫官又來一次，又不是再來複診。（此一問題我早已說過。）認眞說來，這「陋儒補以入刻」的這句話，雖能用到廿卷本的這兩回（五十三、五十四）之補寫頭上來，但沈德符《萬曆野獲編》寫了這句話的起因，似乎另有來由。是以難與沈說印證得上。

第二，如對照謝肇淛《小草齋文集》、袁小脩《遊居柿錄》的話，沈德符不可能有全本。如據李日華《味水軒日記》的話，沈德符手上確實有《金瓶梅》的全本，似乎不是從袁氏兄弟抄來。從何處抄來？沒有證據也是推想不易的呢！在此也只有留疑了。

（屠隆與沈父沈自邠是同年進士。）

第三，從廿卷本的這兩回（五十三、五十四）所顯示的它之不同於十卷本的這兩回來看，尤足以證明《金瓶梅》在傳抄時代，就有兩種不同的底本，這部廿卷本缺第五十三、五十四兩回。至於沈德符《萬曆野獲編》說的「遍尋不得」的話，也可能有此原因。蓋廿卷本的這兩回，內容情節，確有與十卷本的這兩回不相一致之處。也足以說明在付刻時，這兩回不曾參閱過十卷本的這兩回，否則不會另行改寫。

第四，最難解的一個問題，是我們可以從廿卷本的文辭上，見到它有沿襲十卷本的刻本之誤刻情形，如前曾引述的第卅九回的「鈞」字誤刻爲「釣」。看來，這廿卷本之付刻，似是打從十卷本的刻本而來。難道，在廿卷本付刻時，連十卷本的刻本，也難睹其全乎？

第五，今已查出沈德符《萬曆野獲編》論及《金瓶梅》的這段話，其寫作的時間？若以「丘旋出守去，此書不知落何所」的語意究之，則此文當寫於天啓七年或崇禎五年。因爲丘志充在山西右布政使任內，因案於天啓七年下獄，崇禎五年棄市。（前已述及。）如以此文之寫作時間來說，則凡所述及《金瓶梅》的傳抄與付刻的時間過程，可就大有問題了。

(A)沈說他於萬曆卅七年在京中向袁小脩抄得《金瓶梅》全稿，攜回家鄉。可是袁小脩寫於萬曆四十二年八月的日記《遊居柿錄》，只說他於萬曆廿五、六年間，「見此書之半」。謝肇淛寫於萬曆四十四年以後的《金瓶梅》跋上說，他也不曾讀到《金瓶梅》全本。悉可證明沈說是謊言。

(B)沈說「有陋儒補以入刻」的五回（五十三—五十七），經過比勘，不能與最早刻本《新刻金瓶梅詞話》（十卷本）印證上。雖能與《新刻繡像批評金瓶梅》（十卷本）的五十三、五十四兩回印證上，但廿卷本刻於崇禎年間，有避諱字爲證。在時間上，不能與沈說之「未幾時而吳中懸之國門矣」的時間符契。

這樣看來，我們又怎能不認爲沈氏《萬曆野獲編》的這一段話，幾乎字字語語都隱藏著暗示。就像這句：「原書實缺五十三回至五十七回，遍尋不得。有陋儒補以入刻」的話，想來，也是一句暗示。他暗示的可能就是他口中的那位「陋儒」吧？

(八)有陋儒補以入刻的關鍵問題

我們如能撇開了沈德符《萬曆野獲編》這段話中的時間因素不論，只從語意與尋求暗示，那麼，沈說的這五回，除了五十三、五十四兩回的情節，不同於十卷本，才藝也遠遜於十卷本，其他尚有第五十六回中的〈別頭巾文〉。雖然這篇〈別頭巾文〉並不在廿卷本，它已刪去另換了一首《黃鶯兒》曲牌的詞，又何嘗不是沈德符《萬曆野獲編》的暗示！

他要暗示的，就是給我們端出一根去尋找《金瓶梅》作者的線索。那就是〈別頭巾文〉的作者其人也。

〈別頭巾文〉在十卷本《金瓶梅詞話》第五十六回，這篇文章還刻在《開卷一笑》與《繡谷春容》兩種消閒類書中。前面我們已引論過了。在此應該再予提出的，就是它在《開卷一笑》中，是一篇署有作者名字的文章，作者名叫「一衲道人」，乃屠隆的筆名，前面也已說到了。

「一衲道人」乃屠隆的別號，有他手寫的七言待卷爲證，誰也無法否認。問題是這篇〈別頭巾文〉是不是屠隆的作品呢？今雖未能見到確切的證據，但縱係僞託，也是一件可貴的證據。因爲它直截了當的指出了《金瓶梅》的作者是屠隆。

〈別頭巾文〉既是屠隆的作品，已有《開卷一笑》爲證，縱係別人僞託，這位僞託的人，亦必是屠隆以後的人。屠隆卒於萬曆卅三年（一六〇五），便足以證明十卷本《新刻金瓶梅詞話》之成書，當在萬曆年間，這話，我在前面已經說過了。

也許這篇〈別頭巾文〉是別人僞託屠隆作的，但它之刻入十卷本《金瓶梅詞話》第五十六卷，偏偏沈德符《萬曆野獲編》又說這五十三至五十七等五回，是「陋儒補以入刻」，那麼，〈別頭巾文〉也包括在「陋儒補以入刻」的範圍之內。所以我認爲沈德符《萬曆野獲編》文中的這個「陋儒」，或許只是在暗示那位「補以入刻」的僞纂者吧？

我認爲袁宏道這一夥人，全知道《金瓶梅》的原作者是屠隆，他們在屠隆卒後，就計畫改寫《金瓶梅》，在改寫過程中，就有著兩種不同的改寫意見。那就是十卷本與廿卷本之別。

若以性行論，馮夢龍應是站在十卷本這一邊的人物。他在萬曆四十年（一六一二）到四十八年（一六二〇）之間，曾三次往還麻城，且在麻城設館授舉子業。陳毓羆先生推想他與劉承禧有所往還。劉承禧之父劉守有是屠隆的恩人，劉家的《金瓶梅》全本，可能直接由屠隆得來。「吳中縣之國門」的那一部，應是這部十卷本《金瓶梅詞話》，後來何以再刻廿卷本？可能十卷本的版已經燬了，不得不重行付梓。

沈德符《萬曆野獲編》的話，字字語語悉暗示也。我們如能若是從「暗示」上去推想這些問題，當可了解到許多問題的答案。其然乎！（三—三）

兩種《金瓶梅》刻本的底本

今之「崇禎本」《綉像批評金瓶梅》，確是刻於崇禎年間，有第九十五回之「吳巡檢」之「檢」字，刻爲「簡」，以避崇禎帝之諱。斯乃「崇禎本」之證。

由此看來，無論《金瓶梅詞話》刻於萬曆也罷，刻於天啓也罷，我們認爲它的梓行時間，在「崇禎本」之前，已成不爭之論。問題是：「何以明代的當時人士，竟無任何一人，題到《金瓶梅詞話》上的『欣欣子』序？以及作者『蘭陵笑笑生』？

關於此一問題，我的推論是：

1.《金瓶梅詞話》之梓行，正好遇上了天啓三年，詔修《三朝要典》，怕的牽連上麻煩，未敢發行。所以社會間無人知道。

2. 論及《金瓶梅》的這夥人，全是袁氏兄弟的公安派交友，全知道作者是誰？故爲作者諱也。

此一推論的重要證據是：

1.《金瓶梅詞話》在民國廿一年冬未被發現之前，數百年來，未嘗有人說到「詞話」本及「欣欣子」與「蘭陵笑笑生」。顯然此一版本，未曾發行。

2.《金瓶梅詞話》被湮沒了三百餘年，在民國廿一年冬被發現後，方始逐步陸續又出現了兩部零廿三回；且全在日本。我中國僅有一部。

3. 日本京都大學的殘卷廿三回（也不全），則是重裝藏書時，從一部佛經的襯頁中發現到的。斯亦是證《金瓶梅詞話》一書，雖已梓出，卻未發行。所以被毀棄了。要不然，怎會把這麼一部大家爭相傳抄、求之未能得的書，毀棄了作另一部書的襯頁。

所以我認爲《金瓶梅詞話》是一部刻妥後，未經發行的想法，這推論應是正確的。同時，日本毛利家的那部《金瓶梅詞話》，第五回有半葉，乃重行補刻上去的。這也足以證明此一版本，也曾暗中印售海外。偏偏國內的這些熱中於此書的人，竟不知有「欣欣子」敘的《金瓶梅詞話》。若不是這幾位文士故爲作者諱，何以會有此種情事！

沈德符《萬曆野獲編》說，他手上的底本，雖未應梓人之求，但卻「未幾時而吳中懸之國門矣」。沈德符的這句話，便說明了「吳中」的刻本，乃另一底本。卻又說明了「吳中」

的這一刻本，其中「五十三回至五十七回」，是「陋儒補以入刻」的。但睽之與今見之《金瓶梅詞話》及「崇禎本」《綉像批評金瓶梅》，並不能符節。

第一，按《金瓶梅詞話》與「崇禎本」《綉像批評金瓶梅》，兩者間的「五十回至五十七回」，在情節鋪敘上，雖有不同，卻不是沈德符說的那種不同。

第二，按《金瓶梅詞話》與「崇禎本」《綉像批評金瓶梅》，兩者間情節最大的不同處，是一回，還有其他各回前的證詩，以及情節中的戲曲、小唱等辭，「崇禎本」卻全刪改了。

這兩點最大的不同，沈德符《萬曆野獲編》卻未說到。沈德符說的那個「吳中」刻本，是不是這部《金瓶梅詞話》呢？眞是很難予以肯定。

難道，在《金瓶梅詞話》之前，當眞還有另一部刻本《金瓶梅》嗎？

（此一問題，留待下一節再來推論。）

先不論刻本兩種（詞話本與崇禎本）的梓行問題，但傳抄時代的《金瓶梅》稿本，就有兩種了。

香港友人梅節先生，進行校勘「金瓶梅詞話」與「崇禎本」《綉像批評金瓶梅》，便發現了這兩種版本，所依據的底本，不是來自同一抄本。梅先生不但在信上連連說及，見面時更一一舉證證之。

關於此一問題，我曾根據兩種刻本之第卅九回（第二頁）中的一句：「老爹有甚鈞語吩咐？」詞話本把「鈞語」之「鈞」字，誤刻爲「釣」字。經查日本內閣本與天理本之「崇禎本」，都一律刻爲「釣」字。顯然的，此一事實可以證明「崇禎本」是從「詞話本」的刻本，沿「誤」而來。

可是，此一證據，卻不能證之「崇禎本」的全部底稿，都是由「詞話本」的刻本而來。換言之，「崇禎本」是從「詞話本」的刻本改寫而成。此一證據，只能證明，「崇禎本」的刻本，有一部分依據了「詞話本」的刻本。這種情事，也是可能的。

再從明代當時人論《金瓶梅》的言論來說，更加可以證實《金瓶梅》一書，不但今之刻本是兩種不同的版本，它們的底本，也不是同一種。蓋在傳抄時代，就是兩種不同的底本了。

欣欣子的《金瓶梅詞話》序

一

距今八年前，對於欣欣子的這篇序文，我就一句句的論釋過（註一）。認爲這篇序文，可能是《金瓶梅》最早稿本的原序，是以與《金瓶梅詞話》的故事情節，已不相符契。可以肯定的說，今見的《金瓶梅詞話》，已是改寫過的。從殘餘在《金瓶梅詞話》中的某些情節來看，如第十七、八回中的賈廉、賈慶、西門慶問題，第四十七、八回的苗青問題——牽涉到的苗員外苗小湖等問題，以及林太太母子的有頭無尾等問題（註一）。在在都證明了欣欣子的這篇序文，可能是《金瓶梅詞話》以前的那部袁中郎讚說「勝枚生七發多矣」的《金瓶梅》原序。

試想，今見之《金瓶梅詞話》的故事情節，有哪一部分可以符契枚叔的「七發」？顯然的，今見的《金瓶梅詞話》已不是袁中郎讀過的那殘卷《金瓶梅》。

這一點，應是肯定的。事實上，今之《金瓶梅詞話》，無「七發」意想。

雖說，袁小脩寫於萬曆四十二年八月的日記《游居柿錄》，所說他們手中的《金瓶梅》是西門慶、潘金蓮與春梅等人的故事，謝在杭的《金瓶梅跋》也說是托之西門慶的故事，可是，這些文字的寫作時代，距離袁中郎見到《金瓶梅》的時間，幾近二十年或已超過二十年了。何況，若把所有明代論及《金瓶梅》的文字，一一抄來次第在一列，便會發現他們各自的說詞，簡直就是日本小說家介川龍之介的《羅生門》人物的說詞（註三）。無不各有隱瞞。

此一問題，在我的此一研究中，一開始時便這樣提出來了（註四）。容後再來詳明判論。

二

正由於明代所有論及《金瓶梅》的人（限今日所能見到的文字史料），都沒有說到這位寫序的欣欣子，於是，香港的友人梅節先生，認爲這部十卷本《金瓶梅詞話》刻於二十卷本《金瓶梅》之後（註五）。北京的友人劉輝先生，認爲在這部「新刻」《金瓶梅詞話》之前，還有一部《金瓶梅》刻於萬曆四十五年（一六一七）吳地。這一部只有東吳弄珠客序，沒有欣欣子序與廿公跋。帶有欣欣子敘與廿公跋的這一部《新刻金瓶梅詞話》，「大約刻於天啓初年」（註六）

那麼，這兩說能不能成立呢？

1. 先論梅說

第一，二十卷本《新刻綉像批評金瓶梅》，刻於崇禎年間，有避諱字可證（檢刻作簡）（註七）。這一點，任誰也否定不了的。

第二，十卷本《新刻金瓶梅詞話》，既無崇禎帝避諱字，也無天啓帝避諱字，更無泰昌、萬曆帝避諱字。按明朝之有避諱字，始於天啓元年（一六二一）方行頒令實施。在明代刻本上之有辟諱字，其書大都出版於天啓三年之後。這一點，也有證可以稽考。

只此兩證，即足以否定二十卷本刻於十卷本之後的推論。其他，都不必費辭。

2.次論劉說

第一，若因明代人無論及欣欣子序者，便據沈德符《萬曆野獲編》的「未及時而吳中懸之國門矣」之說，推想那東吳弄珠客序於萬曆丁巳（四十五）年季冬的《金瓶梅詞話》，「初刻並無「欣欣子序」與「廿公跋」，到了天啓初年再刻時（註八），方始加上這一序一跋的。所據只憑薛岡的《天爵堂筆餘》的幾句論及《金瓶梅》的話（註九）來做此判斷，但卻忽略了一個事實上的社會因素。那就是此書既已有人版行，在不旋踵間又有一家搶著再刻一種，果如是，則此書的流行情況，勢必暢銷，一如沈德符說的：「一刻則家傳戶到。」可是事實上，十卷本《金瓶梅詞話》並未流行，存於今世的只有三部與殘卷廿三回中的部分。而且，我中土只有一部，湮沒了三百餘年始被發現。日本的殘卷廿三回部分，還是在另一部當中的襯頁中取來的。這些已被發現的十卷本《金瓶梅詞話》，全是同一塊刻版刷印出來的。這些情況，豈不足以證明這一十卷刻本，並不是一部在社會上暢銷的書。既不是一部暢銷的書，也就不會有人搶著再刻第二次，在明朝那個時代，刻這麼一部上千版的大部頭書，要耗費多少時間、多少銀子？都是應去考量到的社會因素。更顯然的是：傳世的這三部《金瓶梅詞話》，不但是同版印出來的十卷本，也都全有欣欣子的序與廿公跋。今天，我們委實沒有理由去推想這部十卷本《金瓶梅詞話》之前，還有一部沒有欣欣子序與廿公跋的《金瓶梅》，已經懸之國門。

第二，如果說《金瓶梅》在當時不是一部被書商搶刻的書，卻也不然。另一種二十卷本有關有評的《金瓶梅》，卻在社會進入亂象的崇禎年間，有了不同刻本踰十種（註十）。試想，此一事實，究是根據什麼樣的社會因素形成的？豈不就是沈德符（萬曆野獲編）的那句：「此等書必遂有人版行」的話，指出的那個「社會因素」嗎？此一問題，近人鄭振鐸的《談金瓶梅詞話》一文中的這句：「蓋此等書非可終秘者。而那個淫縱的時代，又是那樣的需要這一類的小說。」（註十一）也回答了這個問題。崇禎本的盛行，就證明了「那個淫縱的時代」的非常「需要這類的小說」。那麼，我們爲什麼不去追想十卷本《金瓶梅詞話》，在萬曆丁巳季冬序刻後，何以不能像二十卷本那樣，有許多種刻本出現？我們又爲什麼不去推想此書何以傳抄了二十年有奇，居然原有人梓行它？我們又爲什麼不去推想它在傳抄時期，居然從萬曆二十四年到萬曆三十四年，整整十年間，竟銷聲匿跡而音訊杳然？（註十二）若此情形，難道不是一大問題，應去探索推論的原因呢？（註十二）。

第三，明代論及《金瓶梅》，又直承讀到刻本的人，只有沈德符與薛岡兩人。可是這兩人所寫的此一史料，時間最早都在崇禎初年了（註十四）。按沈德符在《萬曆野獲編》中的那段論及《金瓶梅》的話，說到山東諸城丘志充（六區）由工部出守，遂說「此書（《玉嬌李》）不知落何處。」

關於崇禎本的問題

明代小說《金瓶梅》，祇有兩種刻本，一是《新刻金瓶梅詞話》，一是《新刻綉像批評金瓶梅》；前者被稱爲「萬曆本」（實則是天啓刻），後者被稱爲「崇禎本」。「詞話本」祇有一種，「崇禎本」則有四種。

關於「崇禎本」的四種刻本，日本學人鳥居久靖的《金瓶梅版本考》，列出的先後梓行次第是：(1)孔德學校藏本（今歸北京首都圖書館）；(2)內閣文庫本（今仍藏日本內閣文庫）；(3)天理圖書館藏本（今仍藏於館）；(4)馬廉藏本（今歸北京大學圖書館藏）。

按這四種崇禎本的重要行款是：

1. 孔德本（今首都本）

A. 書題：《新刻綉像批評金瓶梅卷之〇》。

B. 附圖五十頁又半頁，計一〇一幅。（據劉輝考。）

C. 本文行款半頁十一行二十八字。五回一卷。

D. 敘失去，無評語。（孫楷第《中國通俗小說書目》。）

2.內閣本（尚有同版一部藏東京東洋文化研究所）。

A.書題《新刻綉像批評金瓶梅卷之〇》。

B.附圖五十頁，計一百幅。（是否同於孔德本？待考。）

C.本文行款半頁十一行二十八字，五卷一回。（與孔德本同。）有眉評行批。

D.首東吳弄珠客序，次廿公跋。

3.天理本

A.書題《新刻綉像批評金瓶梅卷之〇》。

B.附圖一百頁，計二〇〇幅。（有闕。）

C.本文行款半頁十行廿二字。有眉評行批。

D.首東吳弄珠客序，次廿公跋。

4.馬廉本（北圖本）

A.書題《新刻綉像批評金瓶梅卷之〇》。

B.附圖一百頁,計二〇〇幅。（有闕。）

C.本文行款半頁十行廿二字。有眉評行批。（眉評之行款不同。留後再論。）

從右列版本形態觀之，可以說這四種刻本，實際上則是兩種版本的分刻。日本內閣本與北平孔德本（首都本）是同一版式的刻本；日本天理本與中國馬廉本（北圖本）是同一版式的不同刻本。問題是這四種版本的梓行先後次第，卻未必是日本學人長澤規矩也與鳥居久靖所排列的那個次第。

首先，我們探討「孔德本」與「內閣本」的問題。

第一，有評語與無評語。

按「內閣本」，在評語方面，有眉評，也有行批。至於「孔德本」（首都本）則無評語。孫楷第的《中國通俗小說書目》如此說。近人劉輝的〈金瓶梅版本考〉（收入一九八六年六月遼寧人民出版社出版之《金瓶梅藏書及版本研究》）則證此書有評語。遺憾的是，劉先生未能進一步去做比對的工作。該本評語的行款等等，是否與日本「內閣本」同？本文則無從置喙。祇有暫付闕如矣！但已肯定「孔德本」（首都本）也是有評語的。

第二，印刷的清晰與漫漶。

關於日本「內閣本」的印刷情形，我手頭有影本，有膽子說它：「印刷清晰，連評語中的小字行批，都極爲清楚。」至於北平的「孔德本」（首都本），我雖不曾親眼見到，卻見到劉輝書中的書影。行款雖與日本內閣本相同，印刷卻極其漫漶。光憑這一點，亦足以判定是後印。如果，眉評的評語若有挖除現象，那就更加可以判定該本乃後印本。極可能是日本「內閣本」的圖版再刷。

這一點，還請劉輝先生再去求證考校一番。

其次，我們再來探討「天理本」與「馬廉本」（北圖本）。

第一，行款與眉評。

按「天理本」與「馬廉本」（北圖本），本文行款相同，都是十行二十二字，上已述及。（連各行起止字，都相同。從第一回第一頁作例說。）但眉評的行款則不同。「天理本」是四字一行，「馬廉本」（北圖本）是兩字一行。鳥居久靖的「金瓶梅版本考」，曾經列舉。

一部炎涼　景況盡此　數語中。（天理本第一回）

一部　炎涼　景況　盡此　數語　中（馬廉本第一回）

這情形，也足以證明乃兩種不同的刻本。問題是誰先刻誰後刻呢？由於此兩刻本，藏處天各一方，一在日本奈良，一在中國北平，又無影本比對，可就不易研判了。

「天理本」我曾親眼看過。且手頭尚有一部分影印你可作參閱。至於「馬廉本」（北圖本），我祇存有鄭振鐸當年校勘時，印出的一件書影（第一回首頁印在民國廿四年五月廿日出版的《世界文庫》第一輯上）。從書影看，字跡比「天理本」潔淨些。印刷似乎比「天理本」早些。兩書非同一刻本，是無法以印刷的清楚與模糊來判斷出版先後的。也無法以眉評的行款，來判定梓行時間的誰先誰後？想來，此一問題，祇有暫置勿論。

至於這四種刻本的兩種行款的本源，是誰先誰後？我們卻能尋出理由來加以判斷。

第一，從卷帙與回目起刻看。

「天理本」（包括馬廉本）是按回作首頁起刻，頁碼是每回自成一組，全書一百回則有一百組獨立的頁碼。「內閣本」則是五回一卷，按卷作首頁起刻，頁碼也是以卷爲一組。論氣派，「內閣本」則不如「天理本」大方。似是沒刻。

第二，從評語刻字來看。

譬如「天理本」第三十回第五頁，寫到來保在京城翟濂家應對時，翟管家要來保回去之後，告訴主人西門慶爲他尋一女子。眉評云：「蔡京受私賄，擅私寵，作私恩，已晝出一私門矣。而翟濂私人，又致私情，託私事，以私易私。一絲不亂，作者排笑至矣！」這一段話，在「內閣本」上，則把「寵」刻作俗字「宠」，把「託」刻爲「托」，把亂」刻爲「乱」；還有「擅私寵」的「擅」字誤作「私」字，已不成語矣。比較起來，也沒有「天理本」鄭重。也似乎是後刻。

第三，從字體上看。

如從字體上看，「天理本」與「馬廉本」（北圖本）的字形，較比接近天啓年間的版本，「內閣本」字體稍趨乎方，看去距離萬曆年間的字體，變化大些。推想它是後刻本。

關於此一問題，除了日本「內閣本」與北平「孔德本」，可以別出先後——「內閣本」先印，「孔德本」後印，兩者乃同一版本，「天理本」與「馬廉本」（北圖本）則必須兩本對照比勘，方能判出誰先誰後來。本文也祇能述說到這裡而已。前言「天理本」在先、「內閣本」在後，祇是推想。

有一點則是可以肯定的，日本的這兩部「崇禎本」——「內閣本」與「天理本」，全是刻於崇禎年間的刻本，因爲這兩個版本的第九十五回，那位原是西門家的夥計，因代主人送禮，蔡太師也謀得一個驛丞之職，後來升爲「進檢」的吳點恩，凡是寫到「吳巡檢」的地方，全把「檢」字改刻成「簡」字。這情形，顯然是避崇禎皇帝的諱，方始刻「檢」爲「簡」的。斯一證據，足釋劉輝之疑。請劉輝先生一查「首都本」與「北圖本」，是否也把「檢」字改刻爲「簡」？若是，則亦崇禎閒刻本。

再說，北平「首都本」附圖後的回道人題辭，從字體看，似是清朝人再印該本時，補刻上去的。這一點，請劉輝先生再做考量。

附：梅節先生的《金瓶梅》清校本

凡是讀過《金瓶梅詞話》的人，無不詬病於該書之章句難讀。而此一版本又是該書最早的刻本，若要獲知其原貌，卻又非得涉獵不可。是以讀《金瓶梅詞話》者，每以爲苦。

近者，香港星海文化公司，出版了一部校點本《金瓶梅詞話》。校點者梅節先生在其所寫〈前言〉中，說明了他從事此一校勘與標點的工作目標。乃企圖「爲讀者提供一個接近原著的定本。」足證此一校點本的工作之鉅。

按現有《金瓶梅》的刻本，僅有三種，一是所謂「萬曆本」的《新刻金瓶梅詞話》，二是所謂「崇禎本」的《新刻繡像批評金瓶梅》，三是清康熙時代的所謂「竹坡本」的《第一奇書》。實際上，祇是兩種，十卷本的詞話本與廿卷本的崇禎本而已。「竹坡本」乃以「崇禎本」爲底本者也。

雖然，論者咸以十卷本之《金瓶梅詞話》，其內容較比接近原作，惜乎此一底本，所據乃一未經整理的抄本，訛誤極多。不惟魯魚亥豕及郭公夏五存乎其字裡行間，且有錯簡。再加上抄者隨手濫用諧音代字，眞是令人讀來步步遲疑而無法順利前行。今有人耗去精力，做此校點正誤工作，良是讀者一大福音。

校點者梅節先生，爲了提供研究者能從他的校點上去，獲知「詞話本」的訛誤情實，特在排印時用不同符號，一一予以標明。他說：「正文校改，增文兩字以上用斜括號〔〕，衍文兩字以上用圓括號（），夾文用方括號［］，闕文用方框□，書名及詞牌用尖括號〈〉。不過，說是該「校記共五千餘條，分繫各回之後。」則非如此，並未「分繫各回之後」，而是渾溶在行列中的。可能付印前，曾有此作法，在排印時發現困難又改了的。在我認爲，如能將校記各條，一一分繫各回之後，便於讀者參研之功，則更大。

當我進行閱讀時，卻也不以爲把「校記」之正誤各條，「分繫各回之後」爲好，遠不如以不同字體將「增文」、「衍文」以及凡所正誤之字辭，悉以不同字體別之更好。這樣，可使讀者一目瞭然。如第四十二回：回盒中，回了許多生活鞋腳，俱不必細說。〔正亂著〕，應伯爵來講李智、黃四關銀子事。看見問起所以。西門慶告訴與喬大戶結親之事：「十五日好歹請令正來陪親家坐的。」伯爵道：「嫂子呼喚，房下必定來。」西門慶道：「今日請衆堂官娘子吃酒，咱們在獅子街房子內〔看燈去罷。〕〔伯爵去了，不題。〕」像這一段〔〕號中的增字，如能用正楷字排入，就比用符號指示要清楚。

〔「詞話」（十卷本）第四十二回的這一大段，從第十行（一頁反面）起，便錯簡了三行，文辭詞句都接不上了。梅氏的這一校點本，便依據崇禎本改正過來了。〕

此一校點本，最大的優點，就是改正了文句上的錯簡與奪衍等文，卻不損害十卷本的章句。至於情節上的錯誤，則一仍其舊，悉存原貌。如第二十五回的「揚州鹽商王四峰」，到了第廿七回竟變成了「山東滄州鹽客王霽雲」，以及第五十四回末，任太醫爲李瓶兒看病，業已由玳複去取來藥，煎妥吃過。到了第五十五回開頭，又重寫任醫官看完病，依舊到廳上坐下。這種重覆及前後不協的情節，校點全不改動。還有第五十四回，白來創與常時節下棋賭東道。白來創賭的是手上的汗巾，常時節賭的是手上的扇子。到後來下完了棋，論輸贏時，輸的人是白來創，輸去的東西卻變成了扇子了。這顯然是錯的。此一校點本便改正過來，把常時節與白來創的東道物，調轉了一下。白來創賭扇子，常時節賭汗巾，白來創輸了扇子。

（此一情節，廿卷本的「崇禎本」無有。）

像右述的這些地方，都是此一校點本的精細處，在不損害十卷本（詞話）原貌的情況之下，該「正」的正，凡是足以損害十卷本原貌的地方，雖明知有誤，也不校正。這一點，可能不是研究《金瓶梅》的人，所能體會到的。

書後附的〈辭典〉，頗值挑剔。

像這一類的〈辭典〉，如不能成其專書，似應一則則刊在各回之後，比較方便讀者。再說，這一類的字辭，乃方言俚語，極難解說得當，若是解說不當，則更爲讀者增加惶惑。譬如二劃「丁八」一辭，我的看法是形意的比喻，丁喻男，八喻女，「丁八上了」，即指喻這一對男女媾合上了。若解爲「分」的拆字，愈去文之喻意遠矣！如把這些〈辭典〉，一一注在各回之後，依循各辭在文句中應負荷的意義，簡明扼要的解說出來，可能更有益於讀者。

我的此一建議，然否？

從版本的裝釘上說，應以二十五回爲一册爲是，萬不可以書之厚薄爲則。今該版之裝釘，首册三十四回、二册三十回、三册二十六回，四册十回；另加崇禎本圖兩百幅及〈辭典〉二十五頁。四册厚薄雖相等，似有違版本裝幀之主從。（正文是主，其他均爲附從。）何況，該版所印附圖，乃崇禎本回目，附印其中，並不適稱。十卷本原刻無圖，似不必以崇禎本圖湊趣。如要圖，大可採《紅樓夢》方式，另行繪製數幅，插幀於各册之首爲是。

我的再一建議，使得否？

而我讀此一校點本，除所喜前列各大優點之外，最感興趣的還是「前言」中的校後心得(二)。梅節先生校點《金瓶梅》一書，發現了刻於明代之兩種版本（十卷本與廿卷本），並非大家習論之「崇禎本」（廿卷本）源自「詞話本」（十卷本），乃來自兩種不同的抄本（底本）。此一說法，經筆者數月來的求證，可以肯定梅先生的此一發現，是正確的。（筆者客歲十月在港曾與梅先生長談此一問題，返國即進入求證，已寫成「金瓶梅的抄本」一文，證實梅先生此說正確。）梅先生的此一發現，將爲《金瓶梅》的研究，再開新局，功莫大焉！

再以此一校點本之於小說界來說，確是提供了一個既未失原本風貌，且又辭意正確的《金瓶梅》版本良值推薦焉。

第三輯　研討問題

今年吉林大學的《金瓶梅》研究會

比年以來，《金瓶梅》一書已成顯學，世界各國，都有研究《金瓶》的學人。大陸各地，研究者更是風起而雲湧，徐州於一九八七年成立「金瓶梅學會」，會員遍全國，人數已踰千人（必須有研究作品發表者，始得申請入會）。今年是第五屆會議了。

今年的會議，由長春吉林大學主持會務的召開，時間訂在八月五日至十日，爲了招待參與會議者到長白山旅遊，又增加了四日的行程籌備，開了兩輛大轎車，於十一日晨五時許啓程，馳向長白山。雖然行程不過五百餘公里，由於前些日子的大雨，沖壞了路上的橋拱，還在修築中，因而行程的時間增加，來去都得奔馳十五小時左右。好在路面平坦，車輛也是新的。溫度二十五度上下，一路行來，尙未感受到顚簸之苦。來回三天，直到八月十四日晚，參加會議的百來位客人，方始一一離開長春。頭尾竟勞累了吉林大學的朋友們十日之久。回想起來，頗有不安之感。

與會的學者，來自全國各地，由於江南的水患，如湖、廣、黔、貴等地，卻也因爲陸上交通的不方便，未能到會，其他女贛、閩、川、陝、豫、魯、冀、燕，以及兩浙，都有人來，是以會議席上還是座無虛位的。

會議的進行，分專題報告與分組討論兩種，逐日進行。學者所提論文，也相當豐贍，數踰百篇，論點無不各創新意。一向所謂的「南北之爭」（《金瓶梅》的作者是南方人或北方人的論辯），在此次會議上，並無任何爭論。會議論文，亦多從事內容探討，如人物、社會、飲食、服飾，以及宗教、藝術；還有老問題，如版本、語言等，也有不少篇。其中要以寧波師範學院的鄭閏，從地緣上發現到《甬上屠氏宗譜》，尋得的一些有關屠隆與屠本畯的資料，頗能引起一些與會人士的注目。

這次會議，雖不是國際性的，但卻有兩位日本友人與會，一是《以中國通俗小說書目》名世的大塚秀高先生，一是日下翠女士，她的論文仍持《金瓶梅》作者是李開先說。雖然持南人說的黃霖（浚旦）、張惠英（中國社科院語言研究所）以及我老朽，均未起而有所爭辯。與我同行前往參加會議者尚有陳益源、李壽菊兩人。可以說，「南北之爭」已將逐漸成爲過去。

原已決定參加此會的老教授，有北京的吳曉鈴先生、王利器先生，還有杭州大學的徐朔方先生，都因爲臨時爲他事羈絆，未能到會。只有天津的朱一玄教授到了，他比我大六歲。吳曉鈴先生爲了印度泰戈爾的學會牽羈住了；王利器先生到四川爲鄉人捧場去了；徐朔方先生也爲了手頭工作放不下，不能分身。徐先生還特別拍了一通電報給我，我撥了電話去，在電話上聊了一會兒。他希望我到杭州去住幾天。而我的行程卻已安排就緒，連上海寧波之行也取消了，遂約以明春。再去杭州，我一定不會再把電話記錯（今春三月我到杭州，便是記錯了電話，未能見面）。這事，居然爲中新社記者顧方東先生記入訪問，還上了報呢！

香港的梅節先生飛機票都買好了，卻也臨時有事未能到會。

明年的國際會議，在山東棗莊召開。我答應山東的朋友，明年一定來。山東的朋友聽了，都咧開了大嘴笑說：「歡迎！歡迎！」

這次的《金瓶梅》會議，各方送達大會的論文之外，還有各地編印的成書十種，在會中一套套分發給參加會議的人士。這十種書籍是：

1.《金瓶梅研究》（第二輯）　中國金瓶梅學會編　江蘇古籍出版社印行

2.《金瓶梅藝術世界》　吉林大學文化研究所編　吉林大學出版社印行

3.《金瓶梅及其他》　包振南、寇曉偉、張小影編　吉林文史出版社出版印行

4.《金瓶梅人物大全》　魯歌、馬征編　吉林文史出版社印行

5.《金瓶梅詩詞解析》　孟昭連著　吉林文史出版社印行

6.《金瓶梅探索》　王汝梅著　吉林大學出版

7.《我與金瓶梅》　周鈞韜編　成都出版社出版

8.《金瓶梅紅樓夢縱橫談》　沈天佑著　北京大學出版社印行

9.《金瓶梅資料匯編》　侯忠義、王汝梅編　北京大學出版社印行

10.《金瓶梅資料續編》　北京大學出版社出版

另外，還有一本魯歌與馬征夫婦合著的《金瓶梅及其作者探秘》。這次會議，光是《金瓶梅》一書的專題論著就有九種、資料編纂兩種，書帙之厚重，最少者也踰兩百頁，多者踰五百頁，堪可謂之豐盛。十日間的相聚（同住在吉林大學賓館），除在會議席上，私下裡的聚談更多。由於我已年踰古稀，大會對於我的照料，特別周到。尤其是長白山的三日行程，在我身邊總有三五青年朋友相伴，爬高下低，形影不離。上天池，途路坎坷，堅拒我徒步登山，遂租車行之。

雖然，登長白山觀天池，良是艱苦旅程，多謝友朋一路照拂，遂一如壯年樣興去興回。餘興存藏心頭，將終生難忘，何可言謝了之也。

《金瓶梅》的問答題

——爲寧波舉行之國際金瓶梅會議作

這幾年來，研究金瓶梅的人，越來越多。提出的問題，可以用「萬花筒」作比喻，眞個五光十色，耀眼欲花。但人各有「志」，誰也不能非之，卻也很難是之。譬如我，專心於是，孜孜矻矻已踰二十載，成書十六種，除了小說兩種，提供的史料以及研出的成果，也有十四本之多。不算斷簡零篇（已發表的），已踰三百萬言。卻是之者尠焉！

當然，字數多，並不代表成就，而我這二十餘年來，發現到的問題，則是值得研究《金瓶梅》去仔細推敲的。

我已出版的《金瓶梅》研究各書，大陸的朋友，擁有完完整整全部者，不止三、兩人。惜乎未能對拙作提出質疑而批判，只是零零星星的斷章取義，作爲資料，用之於文、成之於書。是以頗感失望。

今者，藉參加會議之便，提出有關《金瓶梅》尚須解答的問題，書之於左，期之答案也。憾所提問題，悉我舊說耳！

我的答案，附作參考。

甲、版本方面

一、傳抄問題

1.《金瓶梅》最早傳抄於萬曆廿四年（一五九六）十月，只有袁中郎的一封給董思白的信。知此書由董氏處得來。

此一問題，到萬曆四十二年（一六一四）八月，中郎的三弟小脩提到往年董其昌在翰林院任職時，說到《金瓶梅》。可證明董氏見過《金瓶梅》。問題是：此消息，悉由袁氏兄弟傳出。小脩的這番說，距離其兄中郎見到《金瓶梅》，已十八年矣！

袁中郎說到《金瓶梅》這封信，雖然寫在萬曆二十四年，但此信公諸於世，已是萬曆三十六年秋（見袁氏書種堂《瀟碧堂集》卷四），其弟小脩見此書時，已是四十二年八月（見《游居柿錄》）。

2.此一傳抄問題是：

㈠袁中郎最早說到《金瓶梅》，只是一封私函。此函到十二年後方行公諸於世（實際上，公諸於世的時間是萬曆四十二年）。

㈡自從袁中郎在萬曆二十四年十月讀到這部《金瓶梅》半部，（謝肇淛說只有「十其三」）。一直到萬曆三十四年秋後，又是袁中郎把《金瓶梅》寫作〈觴政〉作酒令，以《金瓶梅》配《水滸傳》爲逸典，《金瓶梅》書名，始行公諸於世。已整整十年了。

㈢請問：從萬曆二十四年（一五九六）十月到萬曆三十四年秋後，這整整十年之間，有誰寫過片語隻字說到《金瓶梅》？

㈣今已發現到的所有有關行之於文的《金瓶梅》史料，全是寫在萬曆三十四年〈觴政〉問世之後。

我上述的這一傳抄問題，乃白紙黑字，昭昭然也。

請問研究《金瓶梅》的朋友們！這些傳抄上的問題，能視而不見？聽而不聞？食而不知其味？

此一問題，我早已寫出答案，印在書上。

我的答案是：

1. 袁中郎最早讀到的《金瓶梅》，是有關政治諷喻的小說，諷諫的是當今皇上。以當時社會推想，題材的依據，可能是涉及萬曆帝之廢長立幼問題。所以誰也不敢張揚。前十年間，可能只有三數人見到《金瓶梅》部分抄稿。不惟見者乃文士，不敢張揚，也不敢輕易示人。自然知者少，知者也不敢公諸筆墨。

2. 可能在袁中郎寫了這封信之後不久，即已獲知作者是屠隆。可能建議屠氏改寫，借用

《水滸》的情節，重賦《金瓶梅》，此一改寫問題，可能未完成，屠氏即輟筆，移情於戲曲。據鄭閏作《屠隆年譜》稿，記屠氏於萬曆二十五年（一五九七）娶女伶爲妾，即醉於戲劇，不理他事。其族孫屠本畯於萬曆二十九年棄官歸里。即：行同車，坐比席。屠本畯曾參預《金瓶梅》之改寫，自屬意料中事。

屠隆於萬曆三十三年（一六〇五）八月廿五日辭世。袁中郎默默十年，怎的突然於屠卒後心血來潮，寫《金瓶梅》配《水滸傳》於〈觴政〉，何其巧而合之耶？斯時，袁氏兄弟尚未見到《金瓶梅》全稿，又無刻本問世，怎的大筆一揮，驅《金瓶梅》於酒令耶？還說：「不熟此典者，保面甕腸，非飲徒也。」如不知《金瓶梅》將付梓行，怎會說出這句話？又怎的會以之配《水滸》爲酒令？

3.屠本畯的〈觴政跋〉，在指摘袁中郎將未成書之《金瓶梅》寫入〈觴政〉之不當。前面一再強調其所知《金瓶梅》尚無全書，所以後面寫了一句：「如石公而存是書，不爲托之空言也。否則，石公未免保面而甕腸。」屠田叔的這段話，在字裡行間，業已顯明的不滿袁中郎發布了《金瓶梅》的存在。劉輝判定屠氏此文作於一六〇八（萬曆卅六年）。

4.屠隆死時，留有遺言。其中一段說：「平生一罪，多言多語，鴻苞等篇，盡付一炬。」（見《鴻苞集》張書文作屠氏傳）按《鴻苞集》今存四十八卷，編於屠氏故後。可以推想，此《鴻苞》定非屠氏遺言中的《鴻苞》，此《鴻苞》四十八卷，無一文有干違礙，非應付之一炬的書。這一點，極可能屠之後人編定《鴻苞集》時，已將此一遺言語辭，改換成「鴻苞」。後人尙極力在避去《金瓶》一書乎？我是這樣推想。

5.按已發現之明代人論及《金瓶梅》的史料，行文的時間，全在萬曆卅四年之後。我們怎能不去推想從萬曆廿四年到卅四年這整整十年之間，竟無第二人行文出《金瓶梅》一書於字裡行間？這也是我答案中的提案。

6.謝在杭在其《金瓶梅》跋中說，他抄來的《金瓶梅》「爲卷廿」。今見之《金瓶梅》詞話刻本，是十卷本，崇禎年間刻之批評《金瓶梅》，是廿卷本。可是，這兩種在回目上、情節上均有不同之處的版本，而十卷與廿卷之分，只是回目上的五回一卷與十回一卷之別。以及回目文辭之小有不同。值得研究的問題不大，只是先刻後刻的問題。可以下結論的是：十卷本與廿卷本，在萬曆卅四年以後的傳抄時代，或可能已各別在傳抄著了。不過，二十卷本在付刻時，曾依據所見十卷本殘本有所更改。殘缺的部分，也是從十卷本抄過去的。如第三十九回中的「釣語」之誤，可證。

右述的問題，以及我的推想答案，是否正確？敬請群賢推演作答。

二、刻本問題

說起來，《金瓶梅》的刻本，並不複雜，十卷本《金瓶梅詞話》一種，二十卷本《綉像批評金瓶梅》有兩種（九行廿二字一種，十一行廿八字一種）。其中的問題，也不是沒有。

1. 十卷本《金瓶梅詞話》，上有東吳弄珠客序一篇，寫明序於萬曆丁巳季冬，丁巳即四十五年（一六一七）。遂被稱爲「萬曆本」。可是，明代人筆下的《金瓶梅》史料，提到刻本的人，除了敘者欣欣子、東吳弄珠客，以及廿公跋。其他只有《萬曆野獲編》的沈德符，《天爵堂筆餘》的薛岡兩人。再另外呢，就是泰昌元年（一六二〇）的《三遂平妖傳》、天啓二年（一六二二）的《韓湘子傳》（渡韓昌黎）、崇禎二年的《幽怪詩譚》、崇禎初年的《魏忠賢小說斥奸書》、崇禎七年的《陶庵夢憶》、崇禎中末葉的《今古奇觀序》。提及刻本的人，全在萬曆之後說的。

2. 東吳弄珠客序於萬曆丁巳冬的刻本，如流行於萬曆序刻的第二年，抵萬曆宴駕，尚有兩年有半（按明神宗崩於萬曆四十八年七月廿二日，泰昌常洛登基於八月一日。九月一日崩）。請問，《金瓶梅詞話》如在萬曆四十五年冬就刻出發行了，何以無人在萬曆年間說到金瓶梅刻本？

3. 十卷本《金瓶梅詞話》，有一篇欣欣子敘，至今尚無人發現明代人說到欣欣子敘文的史料。何以明代無人提到欣欣子這篇敘文？

4. 崇禎間薛岡提到的刻本《金瓶梅》，「簡端」的序是東吳弄珠客的敘文。顯然的，薛

岡見到的刻本是崇禎本。雖然他文中說到二十年前，曾在友人「關西文吉士」處見到不全抄本。萬曆廿九年中第選爲庶吉士者，誠有「關西」三水人文在茲當選庶吉士。一般論者認爲薛岡筆下的這位「文吉士」，當是文在茲無誤。而我則獨持異議？我的理由是，薛岡的關西友人，是文翔鳳，不是文在茲。（文在茲是文翔鳳之叔。）在薛岡的文集筆下，只有文翔鳳這位姓文的關西摯友，集中並無隻字與文在茲往還記述。文翔鳳是萬曆卅八年（一九一〇）進士，這年因狀元韓敬被人檢舉等問題，這一年未公布庶吉士。文翔鳳到第二年秋後，始選任萊陽縣令赴任。竊以爲薛岡筆下的「關西文吉士」，應是萬曆卅八年的進士文翔鳳。

我的此一推想，若是事實，則薛岡之文吉士手中抄本，當是萬曆卅八、九年間，二十年後所見刻本，正是崇禎本梓行時日。崇禎刻二十卷本《金瓶梅》，簡端正是東吳弄珠客序。

（萬曆卅八年庚戌科未公布所選庶吉士，文翔鳳或在名內。再者萬曆卅八年春文翔鳳中第，卅九年春夏間，尚未派官，尊其進士第爲「吉士」，不無可能也。明代人稱謂，多以所憶之當年職司爲稱。以志其時。）

5.十卷本上的欣欣子敘，未書寫作年月。由於明代人的史料，竟無任何人說及，因而令人揣測多端，莫衷一是。此一問題，很難有充分理由說他不是隨同十卷本《金瓶梅詞話》一同剞劂出的。請問，在明代人談到十卷本《金瓶梅詞話》刻本的人，誰能肯定是哪一位？沈德符手中的抄本，如果《萬曆野獲編》的話，全部可信，他的抄本是二十卷本。那「未幾時而懸之國門」的是十卷本《金瓶梅詞話》嗎？何以他說的「五十三回至五十七回」是「陋儒」補以入刻的話，竟然與傳今的十卷本《金瓶梅詞話》不符呢？

爲了沈德符的這句話，已浪費了不少人的精力，去替沈氏尋「注腳」，我呢，還爲了這句話寫了一本書：《金瓶梅五十三回至五十八回之比勘與解說》（台北天一出版社一九八九年五月印行。同時還有專文〈金瓶梅這五回〉於《金瓶梅》第一次會議上發表時爲一九九八年六月）。勘明沈氏說的這五回有陋儒補以入刻的情況，並不確實。十卷本《金瓶梅詞話》，並無沈氏說的這種情況。相反的，二十卷本的《綉像批評金瓶梅》之第五十三、四兩回，則有這種「陋儒補以入刻」的情況。這兩回是改寫過的。

6.以上所述及的兩種刻本，產生這種情事，不是極大的問題嗎？此一問題，我在二十二年前一開始進行研究時，就發現到此一問題，提出了《萬曆野獲編》的這一段話，前後自相矛盾，言之不實。（此文作於一九七三年，集於一九七九年四月出版之《金瓶梅探原》）至今，尚有人挑剔我寫的這番話。後來，留美學人馬泰來指出沈德符文中的丘光充（六區），離京出守於萬曆四十八年（一六二〇，實爲泰昌元年），當可認定《萬曆野獲編》的這番話，寫作時間，最極上限，也是萬曆四十八年，下限則是丘志充犯法棄市的崇禎五年（一六三二）。由此看來，則我於距今廿二年前指出沈氏在《萬曆野獲編》中的這番話，其所以矛盾一再重出而不實，蓋有所暗示也（見拙作《金瓶梅的幽隱探照》頁一一九，台北學生書局一九八八年出版）。

右述的有關版本的問題，我推論的答案是：

㈠十卷本《金瓶梅詞話》，於萬曆爺賓天之後，匆匆付刻。刻出於天啓初年時，適巧遇上詔修《三朝要典》（梃擊、紅丸、移宮三案），不敢發行（因第一回有劉邦寵戚夫人有廢嫡立庶事），遂焚書毀版。是以此本流傳極少。（今存世者僅三部，襯紙之廿三回乃廢棄者。）

㈡迨崇禎登基魏閹已滅，廿卷本之批評《金瓶梅》，竟繪圖增潤。殘缺者，若無十卷本故物可參考者，則補寫之。

是以廿卷本問世，銷路奇佳，遂有兩種版型本刻出，又有挖刻評語體式者，盜版刷之。此即廿卷本之崇禎變亂十餘年間，尚有多種刻本行世的基因。然否？

敬請群賢推演作答。

乙、成書方面

關於《金瓶梅》的「成書」，也應分作兩部分說：

1. 最早傳抄於世的時間。

《金瓶梅》三字最早傳之於世的時間，是萬曆廿四年（一五九六），至今尚未發現比袁中郎這封信更早的史料。不過，《金瓶梅》的正式傳抄，則在萬曆卅四年〈觴政〉問世之後。

前面業已說明。但此時還只是不全的稿本。

2. 最早傳出有了全稿的時間。

㈠《金瓶梅》有了全稿，是李日華在《味水軒日記》萬曆四十三年十一月初五日記載的。這部《金瓶梅》抄本，似乎是全部。也許就是沈德符在《萬曆野獲編》中說的那部缺五回的抄稿。

㈡其他，雖有幾家說徐家有全本、王家有全部、劉家有全本，都是傳說之辭，並無實證。

㈢如以史料判之，則《金瓶梅》的成書時間，應在萬曆四十三年之前，或許在袁中郎作〈觴政〉時，就有了《金瓶梅》全稿了。否則，怎的敢將《金瓶梅》配《水滸傳》寫入酒令？還非要酒徒熟知此典不可？

3.《金瓶梅》的成書年代

㈠一向的傳說，是王世貞作。這一傳說問題，我同意吳晗先生的那篇〈金瓶梅的著作時代及其社會背景〉一文，已將此說之謠諑批駁。鄭振鐸的那篇〈談金瓶梅詞話〉一文，說得更加清楚。「沈德符以為《金瓶梅》出於嘉靖間。但他在萬曆末方才見到。……東吳弄珠客的序，署萬曆丁巳（四十五年）。則此書最早不能在萬曆卅年以前流行於世。此書如果作於嘉靖間，則當早已懸之國門，不待萬曆之末。蓋此等書非可終秘者。而那個淫縱的時代，又是那樣的需要這類的小說。所以，此書的著作時代，與其說在嘉靖間，不如說在萬曆間更合理些。」我從事該書研究，條條已踰二十載，卻始終沿循著吳、鄭這兩位先賢的這兩篇論文的指標，一步步向前發展著的。我祇是在這條路上，發現了更多支持這兩位先賢的史料與問題而已。

㈡譬如鄭先生的這一段話，考據一事，應以「歷史基礎，社會因素，訓詁方法」爲最高原則。鄭先生的這段話，便是以「歷史基礎」、「社會因素」爲論點說的。他下面說的一段「欣欣子敘」上的辭義詮釋，便是「訓詁方法」。怎能忽略歷史基礎、社會因素？

㈢再說，考據之學，還有個主要的理則，那就是「先破而後立」。就像《金瓶梅》的王世貞作之說，嘉靖間大名士作之說。既有吳、鄭兩位先賢批駁了「嘉靖作」的非是。今者，吾儕若想重建《金瓶梅》乃嘉靖人作之說，就得先破了吳、鄭先賢之說，不然，如何在同一基地建築之也？

㈣《金瓶梅》一書，至今尚無人發現在萬曆廿四年之前，還有人論及《金瓶梅》一書的史料。此一情事，持《金瓶梅》一書乃嘉靖間人作，則缺乏「歷史基礎」矣！何況，十卷本中之凌雲翼萬曆十六年還在官。

丙、作者問題

關於《金瓶梅》的作者，說來相當複雜。數年來，大家都在「猜謎」。被提出的作者名單，有人眞格是猗與盛哉！而我則響應黃霖的「屠隆說」。

屠隆是前期抄本《金瓶梅》作者的判斷，提出的史料，壘積起字數來，定超出百萬言。然而，我提出的證見，簡要言之，不外以下數端。

茲一一縷述如左：

1. 屠隆是萬曆五年（丁丑科）進士，選潁上令遷清浦令。兩任六年後遷禮儀制司主事。屠氏愛詩酒、喜交遊，遂與功臣之後西寧侯宋世恩結交。常在宋府飲酒賦詩爲樂。雙方認爲通家之好。屠氏在青浦令時，得罪時爲舉人的俞顯卿，萬曆十一年中進士，選任刑部主事。知屠在宋府往還密，遂以詩酒放浪爲由，越位上劾。皇上始行交吏部查報，兩人自辯書上。未待查報，皇上即下諭，屠、俞兩人均除籍。西寧侯爵俸半年。

2. 屠隆認爲受到不白之冤，到處寫信向友朋呼冤。認爲朝廷這樣做，是「必除之而後快」，爲什麼？「斯其故不可知已！」到了萬曆十七年間，還有一位太史王胤昌主動寫信給屠氏，建議屠氏「宜如子長之報任安書，李陵之與蘇屬國，刳腹腸於紙上，寫涕淚於毫端。」可以想知屠隆的罷官，並非只是爲了俞顯卿的參劾。屠氏的文友吳稼竳在《玄蓋副草》詩集中。有一首寫屠隆的五言長句，其中有句云：「君昔遊京華，秉禮兼稱詩。侯王及庶士，交結箋等夷。觚爵飲無算，藻翰縱橫飛。謠諑一興妒，深宮擯娥眉。」此詩作於萬曆廿年前後，詩句業已說明了屠之罷官，乃得罪了萬曆寵妃鄭氏。這時，尚未發生群臣要求皇上立儲的事。這年是萬曆十二年十一月。可是皇長子常洛，已於萬曆十年八月十一日出生。這時，屠氏在

青浦令任上，一時興奮，擬作了〈賀皇長子誕生〉文四篇（其他三篇賀皇上及兩宮太后）。不知皇上不喜此一宮女誕生此子。俞顯卿的參劾事一發，自然扯出了屠氏的這四篇爲賀皇長子誕生的賀辭，遂觸怒了皇上及寵妃鄭氏。可以據此推想，屠隆罷官，乃「深宮擯蛾眉」。屠氏在不少書牘中說他罪在「雕蟲一技」，自是指的這四篇文章。遺言中的「平生一罪多言多語」，想必也是指的這事。

3.他在寫給朋友的信中，曾說：「譬之候蟲，時未至而喑喑無聲，時至而嘒嘒不已。」在萬曆二十二、三年間，正是群臣疏請立太子一再延宕的高潮時期，萬曆廿二年准許太子出閣講學育教。嚴冬日月，竟在天微明上課，且連火爐也不爲之備（朱國楨曾將此事寫在《湧幢小品》中）。袁中郎於萬曆廿四年首見《金瓶梅》抄本，豈非正其時乎？屠隆於斯時傳出《金瓶梅》稿，嘒嘒之鳴，正其時也。

4.從屠氏死時留下遺言中的「鴻苞等篇，盡付一炬」一語觀之。這假名「鴻苞等篇」的《金瓶梅》廿篇，可能家人已遵囑燒去了。

5.屠氏早期傳出的《金瓶梅》不是今見的《金瓶梅》，不但袁氏的這句：「勝枚生七發多矣」可證，欣欣子的敘言，更其堪證。請看欣欣子敘中的小說情節，「如離別之機，將生憔悴之容，必見者所不能免也。折梅逢驛使，尺素寄魚書，所不能無也。患難迫切之中，顛沛流離之傾，所不能脫也。」今見之《金瓶梅》悉無此所論情節。欣欣子必是蘭陵笑笑生之摯友也。鄭閏先生拈出屠本畯劇作《飲中八仙記》有一句家門：「家住洗墨溪畔明賢里」，判斷欣欣子是屠本畯。我同意。

從右述史料看，《金瓶梅》作者應具備的各種條件，有誰比得上屠隆？〈別頭巾文〉，都不必說進來了。敬請群賢推演作答。（一九九三年八月十五日於台北安和居）

梅在瓶下而金其上乎？

袁小脩說：「所云金者，即金蓮也；瓶者，李瓶兒也；梅者，春梅婢也。」竊以為斯乃表面文章，非書之本意也。若以名論，瓶在梅下而金其上。若以書之內容觀之，則金瓶各有隱喻之義，梅在金瓶中也，試思之。

一、

「你怎的想著要去研究《金瓶梅》呢！」

這是不少朋友向我提出的一句畫上驚歎號的問題。

我說朋友們向我提出的此一問題，是畫上了「驚歎號」的，自然是我的推想。事實上，朋友們的此一問題，確實是畫上驚歎號的。這「驚歎號」中包容些什麼想法，我可不能以小人之腹度君子之心。

不過，有兩件事，倒是可以在此直說的。

一是老作家蘇雪林先生發表在《新生報》副刊的一篇短文，（大概距今五、六年前，記不清確實年月了。）其中有一句說：「魏子雲研究《金瓶梅》令人難耐。」（大意如此，手頭未留此稿，學生剪寄給我，閱後也就一笑置之。）我相信，直到今天，蘇雪林先生似乎不曾讀過我的有關《金瓶梅》研究的論文。

二是《××日報》的一封讀者投書。

這件投書，承蒙編者印寄，卻還存在手頭。不妨照錄於此：

××先生：隨函寄上貴報副刊一紙，載有魏子雲，談金瓶梅語言者，此本係每週隨報贈送訂戶。鄙收到後認爲不宜舍下少年人閱讀，特奉請台處。《金瓶梅》一書，雖其序言故爲開脫，有仁人見之生憐憫，禽心見之生貪欲之說，惟內容實乃「文字春宮」，若非身體老化、心如止水，鮮有不因之敗行喪志，最低影響也要搖蕩心情，有誤課業進修。魏某到處爲此書拉馬牽線，強調其文學價值，爲鄙所不齒，久不願家存其文。願　先生亦多以貴報青年讀者爲念，是幸！即頌

大安！

一讀者九月廿七日

這是我從事《金瓶梅》一書的研究，二十年來在各報章雜誌發表論文數百篇，第一次接到的這麼一件讀者投書。該報的這一副刊，是專刊學術性論文的，我已在這學術性副刊上，發表了不少短文，長者七、八千言，分兩期刊出，短者四、五千言，則一期登完。確有三、兩篇是討論有關《金瓶梅》考索作者與成書年代問題的論述。這些論文，不要說中學生接觸

不上，就是大學中的文史科學子，也不會對它發生興趣。除了有關於與這方面有相關的研究生，都不會去接觸它。我寫的有關這一問題的論文，已成書出版十餘種，以字數計，已踰兩百萬言。它們的銷路，除《金瓶梅詞話注釋》及小說《潘金蓮》曾經再版。這兩部書大陸也印行了且也再版，銷行已過十萬冊。其他還有十多種，均未再版。可以說連一千冊也未售出。何以？因爲我的《金瓶梅》研究，是學術性的、是專門性的，凡是不曾涉及這部書的人，縱然讀過這部書，也不曾涉獵了這部書有關的文史學識，他縱然是位教授（踏踏實實的教授），也未必能透透澈澈的懂得我的那些論文層次。所以我感於這位「一讀者」先生的這一投書，只是他個人與我個人之間的一點牙疵不愉而已。

我之所以能全心志的在這本書上鑽研了二十年，至今不懈，且日起有功。正因爲我有一個美滿的家庭。我四子一女，個個教育成人（都已大學畢業），可以說妻賢子女無不肖。家居一向局促，在台生活的前三十年，一張書桌，全家人共用。我的原版《金瓶梅》，由於要隨時翻閱，隨手亂放。且不止一種，一部部都光明顯著的插在書架上。但據我所知，四子一女衹有一個小兒子，曾經在書架上抽出，拿去閱讀過。那時他已是大學生。我曾問過他：「你讀了金瓶梅？」答說讀了一點點。再問他怎的不讀完？他便回答：「讀不懂嗎？」別說只是一位大學生，就拿我來說，已經一字不落的讀了九遍了，有些地方曾不厭其煩的讀了廿遍、卅遍也不止。有些文句，究竟是什麼意思我還解答不來呢？

這位「一讀者」說此書「實乃『文字春宮』」，縱然光是對其中那些誇大描寫性事的文辭來說，似乎也不是一個具有「大學教授資格」而卻無文學修養的人，可以一目看去，就能使他「搖蕩心情」的。他說我「魏某到處爲此書拉馬牽線強調其文學價值」，因此使他「不齒」。不知指的是我寫的哪些作品？二十年來的研究，直到今天，還沈淫在「成書年代」與「作者是誰」兩大問題上。應編者之約，談到該書「色情」者，只有兩篇，一刊《文訊》第五期，一刊〈聯合文學〉七十七年三月號。兩文均已收在《小說金瓶梅》一書中（台北學生書局七十七年二月出版）。讀者先生不妨看看，看看我寫的是些什麼？

《金瓶梅》是一部有文學價值的書，還用得著我魏某去「強調」嗎？

二、

我第一次接觸到《金瓶梅》一書，在抗戰期間，一位同事在駐地的一位聯保主任（等於今日的區長）家見到這部書，借來看時我順便讀到的。是光連紙石印本。雖經這位同事興興致致的指點了其中幾處性描寫給我讀，而我並未發生什麼興趣。那時，我喜歡的是老舍、張天翼、沈從文等人的小說。還有蕭紅的《呼蘭河傳》、駱賓基的《北望雲的春天》，再有就是高爾基的《童年》，屠格涅夫的《父與子》、《羅亭》，史坦培克的《人與鼠》、《月亮下去了》等等。對於那種線裝石印形式的書本，早就厭了。是以直到民國五十五、六年間，逛台北牯嶺街舊書肆，見到了兩部那種在抗戰期間見到同樣形式的石印本《金瓶梅》兩部，引發了我當年失去閱讀機會的補償心理，雖索價每部兩百元，卻也兩部都買了下來，另一部讓給了朋友。

由於本子是翻印的，印刷太差，字跡模糊，讀了不到十回就失去了繼續閱讀的興趣。但卻翻翻檢檢的獲知了一個故事的梗概。有一天，讀袁中郎（宏道）全集，讀到他寫給董其昌的信，提到《金瓶梅》，到中央研究院讀書，在書名卡上查到有《金瓶梅詞話》一部，調出書來一看，雖是縮小的影印本，卻也比我手頭的石印本清晰多了，尤其是字體也大得多。把我的本子拿去一對，第一回就不一樣，其他等回，分別也很大，「詞話」本有的，我的石印本沒有。從這裡開始，我去查尋有關《金瓶梅》的資料，漸漸地，我知道了有關《金瓶梅》的版本種種。於是，去讀沈德符的《萬曆野獲編》，竟發現了沈德符《萬曆野獲編》中的這段論及《金瓶梅》的話，頗多矛盾。嗣後又讀了郭源新（鄭振鐸）發表於民國廿二年七月《文學》第一期上的〈談金瓶梅詞話〉一文。益發感於《萬曆野獲編》說的「未幾時而吳中懸之國門矣」的時間有問題。魯迅、吳晗、鄭振鐸都根據了《萬曆野獲編》的話，判定《金瓶梅》初版於萬曆卅八年（一六一〇）。我對此一判斷，非常懷疑。後來，終於在《蘇州府志》以及馬仲良（之駿）的《妙玄堂集》，查明了馬仲良（之駿）「司権吳關」的「時」，在萬曆四十一年（一六一三）間。於是，被大家承認了四十年的《金瓶梅》初刻於萬曆三十八年」

之說，便從此不存在了。

此一問題，是魯迅、吳晗、鄭振鐸等先賢之誤判嗎？竊以爲不是。實由於《萬曆野獲編》的這段話，在行文的語意上，有含混的問題。當然，也誤在當年這三位前賢都沒有在查馬仲良「司権吳關」之「時」。但縱以全日的情況來說，我們雖已有了馬仲良「司権吳關」的正確年月，但也無法與《萬曆野獲編》這段話的「語意」循次印契起來。何況，這段話還有其他問題呢！

起先，我並無意要在《金瓶梅》這部書上立下什麼「志向」，只是懷疑沈德符《萬曆野獲編》的這段話，一定隱藏著一些什麼問題？懷疑沈德符可能與《金瓶梅》的作者，有些什麼關係？遂寫了一篇〈《金瓶梅》的作者是誰？〉這篇文章，也祇是指出了許多可疑而值得探討的問題而已。

遺憾的是，這篇不算短（約兩萬言）的文庫，在《聯合報》副刊登了四天，除了老友高陽讀後寫了一封短簡給我，指正了我懷疑沈德符是《金瓶梅》作者的不可能。其他問題迄無反響。那篇文章，並沒有去追尋馬仲良的「司権吳關」之「時」。當我查到了馬仲良的「司権吳關」之「時」，肯定了《金瓶梅》不可能在萬曆四十一、二年（一六一三、四）之間有刻本問世，遂益發的有興趣來堅定信心，要去探索其他問題。就這樣，我的《金瓶梅》研究，不得不繼續下去了。

三、

從事《金瓶梅》這部書的「成書年代」問題，以及「作者是誰」的問題?幾是從事《金瓶梅》研究者，人人都在追尋的兩個問題。但基於各人的觀照不同、理念有異，以及學識之別，再加上各人的稟賦也有差距，因而立說的基心與作成的立論，遂也紛然雜陳而五花八門，儼然戰國遊士的百家爭鳴，各有主張。被推想出的《金瓶梅》作者，可能要超出三十名了罷?

總結起來，論「成書年代」，也不過嘉靖、萬曆二說（近始有隆慶之說），論「作者是誰」，也不過南人、北人二說。照目前的情勢看來，成書萬曆說與作者南人說，在理論上已逐漸肯定起來。俗云：「眞理愈辯愈明」。這話應是從實驗的哲理上得知來的。

二十年來，我一直在這兩個問題上追尋，大可用「上窮碧落下黃泉」這話來作比況，好在一開始邁步，我就沒有把方向弄錯。一開始，我就從語言上，否定了鄭振鐸判定的作者必是山東人的說法。（參閱拙作《金瓶梅探原》頁十七—卅四〈金瓶梅的作者〉一文。）又從「蘭陵笑笑生」的「蘭陵」地名與荀子的「蘭陵令」問題，推演到此一「蘭陵」一詞，可能是附貼荀卿的「性惡論」。（參閱拙作《金瓶梅探原》頁一六一—一七〇〈論蘭陵笑笑生〉一文。）我認爲《金瓶梅》的語言駁雜，主要的語言是「官話」（北方語言），卻雜有不少的吳語、越語以及燕語，推想這位作者是一位「南人北宦」，既未忘南方人的母語，又熟知北方官話與燕語的人。指摘鄭振鐸說《金瓶梅》是用山東土白寫的這一說詞的不合理則。山東一百餘縣，不要說魯東魯西、魯南魯北，語言的差異特大，就一縣一城的城內城外，也有東西南北的不同語言，怎能以「山東土白」四字來概稱《金瓶梅》的語言？近十餘年來，研究《金瓶梅》的學者，越來越多了，語言學家也加入了。張惠英教授的幾篇討論《金瓶梅》語言的文章，對於此一問題，最爲著力。如〈金瓶梅用的是山東話嗎？〉（《中國語文》一九八五年四期）、〈金瓶梅中杭州一帶用語考〉（《中國語文》一九八六年三期、〈金瓶梅中值得注意的語言現象〉（《語文研究》一九八六年三期）。已把《金瓶梅》有關吳語、越語的辭彙，列出不少例句，加以解說。近又讀到《復旦學報》一九九〇年二期周維衍先生的一篇〈關於《金瓶梅》的幾個問題〉，更把有關的「杭州話」，列出了更多。且因而認爲該書作者是杭州人田藝蘅。

他如陳昌恆、葉桂桐、陳毓羆諸位先生的研究，指出的成書年代與作者，雖與黃霖和我的論點稍有不同，但成書萬曆說與作者南人說，則是同一方向的。何以？書中的現實，與歷史的資料，兩相比對，推演不出它是嘉靖間的作品，更推演不出它是北方人的作品。

我是出身於桐城學派的講求義法、審問神理、以訓詁爲探索手段的徒衆之一，行文立說，首先要追問的是，此一立論有無歷史基礎？其次要問的是，它有關的社會因素如何？所以，當我們發現到一個問題，獲得了創見，打算把這一創見，予以立說來完成結論的時候，絕不能忽略了這兩件事——歷史的基礎，與社會的因素。若是考量到你發現到的此一創見，沒有歷史做你的基礎，又無社會因素做你這創見的支柱，請問，我們憑著什麼來立說論述？就憑著我們東拾西撿來的那大堆資料嗎？

譬如《金瓶梅》成書嘉靖說，就是尙缺歷史基礎，又失社會因素的一個假設。按情理，是不能下筆立說的。

雖然，在明朝人論及《金瓶梅》的史料上，有三人說它是嘉靖間人的作品，一是屠本畯的《山林經濟籍》，說：「相傳嘉靖時，有人爲陸都督詼奏，朝廷籍其家。其人沈冤，託之《金瓶梅》。」二是謝肇淛的〈小草齋文集〉，說：「相傳永陵中有金吾戚里，悲怙奓汰，淫縱無度，而其門客病之，採摭日逐行事，彙以成編，託之西門慶者。」三是沈德符的《萬曆野獲編》，說：「聞此爲嘉靖間大名士手筆。」這三則史料，都是閒言語，兩者說「相傳」，一者說「聞此」，都是道德途說來的。所以歷史學家吳晗先生說：「『嘉靖間大名士』是一句空洞的話，……」，所以吳晗先生認爲類似《野獲編》與康熙本《第一奇書》的謝頤序，《寒花盦隨筆》、《缺名筆記》以及蔣瑞藻的《小說考證》等，其實一切關於《金瓶梅》的故事，都只是故事而已，都不可信。應該根據眞實的史料，把一切荒謬無理的傳說，一起剔開，還給《金瓶梅》一個原來的面目。」雖然，吳晗先生的這番話，是針對著那時（距今五十年前）的「作者王世貞說」而發的，可是他的這一番話，仍可用在今天。像上舉的屠本睃、謝肇淛、沈德符所說的作者是嘉靖間人的說詞，若依據歷史基礎看來，也可以說那些全是聽來的故事，「都不可信。」「應該根據眞實的史料，把一切荒謬無理的傳說，一起剔開。」也正是今天從事研究〈金瓶梅〉者，應去遵守的一個立論基礎——歷史的紀錄。

像《金瓶梅》一書，它問世的最早歷史紀錄是萬曆二十四年（一五九六）十月，直到今天，還沒有人發現在這一時間之前有《金瓶梅》一書的紀錄。更有人說它是嘉靖間「說書人」的底本。試想，像《金瓶梅》這樣的小說，若在嘉靖間就在「說書人」口中傳說看了，它該是一部多麼風行的書。何以社會間的文士，竟無任何記述它一言片語呢？

再說，像明朝那個淫靡的社會，正德皇帝的荒淫是出了名的，嘉靖、萬曆的不上朝理事，也是出了名的。由正德到崇禎這百來年的晚明社會，淫書、春畫，不干公禁，都市上公開出售性事器物的店舖，也多得是。請問，像這麼樣的一個淫縱無禁的社會，像《金瓶梅》這樣的書，能在文士手中秘密傳抄了幾十年，竟無人梓行它嗎？

這種被稱爲「決當焚之」的淫書，自萬曆廿四年（一五九六）問世，居然到了二十年後始有刻本行世，已竟是個大大的問題了。還需要再向上推到嘉靖去嗎？

我的《金瓶梅》研究，之所以一開始，就死釘看明代人的一件件史料，合併起來一一研判，卻又特別在沈德符的《萬曆野獲編》上著眼著力，正因爲我出身於桐城學派，學得了桐城學派的治學之道，懂得以歷史爲考據的基心，以社會現象爲尋證的基因，以訓詁爲考索問題的方法，以義理爲義法合一的立論。所以，當我決定要繼續來探討《金瓶梅》這部書，就開始去尋究嘉靖、萬曆這幾朝的歷史與其社會現象。

我的《金瓶梅》研究，連兩本小說（《潘金蓮》、《吳月娘》）都算上，從開始到現在，都是沿循著一個完整的體系，脈脈絡絡下來的。說來，未免自詡矣！

四、

《金瓶梅詞話》一書，它的成書年代在萬曆，從歷史基礎上說，應是一個無可爭論的問題。第五十六回中的〈別頭巾文〉，就是一件鐵證。第一，這篇文章另在《開卷一笑》、《繡谷春容》兩類書中，也收有此文。第二，這兩部類書，都刻於天啓。這篇〈別頭巾文〉，在《開卷一笑》中，署有作者名「一衲道人」，這是屠隆的別號。按屠隆卒於萬曆卅三年八月廿五日，這篇文章，縱係委託屠隆所作，委託的時間也在屠隆死後。那麼，《金瓶梅詞話》的成書，也必在萬曆卅三年之後。我們若認爲不是委託，此文就是屠隆所作呢！也無法把《金瓶梅詞話》的成書，上推到嘉靖去。如果說，第五十三回至五十七回是「陋儒補以入刻」的，不能以此〈別頭巾文〉爲證言。但二十卷本《新刻綉像批評金瓶梅》的第五十六回，則無此文。該本刻於崇禎年間，出版在十卷本以後，應該說是廿卷本刪去了的，或者說，廿卷本在傳抄時就無此文，因此可以說十卷本的此一〈別頭巾文〉是十卷本的傳抄者或梓行者加上去的。偏偏的，這五十三回至五十七回五回，二十卷本的五十三、五十四兩回，則有明顯的改寫痕跡，十卷本的這五回，並無改寫的痕跡。這又怎樣來圓說此一情況呢？

爲了此一問題，我曾不厭其煩的把十卷本的五十二回至五十八回七回，比了兩相對照的比勘與解說，而且印出書來（參閱《金瓶梅研究資料彙編》下編—台北天一出版社印行），兼且還寫了一篇專論〈金瓶梅這五回〉一文，三萬餘言，收入拙作《金瓶梅散論》（台北商務印書館民國一九九〇年七月出版）。這也是基於我家桐城學派的義理原則，把大家糾纏不清的問題，予以條次出來，有如推牌九，一方方把牌掀開來，紅幾點黑幾點，豈不一目瞭然嗎？這也正是歷史學家吳晗說的：「應該根據眞實的史料，把一切荒謬無理的傳說（說法），一起剔開，還給《金瓶梅》一個原來的面目。」說來，我的這一本又一本的《金瓶梅》研究，全是爲了「淘眞」，把問題一一提出來，把原貌一一洗清出來，明明白白的告訴研究《金瓶梅》朋友們，去認清《金瓶梅》的眞正問題何在？去認清《金瓶梅》的本來面目，應是怎樣的一部書？它可能會在嘉、隆、萬三朝那樣一個淫縱的社會裡，秘密在文士手上傳抄了二十多年都沒有人去梓行它嗎？這不是問題嗎？這問題不應該去探討嗎？

關於此些問題，我曾寫了一封信給上海的友入陳詔兄，提出了十大問題，認爲凡是從事《金瓶梅》研究的人，必須把這十大問題先作成了答案，然後方能去尋求創見來立說。這封信，我隨之又整理成文，發表在一九九〇年二月十二日《中央日報》長河版，今又收在《金瓶梅散論》作為代序。我之所以這樣苦口婆心的做，只是祈求從事《金瓶梅》的研究者，應去切切實實而徹徹底底的去認清《金瓶梅》的應去研究的問題何在？應去針對著應研究的問題，去尋據立說，萬別想到哪裡就寫到哪裡。浪費了許許多多寶貴的時間、浪費了許許多多寶貴的精神，豈不可惜！

《金瓶梅》在一開始問世，在文人手上傳抄時，便產生了問題。試問，它於萬曆廿四年（一五九六）冬初首次被袁宏道傳出，居然一連十年無聲無闃，毫無蹤影，也就是說，在這十年之間，至今沒有發現有其他任何人談到《金瓶梅》這部小說。到了萬曆卅四年（一六〇六）秋，整整十年過去了，卻又偏偏的再被袁宏道傳播出來，他已把《金瓶梅》這部小說，寫入了〈觴政〉（酒令），配《水滸傳》為「逸典」，作為酒場甲令。還說：「不熟此典者，保面甕腸，非飲徒也。」根據他弟弟袁中道寫於萬曆四十二年八月的日記《遊居杮錄》，說是還是在萬曆二十五、六年間，隨同中郎在眞州時，見此書之半。再根據袁宏道的進士同年謝肇淛的《小草齋文集》，約寫於萬曆四十四年間的〈金瓶梅跋〉，也說他尚未獲得全本，僅在中郎手上，得其十三，在諸城丘志充手上，得其十五，欠缺的十二，還要俟之他日。都已清清楚楚的說明了，袁中郎（宏道）弟兄手上的《金瓶梅》祇有十之二。多麼的不合情理呀，袁宏道居然把一本在自己也沒有見到全本的書，（休說是沒有出版了。）寫入了〈觴政〉（酒令），要飲者在行令時，配《水滸傳》，作為酒令的典故，豈不是強人所難！還說：「不熟此典者，保面甕腸，非飲徒也。」袁中郎怎麼會這樣不講情理呢？

試問，袁中郎爲什麼要把一本連他自己也未抄得全稿的小說，寫入酒令，要飲者用作酒令的典故，這不是一個大問題嗎？

再說，自從〈觴政〉之後（萬曆卅四年（一六〇六）之後），議論《金瓶梅》的文字，方始繼袁中郎之後，一一出現。換言之，我們今天讀到的有關明朝人議論《金瓶梅》的文字，除了袁中郎寫給董其昌的那封信之外，其他等人的議論，寫作的時間，全在萬曆卅四年之後。

試問，這不是一大問題嗎？

（袁中郎那封寫給謝肇淛還《金瓶梅》的信件，是後人僞託的。我有專文考證。見拙作《金瓶梅審探》台北商務印書館民國七十一年六月出版。）

像上述這些問題，都是我這多年來，一絲絲縷出來的。這些問題，如不先去求得合乎情理而又有憑有據的答案，那就很難爲「成書」問題「作者」問題來作正確的立說。

這是我老實人說的老實話。

五、

二十年了！我孜孜矻矻的、孤孤獨獨的，像一個獨入荒山的瘋漢似的，在《金瓶梅》這座迷宮中，尋尋覓覓，而且冷冷清清，好在並不慘慘淒淒，而是在尋覓中把迷宮中的道路，越摸越熟，還在企圖把出入迷宮的道路門徑，來指引所有的同道出入呢！

今年，我已是七十三歲的老人。多年以來，我都是獨自一人孤獨的探索。吳曉鈴先生說我的《金瓶梅》研究，是在「獨學無友」中進行著的。但又何止如此？寫出來的一篇篇，連我那身邊的最忠實的讀者老伴兒，也不理睬，她一看我寫的是考據，便說：「這種文章我不要看。」當然，報章雜誌也很少垂青於它。像那部近四十萬言的《金瓶梅詞話論釋》，寫完後連一文稿酬也不曾獲得。轉售給台北學生書局出版，剛剛再版；河南鄭州的中門古籍出版社印了大陸版，獲得了版稅兩千八百餘元（人民幣），今雖再版，一問版稅不過人民幣一百二十元。至今尚未料理。台北的學生書局，卻不再版了。還有《金瓶梅箚記》、《金瓶梅函隱探照》、《金瓶梅第五十二回至五十八回的比勘解說》，以及《金瓶梅這五回》，都是寫完了就送給出版者付梓。百分之十的版稅，半年一結，所獲版稅，有時連買書的錢都不夠付。每半年售出不過十本、二十本而已。喜是孩子們已成人，各有生活職業，不用我為他們勞心勞力了。我的退休俸，半年一領，維持兩老的生活，也還差不多。孩子們也按月補貼些。因而我在家庭中，從不過問生活瑣事，每週四堂課的教授鐘點費，足夠我買書以及友情往還的應酬。如今，老人的睡眠是早睡早起。每天早上四點多就起身了，起身後就坐到書案後，繼續在《金瓶梅》的迷宮中尋尋覓覓，或有關戲曲方面的有興探索。就這樣，我的生活過得非常充實。每週，或兩週，總要有一天去圖書館，把讀書錄下的問題，查考其他史料。自己總覺得有「日起有功」的開展。

自從海峽兩岸的文化開放交流，我這老人的生活是更加充實了。同好的朋友們，越來越多。識者與不識者，彼此通訊頻繁。讀到的研究鴻文，也越來越多，幾有目不暇給之感。古人有言：「展卷有益」。誠然，最近這幾年來，我在獲得《金瓶梅》有關的問題上，又獲得了許多前時不曾想到的問題，卻能從新的史料中，開發出一條條新的門徑，啓示了一絲絲新的線索。說來，我已不是吳曉鈴先生說的「獨學無友」的時代，我已步入了同道之友遍天下的時代了。

雖然，我已是年逾古稀的老人，但粗體尚健，記憶力尚未減退。總還有幾年與友朋們相切相磋。有一點要說明的，我這老實人愛說老實話。萬別罪我哦！

《金瓶梅》的作者問題
——寄所有研究《金瓶梅》的朋友們

直到今天，《金瓶梅》的作者是誰，仍在各言其是。指出的作者，有姓有名而又年籍俱詳者，陳詔先生的統計，已踰二十人。近數年來，又有增加，已不下三十之數。眞是猗歟盛哉！

《金瓶梅》的作者是王世貞，而且還編了一篇感人的孝子報父仇的故事。此一說詞，流傳了近三百年。迨《金瓶梅詞話》一書出世，史家吳晗、鄭振鐸兩人，據書研判，作文立說，可以說早期傳說多年的王世貞一說，業已攤出史實，一一駁之。是從吳、鄭兩位史家之文的論證觀之，王世貞作《金瓶梅》之說，應不存在。然後，四十年後，還有人持此故說，咬定王世貞纔是《金瓶梅》的作者。

按考據一事，若是同一問題，已有論者占先，後論者若認爲前之論者有失，立論不能存在，應舉證破之，斯所謂「先破而後立」也。不然，雖其言麗矣！其語巧矣！亦勢難成其家室，蓋無建地以築之宮也。

近些年來，《金瓶梅》一書之研究，踵之《紅樓夢》，而風起雲湧，尤有過之。雖作者問題的審探，已成繁瑣之說，理其端緒，亦不外嘉靖、萬曆二說，即嘉靖年代人作與萬曆年間人作，祇此二說耳。

持嘉靖說者，以山東人李開先作之說，聲勢最盛。立說者有吳曉鈴、徐朔方、卜健，卜氏且有纍然巨著，肯定作者是李開先，無可疑者。持萬曆說者，人數極衆，所舉人選，從屠隆、屠本畯、賈三近、王稚登、馮夢龍，還有乃山西人作，以及說書人的底本，等等諸說，極難枚舉。而我之作此小文，未敢妄斷是非，只在學理上，提出一些問題。此一理念，業已苦心孤詣數年矣（註五）！

凡所論及《金瓶梅》作者的諸公，從來不去想想《金瓶梅》三字問世後的演變問題。都是蘿蔔、白菜、豆腐、細粉一鍋煮。眞格是大家都吃慣了大鍋菜養成的麼？

《金瓶梅》一書的最先見諸文字，是萬曆二十四年（一六五九）冬十月光景，袁宏道寫給董其昌的一封信上，首先說到了《金瓶梅》這本未完的書稿。我們應知道這是一封兩者友朋間的信件。這一封信件，刻在句吳袁無涯書種堂印行的《袁石公仕》中的「瀟碧堂集」，梓行的時間，是萬曆三十六年（一六〇八）秋。事實上，《袁石公集》到萬曆四十二年秋纔面世。這之間，萬曆三十四年（一六〇六）秋，袁宏道離開他家鄉的柳浪湖，赴京選補儀曹職時期，寫了一篇〈觴政〉（酒令），曾寫信給友人抄附〈觴政〉一編寄覽。在〈觴政〉一文中，寫了「以《金瓶梅》配《水滸傳》爲逸典」的文詞。可以說，《金瓶梅》一書，實際上傳播於世人之口，時間已在〈觴政〉問世的同時，時間已是萬曆三十五年之後，去袁氏與董氏的那封信，已十年過矣！

我們再看明代文人在文字上寫到《金瓶梅》的時間，除了袁宏道寫給董其昌的那封信，爲時最早（萬曆廿四年冬初），其次又是袁宏道寫入〈觴政〉中的次早，時間約在萬曆卅五年前後。他如屠本畯在《山林經濟籍》寫的〈觴政〉跋，說到《金瓶梅》，時在〈觴政〉以後。袁中道寫在《游居柿錄》（日記）中的時間，已是萬曆四十二年八月。謝肇淛寫於《小草齋文集》中的《金瓶梅跋》，應在袁中道之後，最早也只能在萬曆四十二年以後。李日華寫於《味水軒日記》中的《金瓶梅說詞》，是萬曆四十三年十一月初五日。

至於薛岡寫於《天爵堂筆餘》中的話，時間已是天啓或崇禎，更晚了。沈德符寫於《萬曆野獲編》的話，也應在天啓末、崇禎初。他如馮夢龍的《三遂平妖傳》、張岱的《陶庵夢憶》，還有《韓湘子》、《幽怪詩譚》、《魏忠賢小說斥奸書》、《今古奇觀》等等書上，也寫到《金瓶梅》一書，全在袁氏的《觴政》之後。

東吳弄珠客的敘，書明是萬曆四十五年季冬。

從史實上所有的文獻紀錄來看，結論業已呈現得清清楚楚。那就是：《金瓶梅》一書，最早出現於萬曆二十四年前後，是一部不完全的抄本。其內容若以袁宏道的那句「雲霞滿紙，勝枚生七發多矣」來作論判，可以肯定的說，袁宏道（中郎）最早讀到的《金瓶梅》，應是一部關乎政治規諫的說部。但在十年之後，袁宏道寫《觴政》以「《金瓶梅》配《水滸傳》爲逸典」的時候，足以證明這時的《金瓶梅》已是與《水滸傳》的姊妹淘矣！

我們從這些史料上看，《金瓶梅》一書的公諸於世，歸功於袁宏道的〈觴政〉一編。論說到《金瓶梅》的明代人，除了袁宏道一人，其他人等，說到《金瓶梅》一書的時間，全在〈觴政〉之後。在〈觴政〉以前，《金瓶梅》的不完全抄本，除了袁宏道與董其昌兩人之外，未見隻字涉及第三人。連董其昌其人，也未見有隻字反應。說起來，董其昌只是不聞不問，只能算得表示沈默而矣！應知「沈默」也是意見，不表示是「默認」也。

基乎此，我《金瓶梅》一書的抄本，分作前期後期。前期是萬曆廿四年冬到卅五年夏。後期是卅五年夏到萬曆四十八年冬。前期抄本，悠悠然沈默了十年有餘。後期抄本，全在文士之間傳抄。更奇特的是，這些傳抄到手的文士，十之八與袁氏兄弟有直接或間接的交往。試問，這些問題不去研究它嗎？

這一抄本，居然有了刻本，而且有了兩種，相間的時間，不過數年。大家都說得出的，一是「詞話本」、一是「崇禎本」。

這兩種刻本，自然是從抄本而來。那麼，在明代萬曆三十四年之後的傳抄本，無一人手上是「全本」。刻出的兩種刻本，相異之處極大。因而有人說是來自兩種不同的抄本，遂認爲《金瓶梅》在傳抄時代，就有兩種不同的底本在傳抄。擬一推想，不能說不是一個問題。這問題，自也牽涉到作者，那就是，何以有兩種不同的抄本？怎麼來的？試問，應去研究一番吧。

我把話簡明扼要的說在這裡，請問，關於《金瓶梅》的者問題，不是挺複雜嗎？若以現有的史料來說，我們研究《金瓶梅》的作者是誰？首先要想到的應是抄本與刻本之間的問題，抄本有前期、後期的牽連問題，刻本也有前期、後期的牽連問題。

前期抄本何以默默十年無人傳抄？也無人提及它？

後期抄本何以悠悠十年只傳抄在文士之間？這些傳抄到《金瓶梅》的朋友，何以十之八九都是與袁氏兄弟有關聯的人物？

前期刻本何以刻出後流傳甚少？何以內容與欣欣子敘說不同？

後期刻本何以同時刻行兩種？何以十餘年間即流變成十餘種之多？

前後期刻本之內容不同，是源自後期抄本有異？還是出版者的爲出版多銷而改寫？

從事《金瓶梅》研究的朋友，若想去探尋《金瓶梅》的作者是誰？總應該把我上述的這些問題，一一探討清楚，纔能去論作者是誰？這作者，是前期抄本的作者？還是後期抄本的作者？

那麼，這作者是前期刻本的作者？還是後期刻本的作者？

還有，《金瓶梅》在後期傳抄中，就有兩種不同的底本嗎？

試問，豈不是應該把這許多問題，一一探討清楚，然後才能去寫作你的論點呢？

說起來，傳世的《金瓶梅》，兩種刻本中的問題，都相當多。

譬如《詞話》第六十五回中的凌雲翼、狄斯彬，都是明史列傳中的人物，凌雲翼在萬曆二十年前後還活著。說這書是嘉靖間的作品，這些類似的明代人物不只一位，能丟下不管？李開先的戲曲《寶劍記》作於嘉靖廿六年，萬曆間人當然能引錄到作品中來。明代嘉靖以後，社會淫靡，公府不禁春情文字，連賞圖也任由市肆懸之架上。所以鄭振鐸說：「而那個淫縱的時代，又是那樣需要這一類的小說。所以，此書的著作時代，與其說在嘉靖間，不如說是在萬曆間爲更合理些。」前一見解，指的是歷史基礎，後一說法，指的是歷史因素。我曾經與朋友們談到治學的方法，尤其是小說方面，論者立論，必須掌握到歷史基礎、社會因素，另一項便是訓詁方法。我們爲了要把前人的論述，引來作我們立論的輔佐，往往穿鑿附會，訓詁成與己有利的文意。這一點，也是治學的禁忌。當然，把章句、文義，訓詁錯了，那也是很慚愧的。

這簡短的說帖，請朋友們權作參考可也。

一九九六年一月廿三日

李瓶兒葬禮上的壇場與法事

——《金瓶梅》的宗教觀——

我國在姬周以前，尚無所謂「宗教」一辭，所宗者只是敬天地、祀鬼神而已。在人們心目中，天最大，所謂「昊天罔極」，認爲天是無邊無際涯的。而且，風雨雷電，來去無時；地生萬物，而旱潦靠天，蟲之益害亦靠天。有時地也震怒而塌陷，且水淹火焚。這些天地間的神與魔，是人不能禦的。只有崇敬天地間之神，而求之驅魔降福下祐。

死去的親人，離開了人世，成爲鬼物。遂也建廟而祀之，設立以祀之①。於是人們有了敬天地、祀鬼神之禮儀，筆之於書矣。

迨老聃昌人生應法自然之理，弘論治人安命，應以自然爲道。蒙周起而大力闡揚，挾鯤鵬翼翅水空之長才②，於焉「道也」名之矣！從此，人生有了仙家之境，有了不老長生之望。人能不老而長生，復誰不期？自有人利而用之，立教義焉！設法壇焉！建觀院焉！煉金丹焉！老聃李子，遂成教宗，尊之爲君，祀之爲神、爲仙。

漢之張道陵不是依照這一人之心理道路，爲老子的道經五千言，立下了「道教」③的嗎？

佛家之教義，傳自外邦（來自印度人所共知），其時也在漢朝，而昌盛則在李唐。佛家教義，講宿命，論因果；善有善報，惡有惡報。此一教義，正適合人類的現實人生，自能獲得大衆的崇仰與信賴。

由於儒家的禮儀，乃人文主義的先祖，所論者悉爲人與人之間的「禮」之「宜」（義）。何謂「宜」（義）？天下人都認爲對的那個「理」字，就是「宜」（義）。故所講「禮者，理也。」又所謂「義者，宜也。」然而，「禮的本義（也可以說是本質）是甚麼？」仲尼先生說：「禮之用和爲貴，先王之道斯爲美。」蓋禮的本質，就是個「和」字。然而這個「和」字，卻得以樂和之。我們常說的「禮樂之教」，即指此。

「禮」，法也；繩其外。「樂」，和也；理其內。宗旨是「法天」、「法人」。所謂「法天」，乃法乎天理；日出日落，四季循環，此天理也。所謂「法人」，乃法乎人情，父子有親，君臣有義，夫婦有別，長幼有序，朋友有信，此人情也。天理，怎能違！是以仲尼云：「獲罪於天，無可禱也。」同樣的，人情怎能違，違則人生之序亂。若人生之序亂，國也，必無寧日。

正由於我們中國在此一「法天」、「法人」的政教合一之「禮樂」④教育社會中，生活了數千年。這被稱之爲「儒」的人生意念，在我們中國人的心目中，可以說是「根深柢固」。那麼，儘管兩漢以後，有所謂由儒學分枝出的「道家」，以及由外來的「佛家」（釋家）等

「宗教」觀，滲入了我們中國人的生活意識中，人生觀有了修道成仙與人人都有佛性都能成佛的思潮，卻也只能匯入了儒學之「法天」、「法人」淵海中合而爲一。

於是，這「三教合一」的人生觀，便在我們中國社會間形成。此一「三教合一」的人生觀，形成之始，固可上推到魏晉，或更遠些，但突出的表現在大量文學作品的時代，竊以爲當推宋明這一朝。其代表作，應推《金瓶梅》爲魁首。

何以？一是長篇小說始於明代，二是在明代幾大長篇小說中，描寫現實社會人生者，獨有《金瓶梅》一書⑤。

按《金瓶梅》（詞話）一書，乃明代萬曆中葉產物。

這一部描寫現實社會人生的小說，呈現出的宗教觀，已是極爲鮮明的三教合一。雖然，孔孟之論，僅以「仁」之一字期人，期人「修己復禮」以成大我利衆之仁人君子；推己以及人。此一行爲規範，可以說不易在《金瓶梅》一書的字面上尋得，然卻唁唁喁喁隱寓於語調餘音之間，穿揷於故實情節之上。譬如在危難到來突感避之無路、藏之無處時，就會脫口喊天⑥。受了對方欺凌，就會想到「要憑天理」⑦。儘管成天唸經求和尚做法事，生了孩子寄名道觀做小道士，卻也會說「人死如燈滅」⑧。老婆偷人，也會脫口罵出「那沒人倫的豬狗」⑨。這些，都是我儒家的人生觀。此一人生觀，應說是我們中國人的人生根本意念，根深而柢固。由於它不是宗教，沒有嚇阻作惡者的地獄之設，也沒有西天極樂世界的天堂之望，更無修道可以成仙，理佛可以成佛的教理弘揚。孔孟之說，只是教人應去做一個與禽獸有別的人而已。若僅是外著人之衣冠而心禽獸之行，則人類之「衣冠禽獸」矣！

那麼，若以此一意念來讀《金瓶梅》，則所寫之人生，乃以儒家哲思爲之根也。

至於所寫釋、道兩家，大都直筆寫其眞而且實的場面。但如以比量來說，則又以描寫道家者較多。自是當時社會的現實樣相。

這裡，舉出兩處立論。（其他尚有道家法事大場面。）

一、潘道士登壇

按《金瓶梅》（詞話）所寫有關道家的情節，比釋家多。由道家的道士，到西門家設壇打醮做法事，較大的有兩處，一是第六十二回：〈潘道士解禳祭登壇〉，二是第六十六回：〈黃眞人煉度薦亡〉。都是爲李瓶兒安排的，第一次爲李瓶兒的病解禳。第二次爲李瓶兒的死薦亡。

這潘道士是五岳觀的，他治病的法術是「符水」[10]，療效是「遣邪」[11]。這時病入膏肓的李瓶兒，神志業渙散，只要一閉眼睛，就看花子虛抱著官哥來接她，說是：「房子」已買妥了。所以要請五岳觀的潘道士前來「遣邪」。

西門慶領了那潘道士進來，就寫了一大段文字，描寫那潘道士的形相：

頭戴雲霞五岳觀，身穿皀布短褐袍。
腰繫雜色綵絲絛，背上横紋古鋼劍。
兩腳穿雙耳麻鞋，手持五明降鬼扇。
八字眉，兩個杏子眼，四方口，一道落腮鬍。
威儀凜凜，相貌堂堂；
若非霞外雲遊客，定是蓬萊玉府人⑫。
那麼，這潘道士是怎樣來作法的呢？下寫：

只見進入角門，剛轉過影壁，恰走到李瓶兒房，穿廊台基下。那道士往後退訖兩步，似有呵叱之狀。爾語數四，方纔左右揭簾，進入房中。向病榻而至，運雙睛努力，似慧通神目一視。仗劍手內，掐指步罡，念念有辭，早知其意。走出明間，朝外設下香案，西門慶焚了香，這潘道士，焚符喝道：直日神將，不來等甚，噀了一口法水去。見一陣狂風所過，一黃巾力士現於面前。但見黃羅抹額，紫　羅袍。獅蠻帶緊束狼腰，豹皮𫚉牢拴虎軆。常遊雲路，每歷罡風。洞天福地片時過，岳瀆酆都撚指到。業龍作孽，向海底以擒來。妖魅為殃，劈山穴而提出。玉皇殿上，稱為符使之名。北極車前，立有天丁之號。常在壇前護法，每來世上降魔。胸懸雷部赤銅牌，手執宣花金蘸斧。

那位神將，拱立堦前，大言召吾神，那廂使令？潘道士便道：「西門氏門中，李氏陰人不安，投告於我案下，汝即與我拘當坊土地，本家六神，查考有何邪祟，即與我擒來。毋得遲滯！」言訖。其神不見。須臾，潘道士瞑目變神，端坐於位上。據案擊令牌，恰似問事之狀。久久乃止。

這一段關於潘道士之登壇作法的描寫，用的半文半語的文體。不但寫出這位潘道士的穿著，打扮得與平常人不一樣，寫到他的本領，卻又幾乎是能召一位天上的大神下世。說：「業龍作孽，向海底以擒來；妖魅爲殃，劈山穴而提出；玉皇殿上，稱爲符使之名，北極車前，立有天丁之號。常在壇前護法，每來世上降魔。胸懸雷部赤銅牌，手執宣花（似爲化）金蘸斧。」他召來的是一位「黃巾力士」。說是這位「黃巾力士」（神將）到來，站立階前，竟「大言召吾神，那廂使令？」於是潘道士便命令這位神將爲西門李氏去「拘當方土地，本家諸神，查考有何邪禁，即與我擒來，毋得遲滯！」這潘道士還「端坐位上，據案擊令牌，恰似問事之狀。」

此一道士登壇作法的情態，誠然大神在行令。

那位在潘道士一口法水「噀出」，便「一陣狂風所過」，這位「黃巾力士」（神將）便現身壇前。未免今之「大魔術家」的行事。這位潘道士可眞是有一手也。

（在前一回（六十回），寫李瓶兒的病容，是「面如金紙，體似銀條。……喪門弔客已臨身，扁鵲盧醫難下手。」則是打從《水滸傳》第五十四回寫柴皇城的病態那段辭采錄來。

想來，此段文字，似也是打從別處錄來。」

行法之後出來，西門慶讓至前廳捲棚內。問其所以，潘道士答說：「此位娘子，惜乎為宿世冤愆，所訴於陰曹，非邪祟也。不可擒之。」西門慶道：「法官可解禳得麼？」潘道士說：「冤家債主，須得本人。可捨則捨之。雖陰官亦不能強。」因見西門慶禮貌虔切，便問娘子年命若干？」西門慶道：「屬羊的，廿七歲。」潘道士說：「也罷，等我與祭祭本命生壇，看他命燈如何？」西門慶問幾時祭，潘道士說：「今晚五更正子時，用白灰界畫，建立燈壇，以黃絹圍之，鎮以生辰壇斗，祭以五穀棗湯。不用酒脯，只用本命燈廿七盞，上浮以華蓋之儀，餘無他物。壇內俯伏行禮。貧道祭之，雞犬皆關去，不可入來攪。可齋戒青衣在內（指西門）。」這西門慶都一一備辦停當，就不敢進入。在當房中沐浴齋戒，換了淨衣。那日應伯爵也不家去了，陪潘道士吃齋饌，到三更天氣，建立燈壇完畢。

潘道士高坐在上、下面就是燈壇。按青龍白虎朱雀玄武。上建三台華蓋。周列十二官辰。下首纔是本命燈。共合二十七盞。先宣念了投詞。西門慶穿青衣。俯伏階下左右盡皆屏去。再無一人在左右。燈燭熒煌。一齊點將起來。那潘道士。在法座上披下髮來。仗劍口中念念有詞。望天罡取真炁。布步訣躡瑤壇。正是三信焚香三界合。一聲令下一聲雷。但見晴天星明朗燦。忽然一陣地黑天昏。捲棚四下皆垂著簾幙。須臾起一陣怪風。所過正是：

非干虎嘯。豈是龍吟。彷彿入戶穿簾。定是摧花落葉。推雲出岫。送雨歸川。鴈迷失伴作哀鳴。鷗鷺驚群尋樹杪。嫦娥急把蟾宮閉。列子空中叫故人。

大風所過三次。一陣冷氣來。把李瓶兒二十七盞本命燈。盡皆颳盡。惟有一盞復明。那潘道士。明明在法座上。見一個白衣人。領著兩個青衣人。從外進來。手裡持著一紙文書。呈在法案下。潘道士觀看。卻是地府勾批。上面有三顆印信。諕的慌忙下法座來。向前喚起西門慶來。如此這般。說道官人。請起來罷。娘子已是「獲罪於天，無可禱也⑬。」

那西門慶聽了，低首無語，滿眼落淚。哭泣哀告，萬望法師搭救則個。潘道士道：「定數難逃，難以搭救了。」就要告辭。西門慶再三欵留，等天明早行罷。潘道士道：「出家人草行露宿，山棲廟止，自然之道。」西門慶不復強之，因令左右捧出布一疋、白金三兩，作經襯錢。」。潘道士道：「貧道奉行皇天至道對天盟誓。不敢貪受世財，取罪不便。」推讓再四，只令小童收了布疋，做道袍穿。就作辭而行。囑咐西門慶：「今晚官人，卻忌不可往病人房裡去，恐禍及汝身。慎之慎之！」言畢，送出大門，拂袖而去。

從這段描寫的潘道士在壇上作法，委實像神仙似的。他能「一聲令下一聲雷」。這時，所見及的天象是：「晴天，星月明燦。」卻忽然「一陣地黑天昏，捲棚四下皆垂著簾幙」，竟須臾颳起一陣怪風（還寫了一段駢文形容這陣風）。

這大風所過三次，一陣冷氣來，把李瓶兒二十七盞本命燈，盡皆颳盡。惟有一盞復明。這道士還能看見一個白衣人領著兩個青衣人從外進來。手裡還拿著一紙文書，呈在他法案下。

「卻是地府的勾批。上面還有三顆印信。」

好在這裡寫的都是「那潘道士明明在法座下」見到的，不是西門慶等人的眼也見到的。然而，那「雷聲」、那「一陣天黑地暗」、那捲起簾幙的「一陣怪風」。那「怪風」，連嫦娥也急把蟾宮閉，列子飛在空中，也會叫「故人」救援。

（這裡卻未寫在場的西門慶有所驚懼之情。與漢人張平子的《兩都賦》的描寫，在文字藝術上，毫釐千里矣！）

（這一大段描寫，想必也是從他處移植而來。）

（這位潘道士，只是清河附近五岳觀的道士。外號「潘捉鬼」，由應伯爵推薦而來，本不是一位有高深道學的道士。然所寫作法的氣派，縱以魔法論之，潘道士已非等閒之輩，怎的還在小地方爲人「捉鬼」爲生？）

（想來，若是等處，似乎都不是《金瓶梅》的原抄本情節。）

二、黃眞人煉度薦亡

李瓶兒的命，是討不回來了。

五岳觀的潘道士已查明這是「宿世冤愆，非邪祟也。」因爲那「冤家債主」必須要本人了卻冤債。這「冤鬼」是擒不來的。那麼，再從「本命燈」上求得一線之光呢？也求不來了。

因為「地府」已經「勾批」，且已蓋過了「三顆印信」。李瓶兒的償命冤債，業已判決定案。享年廿七歲，一命嗚呼！

李瓶兒死了。西門慶為了要把喪事辦得夠體面，免得社會人等說閒話。（李瓶兒帶了大批金銀財寶來的。）除了棺木選最好的，出殯時的場面，更得加以舖張，佛家、道家的法事，更是不可少的了。

湊巧，朝廷派了一位名叫黃元白，稱為「黃眞人」的道士，到泰安州玉皇廟，進金鈴吊掛御香，要在玉皇廟建七晝夜羅天大醮。趁著他尚未起阜離去，應伯爵便建議西門慶教吳道官請他到來，做高功領行法事。圖他個名聲也好看。於是，西門慶便接受了此一建議，而且要全堂加添廿四衆道士，做一晝夜齋事。至於原定的吳道官的齋事，仍由吳道官主行，只請黃眞人做「高功法事」就是了。問題只要西門慶多費幾兩銀子。

就這樣，道場上的法事，又多了一個黃眞人。

次日早起往衙門中去。早有玉皇廟吳道官。差了一個徒弟。兩名鋪排。來在大廳上鋪設壇場。上安三清四御。中安太乙救苦天尊。兩邊東嶽酆都。下列十王九幽。冥曹幽壤監壇神虎二大元帥。桓劉吳魯四大天君。太陰神后。七眞玉女倒眞懸司。提魂攝魄。一十七員神將。內外壇場。鋪設的齊齊整整。香花燈燭。擺列的燦燦輝輝。爐中都焚百合名香。周圍高懸吊掛。經筵羅列。幕走銷金法鼓高張架。彩雲鶴旋繞。西門慶來家。看見心中大喜。打發徒弟鋪排齋食吃了。回廟中去了。隨即令溫秀才寫帖兒。請喬大戶吳大舅。吳二舅花大舅。沈姨夫孟二舅。應伯爵謝希大。常時節吳舜臣。許多親眷。并堂客。明日念經。家中廚役。落作治辦齋供不題。

次日五更。道衆皆挨門進城。到於西門慶家。叫開門進入經壇內明起燈燭。沐手焚香。打動響樂。諷誦諸經。敷演生神玉章。鋪排大門首掛起長旛。懸吊榜文兩邊黃紙門對。一聯大書。東極垂慈。仙識乘晨而超登紫府。南丹赦罪。淨魄受煉而逕上朱陵榜上寫著。

大宋國山東東平府。清河縣。某坊居住。奉

道追修孝夫信官西門慶。合家孝眷人等。即日皈誠。上干慈造。意者伏爲室人李氏之靈。存日陽年二十七歲先命辛未相。正月十五日午時受生。大限於政和七年。九月十七日。丑時分身故。伏以伉儷情深歎鳳鸞之先別。閨門月冷。嗟琴瑟以斷鳴。徒追悼以何堪…憶音容而緬想。光陰易逝。五七俄臨。欲拔幽魂敬陳丹悃。謹以今月二十日。伏延官道。爰就孝居。建盟眞煉度齋壇。庸頒玉簡。演九轉生神。寶範奏啓琅函。迓獅馭以垂光。金燈破暗降龍章而滅罪。鐵柱停酸。爰至深宵度。綵橋而鳴玉珮頻湌沆瀣。登碧落而謁金眞。伏願玉陛垂慈青宮降鑒。廣覃惻隱之仁。大賜提撕之力。亡魂早超逍遙之境滯爽咸登極樂之天。存歿眷屬。均沐休祥。願親人等。同登道岸。凡預薦修。悉希元化。故榜。　政和年月日榜。

上清大洞經籙。九天金闕大夫。神霄玉府。上筆判。雷霆諸司府院事。清微弘道。體玄養素。崇教高士。領太乙官提點皇壇知磬。兼管天下道教事。高功⑭黃元白奉行。

大廳經壇。懸掛齊題二十字。大書：「青玄救苦頒符告簡。五七轉經。水火煉度薦揚齋壇。」即日，黃眞人穿大紅。坐牙轎，繫金帶。左右圍隨。儀從喧喝。次日高方到。吳道官率衆接至壇所。行畢禮。然後西門慶著素衣經巾拜見迎茶畢。洞案傍邊。安設經筵法席。大紅銷金卓幃。粧花椅褥。二道童倚立左右。其其人儀偉容貌戴王冠。韜以烏紗。穿大紅斗牛衣服。靸烏履。登文書之時。西門慶備金叚一疋。金字登壇之時。換了九陽雷巾。大紅金雲白鶴法氅。與袖飛鬣。腳下白綾軟襪。朱紅登雲朝舄。朝外建天地亭。張兩把金傘。蓋金童揚煙。玉女散花。執幢捧節。監壇神將。三界符使。四直功曹。城隍社令。土地祇迎。無不畢陳。高功香案。上列五式天皇。號令召雷皀纛天蓬。玉尺七星寶劍。淨水法盂。先是表白宣畢。齊意齋官。沐手上香。詞懺。二人飄手爐。向外三信禮召請。然後高功繫令焚香。蕩穢淨壇。飛符召將。關發一應文書符命。啓奏三天。告盟十地。三獻禮畢。打動音樂。化財行香。

西門慶與陳經濟。執手爐跟隨。排軍喝路。前後四把銷金傘。三對纓絡挑搭。孝眷列於大門首。孤魂棚建於街。上場飯淨供委付四名排軍看守。行香回來。安請監齋壇已畢。在捲棚擺齋。

那日各親友街鄰夥計。送茶者絡繹不絕，西門慶悉令玳安王經。收記。打發回盒人銀錢。

早辰開啓。請三寶證盟。頒告符簡。破獄召亡。又動音樂。往李瓶兒靈前攝召引魂。朝參玉陛。傍設幾筵。聞經悟道。

高功搭高座。演九天生神經。焚燒太乙東嶽酆都十。王冠帔雲馭。午朝高功冠裳步罡踏斗。拜進朱表。逕達東極青宮。遣差神將。飛下羅酆。

原來黃眞人年約三旬。儀表非常。粧束起來。午朝拜表。儼然就是個活神仙。端的生成模樣。但見:

星冠冠攢玉葉。鶴氅縷金霞。神清似長江皓月。貌古如太華喬松。踏罡朱履步丹霄步虛琅函浮瑞氣長髯廣頰修行到無漏之天皓齒明眸。佩籙掌五雷之令。三島十洲。存性到洞天福地。出神遊高滄沆瀣靜裡朝元。三更步月鸞聲遠。萬里乘雲鶴背高。就是都仙太史臨凡世。廣惠眞人降下方。

拜了表文。吳道官當壇。頒生天寶籙。神虎玉劄。行畢午香。回來捲棚內擺齋。黃眞人前大桌面定勝。吳道官等稍加差小。其餘散衆俱平頭桌席。黃眞人。吳道官。皆襯段尺頭。四位披花。四疋絲紬。散衆各布一疋。桌面俱令人抬送廟中散衆。各有手下徒弟收入箱中。不必細說。

吃畢午齋。謝了西門慶。都往花園各亭臺洞內遊玩散食去了。

從全部《金瓶梅詞話》來看，描寫道家法事的場面，比佛家多。除了這兩位道家的法事場面較大，他如第五十三回的錢痰火，他並非道士，只是協助道士燒紙碼的燒火者，俗稱之爲「火鬼」，也居然戴起了道士巾，穿上了道士的法衣，到西門家做起捉鬼的法事。連那身著五品官服的西門慶，也百依百順的照著他的法語跪拜如儀。而且行爲好笑，「口邊涎涶，捲進捲出」；頭得上得下，像磕頭蟲似的。看去不像是爲人醫病，倒像是演把戲。還有那劉婆子的「謝土」與「收驚」。都是當時現實社會上的民風實錄。

當然，佛家人在那個現實社會上，也相當多，和尚、姑子，也是當時民家生活所仰仗的人物。只是在壇場上法事的場面上，沒有本文上舉的兩處鋪張。至於第八回的「燒夫靈」那一場佛家法事，雖也有個頗爲鋪張的場面，卻是全部由《水滸傳》移植來的。其他，寫到佛家大場面之處，只有末一回的〈普淨師薦祓群冤〉。

說來，《金瓶梅》的社會，正是晚明那個三教合一而佛道二家難以界分的時代。《金瓶梅》乃筆其現實社會之如實樣像也。

註

①死去的長輩，稱之爲「祖」，建廟以祀之。封建時代，裂土分封，以爵分立先代之位多寡。禮訂天子七廟，自太祖起到第七代，以太祖爲宗，廟居中，謂之「太廟」。其次是左昭三、右穆三。之後則遞次一一升入太廟，立位侍祀太祖左右。（姬周則在太廟左右，建文武二王廟，永存不毀，是以周有七廟。）

諸侯五廟，大夫三廟，士一廟，庶民祀於室。老百姓只能立祖先牌位於正堂廳中。不可立廟。

②見《莊子》〈逍遙遊〉：「北冥有魚，其名爲鯤，鯤之大，不知其幾千里也。化而爲鳥，其名爲鵬，鵬之背，不知其幾千里也。怒而飛，其翼若乘天之雲。……」

③道教創於東漢末沛人（豐縣）張道陵，尊李耳「老子」爲道家。據《道德經》五千言弘爲道書。子孫相傳，後代帝王崇道者，加封名號。道教遂爲之昌盛。

④按「禮樂」之教，始於堯舜之郅治，姬周雖禮而弘之，無乃增五音（宮、商、角、徵、羽）爲七。（加文武二弦於五弦之上，遂改五弦琴而爲七弦琴）於焉也，「六律」（六呂六律）無能正「七音」，禮與樂，不相協矣！

⑤以現實之社會人生筆之於小說，且洋洋灑灑達百萬言，且鞭辟入裡，質之宇寰，亦無不推之《金瓶梅》爲鼻祖。

⑥第卅九回潘金蓮思念西門慶自彈琵琶唱的曲子：「論殺人好恕，情理難饒，負心的天鑑表。」雖是前人句，卻在潘金蓮口中唱出。

⑦該「詞話」本第二十六回，宋惠蓮責西門慶：「你也要（合）憑個天理。……」

⑧同書第六十二回，西門慶向李瓶兒說：「人死如燈滅，這幾年知道他往哪裡去了。」（指死去的花子虛）。

⑨同書第二十五回，來旺罵他老婆宋惠蓮：「有人親（眼）看見你和那沒人倫的豬狗有首尾。」

⑩畫符於黃色紙上，以火焚之。留下紙灰以水噀入口中，然後噴水出之，現出異相。說是天神下降。

⑪：「遣邪」意即驅走邪魔。這五岳觀的潘道士，外號說叫：「潘捉鬼」。

⑫「玉府」，即道家玉皇大帝所居之處。亦即「三清」之「玉清」，爲元始天尊。（非周禮之官名。）

⑬語出《論語》「八佾」，意爲人之行事，不可違悖天理。悖天理，則求助無門。

⑭「高功」，指的是奉朝廷欽派到泰安州玉皇廟作「高功」領行法事。在表上便以欽定「高功」兩字爲銜。（也許在道家法事上，有「高功」此一名詞。留待諳道教者疏解。）

第四輯　特殊人物

西門慶這個人物

按《金瓶梅》這部小說的主要人物是西門慶，這個人物的性格行爲，以及其外貌，便具有兩大要件。頭一件，他很會撈錢；第二件，他性有異稟，最長於降服女人。這兩大本領，都不是平常人所能做到的。

所以，《金瓶梅》這部書的內容，在故事情節上，著眼的只是「財色」兩字。換句話說，《金瓶梅》的百萬言篇幅，寫的不過是西門慶是怎樣的搞錢，是怎樣的玩女人而已。簡而言之，《金瓶梅》寫的只是西門慶這個人在搞錢和搞女人兩件事。當然，這兩件事寫的是西門慶的生活表層。

我們先來介紹西門慶這個人物的出身。

西門慶的祖上，只是清河縣賣草藥的，開了一爿生藥舖。到了他父親這一代，生藥舖的生意

《金瓶梅》中寫有這麼一句聽來很可怕的話：「要得富險上做」，西門慶這個人物的所作所爲，全是膽大妄爲在「險」字上幹。可是他能幹得安全，無虞後患。在他沒做官時，他會用銀子買通官府上下，打通關節。做了官，更是如魚得水、上下交徵利的幹。殺人犯，他敢賣放；有利可圖的生意，休想有別人能攬得去。在沒有得官時，他就攀緣到朝中的近臣楊戩；楊戩倒了，聖旨下，要將爪牙們捉去枷號一月，充軍邊塞，西門慶卻有本領花錢勾去了他的名字。後來，他又高攀到當朝太師蔡京，送上二十幾擔大禮，買來一個從五品的提刑副千戶。越發地助長了西門慶的敢於「險上做」的膽子。他犯了案，雖經巡按御史參劾，可是參本尚未送到京城，他的銀子，已把參本化爲烏有。（相反的，那位奏上參本的御史，竟然調了職務。不久，被羅上一個罪名，充軍嶺表。）

從此，西門慶的聲望氣勢，越發的顯赫。

實際是，無人不視之如虎如狼，無人不畏之不敢怒也不敢言。

第二，西門慶有玩女人的雙重本錢。

玩女人這個名堂，西門慶具有一般人沒有的那種優越條件。

首先，他生成一副雄偉的身材、潘安的貌相，又是一位在社會間玩得轉的人物（不是他有錢，西門慶玩女人可不肯花錢）。另外一件，西門慶有性行爲的異稟，可以在床第之間，使得女人屈服討饒。何況，他還有胡僧給的壯陽藥物。所以西門慶在這方面最神氣，也最爲逞能。

結果，西門慶就死在這才能上頭。

西門慶一共娶了七個妻妾，收了一個丫頭（第一個髮妻陳氏的丫頭孫雪娥）。說開始時，第二房卓丟兒還沒有死，在病中，是妓家女。卓丟兒死了，娶了李嬌兒也是妓家女。以後便陸續娶了吳月娘塡房、李嬌兒二房，再娶孟玉樓、潘金蓮、李瓶兒。

他娶的兩個妓女，都有私房銀子。（西門慶之一再娶妓女爲妾，並且排在第二，目的是與妓家結爲姻親，便於在妓家獲知社會間各方的信息。）娶孟玉樓更不用說了，孟玉樓帶著她楊家的動產嫁過來的。只有潘金蓮是個窮人，李瓶兒嫁過來，帶著無價的珠寶以及金塊銀錁子，可以說不但帶來了花太監的一生積聚，連花家的不動產（那五進院子的房屋）都變成西門家的。吳月娘是千戶之女，說得上是大家閨秀。二十多啦！高不成低不就，纔塡房過來的。嫁過來，前房遺有一個十多歲的女兒。進門後，既是妻子，又是母親。

除了家中的六房妻妾，家中的丫頭僕婦，祇要西門慶看上（不是愛上），丫頭僕婦，又誰肯拒絕。使喚的小子，他也在興來時，走走後門。妓家的粉頭，更是一個個心甘情願的，去伺候西門老爺。

另外，他還不時漁色那能打硬仗的女人。

那位招宣使夫人林太太，就是這種女人。

這種女人，不但不要錢，還倒貼。

從《金瓶梅》小說寫的故事情節來看，西門慶在女人身上，絕少會花下大把銀子錢。連妓家女都算上，他勾搭上潘金蓮，也只花去三幾十兩銀子在王婆子身上。家中的八房妻妾，我們知道的這六房，除了潘金蓮，連孫雪娥這個丫頭胚子，都在倒貼。孫雪娥做的是廚娘工作，累死累活，還挨罵受氣，何嘗算過工錢？一年之間，漢子也未必會到她房裡歇上一夜！

算來，被西門慶沾染上身子的女人，以及家童，近二十人。算到明處的只有妓家女李桂姐包月時，花了幾十兩銀子。另外一位便是韓道國的老婆王六兒，她之獻身給主子，使那縮頭漢子，得到去江南做買辦的工作。西門慶死後，夫婦倆拐走了幾千兩銀子的貨物。其他的女人，何嘗沾到西門慶的光。

西門慶對於女人，只有那麼一件事，脫了衣服上床，還得任憑他去玩弄。像王六兒，得岔開腿兒讓西門慶用艾球兒點成火去燒疤。像潘金蓮、李瓶兒，違犯了他的意，得自動脫光了，挨他的馬鞭子。一時火來，拳打足踢。

只有對大婆吳月娘，他讓著幾分。因爲這個女人，不吃醋、不嫉妒。她懂得怎樣做個家庭主婦。若從愛情一事來說，怎能說西門慶對吳月娘有愛情？吳月娘之所以請姑子到家說經念佛，還不是爲了打發生活上的寂寞！

我的看法是，《金瓶梅》的百萬言長篇，只寫了財色兩字。並無情字，但只有「慾」這個字。西門慶死時，年僅三十三歲，他的死，就死在慾上，可以說西門慶是死在女人身上的，他是吃胡僧藥過了量，活生生給脹死的。死時的痛苦，比害癌症還要加倍。

所以有人推崇《金瓶梅》是一部勸善懲惡的書。

潘金蓮這個女人

如從歷史上數起，足以代表「淫婦」一詞的女人，委實輪不到潘金蓮。不要說春秋與秦漢那個時代有亂倫淫行的女人；再往下數，還有一個唐朝武則天呢。

不過，若論名氣，在今天說來，當推潘金蓮爲鰲首。這說明了小說家的影響力，遠愈乎史學家多矣！

本文不說這些，只談談潘金蓮這個女人。

祇要一說到潘金蓮，人們就會聯想到《金瓶梅》，實際上，《金瓶梅》中的潘金蓮，是打從《水滸傳》移民來的。換言之，潘金蓮與西門慶戀姦而謀殺親夫，發生在《水滸傳》故事裡，在《金瓶梅》的天地間，她與姦夫西門慶是逍遙法外的人物。在短短的五年間，她在西門家那些多采多姿的生活，方使我們了解了這個女人。

說起來，潘金蓮出身不高，她是潘裁縫的女兒，由於家境貧寒，父親死了，九歲就賣給王招宣府學習家伎營生。所以潘金蓮不惟能彈善唱，還能讀能寫。向男人丟眉眼這套本領，基於天性，她學得似乎成績最好。不想好景不常，在她十五歲時王招宣使死了。樹倒猢猻散，她們這一班子家伎自然也散了。潘氏被當地一位有錢的張大戶以卅兩銀子買去做使女，十八歲時被大戶收用了。卻不容於大婦，倒貼粧奩白白送給住在他家臨街房屋賣炊餅的矮子武大為妻。實際上，張大戶還暗中來往，武大郎不過掛個名兒。後來，張大戶這老東西竟油乾惢枯而亡。張家的大婦獲知，便遷怒到潘金蓮頭上，一氣將武大夫婦趕出。他們只得又尋紫石王皇親房子居住。卻又因為潘金蓮風騷妖冶，引來一些浮浪子弟，逐日在門前彈胡博詞兒，說油滑言語，迫得武大湊了十幾兩銀子，在縣門前典了一處房屋居住。（後來的情節，卻又一直說成紫石街。）正巧與開茶坊的王婆子緊鄰。

潘金蓮搬到這裡之後，認識了西門慶，卻又依靠了王婆子的大膽相助，謀殺了親夫，嫁給西門慶做了第五房。由於西門慶娶了八房妻妾；死了兩個，還有六個，於是潘金蓮到了西門慶家，生活便過得多采多姿起來。她那足以代表女人之「妒」的性格，她那「人盡可夫」的淫慾，她那聰明外露，而內實愚笨的情性，都在《金瓶梅》這部小說裡，一頁頁演示出來了。

（《金瓶梅》中的潘金蓮，之不同於《水滸》處，便在這裡。）

《金瓶梅》塑造潘金蓮的性格，在本質上著眼於一個「妒」字。當然了，女人之妒，十九為了爭漢子；潘金蓮自不例外。尤其是她嫁給了西門慶這麼一位人物，家中現有六個老婆，還要到妓家去梳攏粉頭。不僅此也，他家中的婢女、僕婦，以及小廝們，也任由他予取予求。

處身於這樣一個家庭裡，要爲了想獨占漢子而生妒，豈不是非死在妒上不可。可是潘金蓮的妒，卻能適應她處身的那個環境，來演出她的妒。何況她著急起來，會拉小廝上床。

譬如說，她處身於西門慶的六房妻妾中，她排行第五。雖然大房吳月娘也是續娶的塡房，但在名份上，她終究是老大。論出身，她是千戶之女；論姿色，豔雖不如她，厚重則過之。潘金蓮的聰明放在口唇間，吳月娘的聰明則藏在心底。再加上吳月娘有她大婦之位與威勢，是以潘金蓮的「妒」，卻不敢現於表面。當她獲知吳月娘在姑子處取得妊子單方，她也暗中去設想而如法炮製一番。有一次與吳月娘對頂起來了，結果，還是潘金蓮向吳月娘磕頭賠不是。至於二房李嬌兒，卻無論哪一樣都比不了她。李嬌兒是妓家女，胖得連咳嗽都是負擔，（我懷疑西門慶娶了這位妓女在家，可能另有因素，小說沒有寫，我也不便妄臆測了。）已不是漢子常去的一房。雖然彼此間極爲對立，卻不是她嫉妒的對象。跟第四房孫雪娥一樣，名義上是第四房，在西門家只是一個廚娘，成天在廚房中料理一家人的茶湯飯食。一年也輪不到漢子到她房中去一次。祇要潘金蓮在漢子耳邊挑撥起三言兩語，西門慶的拳腳棍棒便挨到她身上來了。孫雪娥這小不點兒原是死去的大婆陳氏的陪房丫頭，雖已收了房排次第四，但在六位妻妾之間，始終未能混到平起平坐的地位，對吳月娘仍行婢僕之禮。自卑感壓制著她，成天牢騷滿腹，惹得人人討厭，雖與李嬌兒口舌在一幫，潘金蓮卻始終沒有把她們倆放在心上。第三房孟玉樓跟她一樣，都是再婚老婆。論姿色，孟玉樓略遜於她，再加上孟玉樓善於處世爲人，雖也時常在口舌間捲是翻非，卻長於看風使帆、順水推舟，因而與潘金蓮挺合得來。尤能在潘金蓮氣惱中，來幾句笑譚，便逗得潘金蓮破啼爲笑。說起來，最惹潘金蓮燃旺了妒火的對象，乃六房李瓶兒。

說起來，李瓶兒比不上潘金蓮的地方，比優於潘金蓮的地方多。論出身，兩人相等。李瓶兒是梁中書家的妾（不知第幾房），在梁中書被難期間，她竟趁亂中席捲了一批財物，逃到京城，依俾了一位在析薪司掌管柴薪的花老太監掩護。後來，這位老太監退休還鄉，帶回李瓶兒，名義上給了侄子花子虛爲妻，實際上則是這老太監的寵玩。老太監死後，所有的私己都在李瓶兒手中。當李瓶兒遇到西門慶，得到了可以醫治她那慾望的藥物，便罄其所有，倒貼了漢子。因爲兩家緊鄰而居，故能在未嫁前，便把家中財物隔牆由梯子上運到西門家了。卻又採納了西門慶的計謀，先挑起花家兄弟爭產之訟，再由官方判斷分產，活活氣死了花子虛。這麼一來，在李瓶兒未過門時，李瓶兒手中掌握的財產，便已大部到了西門慶手中。待李瓶兒過門之後，連搬不動的房產，也由李瓶兒的私己銀子，爲西門慶買來，從此，兩院合而爲一。西門慶又得了官，門第大不同了。

試想，李瓶兒嫁到西門家的這一優越條件，潘金蓮哪能比得了。再加上李瓶兒又是西門慶床第間風月的對手，嫁過來不到一年，又爲西門家生了個兒子。這麼以來，潘金蓮可眞是受不了，在心理上已形成了勢不兩立的對峙局面。偏偏的，這兩房又住在隔壁緊鄰，兩個小院雖然獨門獨戶，中間卻只隔一道牆，不要說彼此的一動一靜可以看得見，連說閒話都聽得見。所以《金瓶梅》寫這潘金蓮與李瓶兒爭鋒頭的情節，占有的篇幅最多，可以說，從來旺媳婦宋惠蓮死後（李瓶兒嫁到西門家，情節寫在第十九回；來旺媳婦的情節，寫於廿二回至廿六回），潘金蓮的妒火，便旺旺的燒向李瓶兒了；一直到李瓶兒死（第六十五回）。

本來，李瓶兒未嫁過來的時日，潘金蓮獲知漢子有了這麼一個外遇，並未燃起妒火，只要求漢子把頭頭尾尾、事事情情，一五一十的向她實說，她不惟不妒，還暗中幫助之呢！這時，她已知李瓶兒的床上風月，勝過了她。什麼廿四式的畫圖，以及廣東人事等等，都是從李瓶兒那裡得來的。（李瓶兒則是打從花老太監得來的。）但娶來之後，兩家住在隔壁。由於李瓶兒手中方便，金銀首飾、如簪珥環珮，以及汗巾鞋腳，都大大方方的送贈，不惟姐妹們人人有份，連丫頭僕婦，也有賞賜。小廝們買東西，給錢不必找零。說：「你們跑腿，不圖落，圖啥？」這一點，潘金蓮比不了，先打心理上凸出了不平。

論姿色，潘金蓮的俏致，李瓶兒比不了，她是一位令人「從頭看到腳，風流往下跑，從腳看到頭，風流往上流」的豔冶女人。可是，李瓶兒的皮膚白嫩細柔，潘金蓮的皮膚黑，雖爲此常常洗了澡後，渾身抹粉，卻也比不了李瓶兒的自然白嫩，這一點，也使潘金蓮不時心煩而生妒，不時諷言諷語的浮泛到口唇間來。

當她獲知李瓶兒懷了孩子，便成天在姐妹淘中算日子，總是說如在八月出生，方能算得西門家的孩子，要是提前出生，那就是別人家的種。大家都算定應是六月裡生的孩子，衹有潘金蓮不同意，她向孟玉樓說：「我和你恁算她。從去年八月來，又不是黃花女兒，當年懷入門養。一個後婚老婆，漢子不知見過了多少，她一兩個月纔生胎，就認做是咱家孩子。我說差了？若是八月裡孩兒，還有咱家些影兒，若是六月的，踹小板凳兒糊險道神，還差著一帽頭子哩。失迷了家鄉，哪裡尋犢兒去！」潘金蓮明明知道李瓶兒是去年八月廿日娶進門來的，廿二日晚始與男人同房。但實際上，李瓶兒與西門慶早有首尾了。不過，李瓶兒在嫁到西門家來，還嫁過一次蔣竹山。但如以時計，去年八月廿二日到今年六月廿一日，已足足十個月，若以正常懷孕生產的自然時日計，還超出幾天呢，所以我們可以推想李瓶兒是九月懷的孕。潘金蓮之所以要獨排眾議，硬說李瓶兒肚子裡的孩子不是西門慶的種，自是嫉妒心理了。

孩子就要生下來了。吳月娘著小玉把她平素預備妥的接生事物（草紙、小褥子等等），抱去濟急，潘金蓮見到又罵開了：「一個是大老婆，一個是小老婆，明日兩個對養，十分養不出來，零碎出來也罷。」罵著罵著，又感慨自己的肚子不爭氣，說：「俺們是買了個母雞不下蛋，莫不殺了我不成！」接著又罵了一句：「仰著合著，沒有，狗咬尿胞空喜歡！」

果然，這之後，潘金蓮便一直的在處心積慮去謀計李瓶兒的孩子。她養貓，養了一頭黑的，再養一頭白的。平時還用有顏色的絨球，來訓練貓兒去抓弄絨球的習慣。只要有機會把那孩子抱到手上，便雙手擎起向空中扔而接之，唬得纔幾個月大的孩子，失魂落魄的連哭聲都憋不出來。

人家那邊的病孩子，吃了藥要安靜的睡一會兒，她在這邊偏要打狗、罵丫頭，不關照她輕一點還好，一經要求她輕一些，說是官哥吃了藥剛睡，她卻打得更兇，罵得聲音更大，狗也被打得叫吼得更難聽了。

官哥死了。潘金蓮竟高興得精神抖擻，心裡痛快得走起路來都昂起頭、挺起胸，還故意的指著丫頭秋菊，罵給隔壁李瓶兒聽：「賊淫婦，我只說你日頭常晌午，卻怎的今日也有錯了的時節。你斑鳩跌了蛋，也嘴搭骨了；春凳折了靠背兒，沒的倚了；王婆賣了磨，沒的推了；老鴇死了粉頭，沒指望了。」成天這樣嘮叨著。

終於，李瓶兒也死了。卻又湧出一個奶子如意兒來，西門慶守靈時又拉過來上了床。潘金蓮又向吳月娘戳舌了，說：「大姐你不說他幾句，賊沒廉恥的貨，昨日悄悄鑽到那邊房裡，與老婆歇了一夜。餓眼見瓜皮，什麼行貨子。好的歹的攬搭下，不明不暗到明日弄出個孩子來，算誰的，又相來旺媳婦子，往後教他上頭上臉，甚麼張致？」吳月娘聽了，反而搶白了潘金蓮幾句：「你們多栽派我說。他要了死了的媳婦子，你們背地多做好人，只把我合在缸底下一般。我如今又做傻子哩！你每說，只顧和他說，我是不管你這閒賬。」想到來旺媳婦自縊的那件事，還不是潘金蓮在暗中一手造成的嗎？

實際上，奶子如意兒也不可能像來旺媳婦似的令潘金蓮擔那多的心，與她比起來，條件差遠著去啦。在「笑笑生」筆下，來旺媳婦是一位被安排來與潘金蓮作對比的。第一，她們同名，都叫金蓮，到西門家怕不好叫，方始改為惠蓮；第二，兩人都是小腳（三寸金蓮），比起來，來旺媳婦比潘金蓮的還要小一些，她能在鞋外再套穿潘金蓮的鞋，作者還特別為此寫了一篇「尋鞋」的情節，作為一則有趣的穿插；第三，眉眼上的風情大多類似；第四，鋒芒外露也一樣，都有一張能言善道的口舌；第五，在漢子身畔的媚工，也不亞於潘金蓮而或有過之，這情況，潘金蓮自然不肯承受了。

在表面上，她還協助漢子與來旺媳婦去野合呢！暗地裡則是步步挖坑設陷。總是暗中咬牙切齒的說：「我若是饒了這淫婦，除了饒了蠍子。」又賭誓說：「我若饒了這奴才，除非是她合下我來！」已是誓不兩立矣！

有一點，來旺媳婦始終站在下風處，那就是兩者相處的地位，一個是主子妾，一個是僕人婦，而且在同一屋簷下。偏偏的漢子來旺又不甘戴上這頂綠頭巾，吃了酒就酒言酒語的亂罵，既吃紂王土地上的糧米，又罵紂王無道。潘金蓮掌握了這些不利於來旺媳婦的資料，這宋金蓮縱有勝過潘金蓮的媚工，也難以戰勝的了。何況，這可憐的來旺媳婦之願意獻身於主子，祇希求丈夫能在主人家多得些好處；不惟未能達到目的，反而害得丈夫也進了牢獄。想來，眞是羞愧難當，只有以死了之。（以我的意念來說，來旺媳婦雖是淫婦，亦烈婦也。她生存在那個時代，這種自甘下賤的行爲，豈不可憐乎哉！）

所以，當吳月娘一聽到潘金蓮提到來旺媳婦那件事，就拒絕了，說：「你每說，只顧和他說，我是不管你這閒賬。」意爲來旺媳婦的事，不是你直接去說的嗎？那時，「只把我合在缸底下一般。」事實上確是如此，看到來旺媳婦上吊死了，吳月娘纔知道底細。到此處，作者還不忘淡淡地素描了這麼一筆。

潘金蓮之對付來旺媳婦、之對付李瓶兒，在心理上，都是置之死地而後休。對於奶子如意兒，她何以只向大娘說，不像對付來旺媳婦與李瓶兒似的，暗中用工夫，正因爲她了解奶子如意那婆娘，抵不了李瓶兒的窩兒，條件上差得太遠。只罵漢子是爛行貨，好的歹的他都要。惟一值得擔心的是，萬一捅出個孩子來怎辦？遂向吳月娘進言了。

另外還有個王六兒，情況類同來旺夫婦。所不同的是，這王六兒的貌相遠不如潘金蓮，年紀也大了。丈夫韓道國卻甘願做活忘八，且認爲妻子勾搭上了主子，乃千載難逢的機會。只要西門慶來了，他就躲開，一切讓出。關於這件事，潘金蓮雖然知道，也追問過，西門慶卻一味支吾，死不認賬。對潘金蓮，西門慶也有戒心了。

不過，潘金蓮卻沒有把王六兒放在心上，沒有燃起妒火燒她。同時，這幾年來，潘金蓮也知道了丈夫在這方面的需求，愛的是床上風月不是體態豐貌，像王六兒，「一個大摔瓜，長淫婦，喬眉喬樣。描的那水鬢長長的，搽的那嘴唇鮮紅的。倒人家那血毴，甚麼好老婆！

一個大紫膛色黑淫婦。我不知你喜歡她哪些兒？」對此事以及這一對夫婦的行徑，也早就一清二楚。所以她說：「誰不知她漢子是個明忘八，又放羊，又拾柴。一逕把老婆丟與你，圖你家買賣做。要撰你的錢使。你這傻行貨子。只好四十里聽銃響罷了。」她知道丈夫在這方面不拘好歹，慾來了，連小廝也得派上用場。老實說，潘金蓮在這方面，又何嘗不是如此。

當西門慶梳攏了李桂姐，被窩盤在妓院半個多月不回家，潘金蓮便把一位看花園門的琴童喊來解決問題，這孩子是孟玉樓帶來的，年方一十六歲。事發後，潘金蓮挨了一頓鞭子，這小廝挨了一頓毒打，撏了鬢角，趕出門去。不久，陳經濟來了，由於是女婿，可不避嫌的出入前後院落。雖在西門慶生子加官的全盛時期，潘金蓮還與陳經濟暗中偷情呢！衹要有機會，不但花前月下，甚而隔著一層板壁，也會挖個洞穴，接觸。西門慶死後不久，竟連丫頭小子也不避了，因而鬧得無人不知。於是吳月娘先賣春梅，繼領金蓮，再趕經濟。

這潘金蓮被領王婆家待價而沽的日子裡，她還誘引王婆的兒子王潮去上床作伴呢！怪不得西門家的女人說她是一個一夜少了男人也過不得的女人。

她曾經罵她漢子西門慶說：「若是信（由）著你的意兒，把天下老婆都耍遍了吧！賤沒羞恥的貨！……你早是個漢子，若是個老婆，就養遍街、旮遍巷。屬皮匠的，逢著就上。」實際上，潘金蓮又何嘗不是如此，譬如揚州苗員外送來的兩個歌童，當她在聽歌時望見了兩個歌童容貌標致，便頓時產生愛慕的心意。她，在人層裡，雙眼直射那兩個歌童，口裡暗暗低言道：『這兩個小伙子，不但唱得好，就他容貌也標致的緊。』心下便已有幾分喜他了。」好在西門慶把這兩個歌童，送給東京蔡太師府上去了。否則，定有金蓮誘引歌童上床的情節。

光是從言談舉止的表層來看，人人都會認爲潘金蓮是一個聰明人。若是認眞從她的言談舉止上去體會她的內心，方會認爲她是個大笨人；在行爲上不知檢點，那就不用說了，尤其不會看臉色，更不會聽話音（因）。因此她招來打罵，數起來，不勝枚舉，說其要吧！

那天，吳月娘、孟玉樓、潘金蓮還有西門大姐，四個人在前廳月下跳馬索耍子。適巧西門慶在外聞知李瓶兒招了蔣竹山，還開了一片生藥舖，一肚子氣來家。月娘、玉樓、大姐三個，一看家主來家，都趕忙從後走了。只有金蓮不去，且扶著庭柱兜鞋，還想在漢子前賣弄眉眼呢。想不到西門慶一看見就罵：「淫婦們，閒的聲喚，平白跳什麼百索兒。」趕上金蓮踢了兩腳，再走向後邊。事後，她還不憤的向吳月娘哭訴委屈，說：「一般三個人在這裡，只踢我一個兒，那個偏受用著也恁的。」又被吳月娘罵了一頓。（第十八回）

官哥與喬大戶家的姐兒結兒女親，西門慶說了一句「不般陪」（意爲喬家只是有錢，惜無官，白衣小帽，站在一起不好看。）潘金蓮在旁，卻接嘴說：「嫌人家是房裡養的？誰家是房外養的！就是今喬家這孩子，也是房裡生的。正是『險道神撞見那壽星老兒，你也休說我那長，我也休說你那短。』」這西門慶聽了這話，心中大怒，罵道：「賊淫婦，還不過去。人這裡說話，也插嘴插舌的，有你什麼說處！」潘金蓮只得搛著羞紅的臉走了（第四十一回）。這不久，西門慶拿到李瓶兒房裡的四只金鐲少了一隻，轟亂了一陣，逼得西門慶著人去買「狼筋」，吳月娘責怪丈夫不該把金鐲子拿給不到一歲的孩子玩，潘金蓮在旁又接話了，說：「不該拿與孩子耍？只恨拿不到她（李瓶兒）屋裡。頭裡叫著，想回頭也怎的。恰似紅眼軍搶來的，不教一個人知道。（西門慶拿著四個金鐲到李瓶兒房裡去，潘金蓮在路上遇到，要他停下給她看看拿甚麼？西門慶不理她。）這回不見了金子，虧你怎麼有臉來對大姐姐說？教大姐姐替你查各房裡丫頭？教各房裡丫頭口裡不毬裡笑罷了。」氣得西門慶一言不發，走向前抓過潘金蓮按在月娘炕上，提起拳來就打。罵道：「恨煞我罷了。不看世界面上，把你這小歪剌骨，就一頓拳頭打死。單管嘴尖舌快的。不管你事，也來插一腳。」（第四十三回）潘金蓮挨了這頓拳頭，在旁的吳月娘卻沒有去拉。潘金蓮潑了一陣子，也就完了，月娘卻在房說：「你兩個銅盆撞了鐵刷帚，惡人見了惡人磨，見了惡人莫奈何？」還讚美潘金蓮有嘴頭子呢！

儘管潘金蓮的嘴頭子峭，吳月娘喻之爲「像淮洪一般」。但比起吳月娘來，可差得遠去了。蓋潘金蓮的嘴頭子，說出來的話，只逞口快心爽，不知道如何攻擊別人、如何打敗別人；吳月娘則不同，要則不說，要說就是百步穿楊的箭，箭箭中的。那次，由頭是春梅罵申二姐（唱小曲兒的瞎眼姑娘），又爲了「壬子」日的妊子等事，吳月娘有意把漢子攬在後院，不放到前院來。再加上玉簫的挑撥傳話，說她奶奶如何罵五娘是強悍世界、沒廉恥等等。於是潘金蓮一火，把她娘潘姥姥打發家去了，沒有向吳月娘知會一聲。月娘與大妗子談閒話時，就說：「你看，昨日說了她兩句兒，今日使氣也不進來說聲兒，老早就打發她娘去了。我猜？姐姐，敢情又不知心裡安排著，要起什麼水頭兒哩！」不妨潘金蓮正站在房門口偷聽了多時，遂闖進來說：「大娘說我打發了她家去，我好把攔漢子？」月娘卻也直說起來，說：「是我說來。妳如今怎麼的，我本等一個漢子，從東京來了，成日只把攔在你那前頭，通不來後面傍個影兒。原來只你是他的老婆，別人不是他的老婆？行動，提起來別人不知道，我知道。就是李桂姐家去了，大妗子問了聲：『李桂姐住了一日兒，如何就家去了？她姑夫因爲甚麼惱他？』教我還說：『誰知爲甚麼惱他？』你便就撐著頭兒說：『別人不知，只我曉得。』你成日守著他，怎麼不曉得。」金蓮道：「他不往我那屋裡去，我成日莫不拿豬毛繩子拴他去不成。那個浪的慌了也怎的？」月娘道：「你不浪的慌，你昨日怎的？他在屋裡坐得好好兒的，你恰似強悍世界一般，掀起簾子硬來叫他前邊去。是怎麼說？漢子頂天立地，吃辛受苦，犯了什麼罪來？你拿豬毛繩子套他。賤不識高低的貨，俺們倒不言語。只顧趕人趕不上，一個皮襖兒，你悄悄就問漢子討了，穿在身上，掛口兒也不來後邊提一聲兒，都是這等起來。俺們在這屋裡放小鴨兒？就是孤老院裡也有個甲頭。一個使的丫頭，和他貓鼠同眠。慣的有些摺兒！不管好歹，就罵人。倒說著嘴頭子不伏個燒埋。」這頓話，哪裡是潘金蓮的「淮洪」嘴頭子可以比的，簡直是黃河決堤。

潘金蓮接過話頭說：「是我的丫頭也怎的？你們打不是。我也在這裡還多著個影兒哩！皮襖是我問他要來。莫不只爲我要皮襖？開門來，也拿幾件衣裳與人。那個，你怎的就不說來？丫頭便是我慣了她，我也浪了圖漢子喜歡。像這等的，卻是誰浪？」吳月娘被潘金蓮這幾句話，觸到了壬子日的心上事，便馬上紫脹了雙腮，說：「這個，是我浪了。隨你怎的說，我當初是女兒填房嫁他，不是趁來的老婆。那個沒廉恥趁漢精便浪。俺們眞材實料，不浪。」大妗子勸也勸不住。又說：「你害殺了一個（指李瓶兒），只少我了。」這時的潘金蓮的嘴頭子，卻只有哭只有號了。遂坐到地上打臉，歪倒在地上打滾兒。

這一場鬥嘴頭子的結果，還得由潘金蓮向吳月娘磕頭陪不是纔結束。論嘴頭子，在這一回（第七十五回），讓我們可以了解得最清楚了。潘金蓮的嘴頭子徒有其名。

「金瓶梅」寫到死亡的也方，算來有十幾處，卻祇有潘金蓮死得最爲悽慘。如從事實上看，潘金蓮不應該這麼慘死的。正因爲她太笨了，凡事都不先拋開自己，向客觀的大環境上去看，不向利害關係上去想，祇一味爲自己的想頭（爲自己的慾望去想），所以她死在武松的刀下了。

當武松尋到王婆家來，一開口就說要來娶她回去照顧迎兒，潘金蓮躲在門後聽到了，也不想想這時的迎兒多大了，快二十了，還要她去照顧嗎？這話顯然是藉口。王婆爲她掩飾著，不說她在這裡，準備把武松打發走。試想，若是潘金蓮有聰明，躲在房中不露面，等武二被王婆打發走後，再尋個躲藏之所，極可能會閃過這個災星。可是這時的潘金蓮在房內門後，瞥見了武松的相貌，已長了鬍鬚，更標致了，也看著更成熟了。便想著這男人纔是她心目中的好搭檔呢！遂主動出來答話。就這樣，她死定了，她穩穩地做了武大靈前的活品。

我說潘金蓮是個大笨人，便是從這些地方立說的。

東吳弄珠客說：「潘金蓮以姦死。」誠然，潘金蓮之死，便死於她之離開男人不能活。大家把淫婦的冠冕戴在她頭上，雖比上（武則天）不足，比下則有餘也！

孟玉樓第一次改嫁

（孟玉樓在《金瓶梅》的故事裡，改嫁了兩次，第一次改嫁西門慶，第二次改嫁李拱璧。）

說起來，孟玉樓也不是什麼好出身，也不認識字，娘家還祇賸了一個弟弟小她十歲，在外鄉做生意；其他早就沒甚麼人了。她嫁到這清河縣南門外楊家，已經十多年，丈夫是販賣布匹的，還兼開染坊。這婆家也沒了老人家，也祇有一個小叔子，還沒有成人，纔十歲。雖然經濟環境不錯，遺憾的是這孟玉樓沒有生育。不想丈夫病死在外，守寡了一年多了，如今，卻有風聲要改嫁。於是，賣翠花的花婆薛嫂，聽了這消息，便忙著要找西門慶。她知道，在當前清河縣，有資格娶孟玉樓的人，數來雖然有得是，卻沒有任何一位能比得了西門慶更使薛嫂這幫子人有興趣。因為西門慶愛好娶小納妾，出手又大方，所以薛嫂得到這消息，首先被她想到的就是西門慶。

這天，薛嫂提著花箱，一地裡去尋西門慶，要告訴他這件事，問他有沒有心再娶一個？尋了好幾處，沒有尋到。突然在路上遇見了西門慶手下的小廝玳安，遂問：「你家大官人在哪裡？我尋他有事說哩！」玳安告訴薛嫂，說他爹在舖子裡與傅二叔對賬哩。這薛嫂便到了西門家的生藥舖。果然，西門慶正與傅夥計在算賬。

西門慶看到薛嫂來了，便放下了賬簿，丟下了傅夥計走出來，笑嘻嘻地招呼薛嫂。把薛嫂請到櫃台裡邊來，再輕聲的問：「有好去處嗎？」因爲薛嫂也是西門慶的花月春風使者。

「有一件親事來對大官人說。」薛嫂說。「管情中得你老人家心意。可以頂上你剛死的三娘的窩兒。」

西門慶問是哪一家的人兒？

「說起來你準知道。」薛嫂說。「是咱這南門外販布楊家的正頭娘子。可好著呢！」跟著一口氣的說：「手裡有一份好家當，南京八步床就有兩張，四季衣服粧花袍兒，插不下手去的箱子也有七八十來隻。珠子箍兒、環子、金寶石頭面、鐲子釧兒，金玉樣樣有。不消說的，現銀子手上也有個千兩不止。三梭白布也有三二百桶。不幸的是，她男子漢出外販布，死在他鄉，如今守寡一年多了。身後又無子女，家中又無親人。祇有一個小叔纔十歲。兩家的老人家全沒了。這嫂子今年還不過二十多、三十不到，青春少婦，還有啥守的！倒是他楊家還有個嫡親的姑娘，明白事理，主張她嫁人。我纔聽到消息，就趕緊來尋您老人家。」

薛嫂一口氣說得口沫横飛，笑嘻嘻地看著西門慶等著回話。西門慶聽了，也滿心高興，卻只是淡淡的回了一句，說：「這楊家染坊倒是老字號，自從有了洋花布，染坊生意不行了。

這娘兒們我可沒有見過。長相怎樣？」

「哎唷！畫兒上似的。」薛嫂誇大其詞的說。「長條身材，風流俊俏，那模樣兒可大派著呢！打扮起來就是個燈人兒。尤其聰明伶俐，針黹女紅樣樣能，雙陸棋子，更不消說了。當家立紀，是一等好手。娘家姓孟，排行第三，人稱為孟三姐。告訴你大官人，」又突然想起補充了一句：「還彈得一手好月琴呢！我說大官人，你要是見了人啊，要是不魂飛纔怪！」

西門慶縱然了解媒人的嘴，聽了薛嫂這番話自也難免眉飛而色舞。遂問：「訂個日子，我去看看。」薛嫂知道這一箭上了垜了。遂說：「相看相看不打緊，可是有一樣兒？」

「還有什麼顧慮？」西門慶問。

「是這等的。如今她家是姑娘為長，也管得事做得主。另外，還有個娘舅，姓張，排行第四，他們叫他張四舅。那倒是山核桃的份兒，人與人之間差著槅兒了。」

「薛嫂的意思是？」西門慶未懂的問。

「聽我說啊！」薛嫂又說：「這婆子也是個老寡，她第一嫁是個秀才老爺，老是考不中，病死了。第二嫁是咱北城北邊街住在徐公公房下的孫歪頭，看風水的，也死了多年了。這婆子也無兒女，守了三十多年寡了。原靠這個侄子養活。自從這侄子過了，可以說家中衹有這婆子與侄媳婦兩人。因為她守了這長日子的寡，知道寡婦日子難熬，所以纔主張著侄媳婦應是嫁的好。將來，她也有個家。大官人你想啊！要想說這頭親事，還得在先這婆子身上求。

俗話說得好：『拜只拜韓信，求只求張良；先要撇開蕭何與劉邦。』人，有誰不愛銀子的。先去拜望這婆子，送上一份厚禮，奉承幾句甜話，我保證一切如意。」

薛嫂這一席話，說得西門慶的歡喜綻開在大臉上，不惟可以看到額角眉尖都掛上了笑的錦繡，連兩個腮幫子都變成了花瓣似的。遂馬上掏出了一兩重的銀塊，遞給薛嫂，說：「一切由你安排，事成再加重謝。」

薛嫂一邊收下了這錠銀子，一邊說：「明日就是好日子，事不宜遲，趕明兒格我就買上一份禮物，先去拜看楊姑娘。」西門慶聽說，馬上又掏出一兩來，遞給薛嫂說：「這是交你買禮物的錢；全仗你用心安排。」

薛嫂興興頭頭的接了，便提起花箱告辭。

西門慶再進去與傅夥計繼續算賬。

第二天，西門慶一早起身，打選衣帽整齊，準備好的一疋黑底紅花錦緞，還有四盤美果，裝入抬盒，著兩個小廝抬著，隨同薛嫂騎了頭口，逕向北門半邊街楊姑娘家去。

薛嫂進去傳話。反正是事先說好了的，這楊姑娘除了安排禮盒的收納以及安放回盒之禮，便是出來迎接西門大官人到廳堂落座。這西門慶頭戴纏棕大帽，一撒鉤縧，粉底皀靴，見了這婆子，倒身撲地便磕了四個頭。楊姑娘拄著拐杖，慌忙還下禮去，西門慶不肯以平輩受禮，只是一口一聲的叫姑娘。彼此謙讓了半日，婆子方始受了半禮，分賓主坐下。薛嫂在旁打橫。

這薛嫂還沒有等到楊姑娘發問，就先說了話了。

「這大官人就是咱清河縣的大財主，在縣前開的那個大藥舖，誰人不知。眞可以說是錢過北斗，米爛陳倉。只是家中還缺個有才能當家立紀的娘子，所以有意來娶咱家大娘子。特來請姑奶奶玉成這件事。有道是『肉眼不藏絲』，大官人在您面前，有話當面說，省得以後怨媒人架謊。」

這楊姑娘怎能不知西門慶的大名，又怎能沒有打過照面？可是今天對面一坐，這西門大官人的昂昂藏藏、犖犖大派，她雖已年過七十，卻也難免不萌生那異性的自然喜悅。當西門慶謙卑的磕下頭下，她已心許了。遂說：「這件事兒說起來，全是命。我之所以主張她再嫁，不是怕我這侄媳婦沒的守，這份家當，她兩輩子也吃用不完。可是我就是個寡婦，……」說到這裡竟不說了。西門慶則說：「姑娘有遠見！」薛嫂則說：「尤其是大官人願意娶去當家立紀，更犯不著守了。」楊姑娘這纔說：「有些事情，還得先說明。想我那侄兒才死了一年多，總得先唸上幾天超度陰魂的經讖。我嗎！一向靠這侄兒家，也得給我留個棺材本兒。我這樣捨起老臉恁樣說，也不是要大官人你們家的；楊家的總不能全帶走吧？」

西門慶一聽，就笑了。說：「姑娘你這話可就太見外了。我養你老人家終身也應該，何必要楊家的！」

「大官人的這份好心，我老婆子也看得出來。」楊姑娘說。「只是這裡面還有個張四舅，那老狗才是個臭毛鼠，他會從中作梗。還得拚著我的老臉去擋臭呢！」

「全憑您老人家費心。」西門慶仍舊笑哈哈的說著，一邊已把一隻重五十兩的大元寶取了出來，說：「少不得要用些禮數，這點兒，請姑娘先收下。趕明兒，我再送兩隻來。」跟著又一使眼色，一擔禮物也送了上來。直把這老虔婆喜歡的合不攏嘴。

「大官人這未免太客氣了。」楊姑娘說。「我剛纔說的，都是老實話。古語說得好，先說斷，後不亂。」薛嫂又在旁揷口說：「你老人家太多心了。我這大老爹哪是無情義的。再說呢！俺這老爹與當今知府老爺與縣太爺都平起平坐，錢財多，交遊廣，哪裡在乎你這一個老奶奶，活過百歲又能吃他多少。」這一唱一和的這番話，可把楊婆子樂壞了。直說：「我這後半輩子，可就全靠大官人了。」

西門慶回答了「自然」兩字，便起身告辭。

「今日既然見了姑奶奶，趕明日就好往城外去相看新人了。」

薛嫂這話是衝著西門慶說的，當然是說給楊婆子聽的。

「我家這侄兒媳婦用不著大官人相。」楊姑娘說。「我說保山，論長相你是見過的。」他們已在向門外走了。薛嫂遂又說：「全靠姑奶奶作主。」

「這個忙我還幫得上，放心吧！」楊婆子說。「明兒一早，你帶大官人來就是了。甚麼相不相的，見個面彼此說明白的好。」

就這樣西門慶告辭上馬。走到路上，薛嫂說完明兒一早到西門家來，陪西門慶去楊家布莊相看新人。臨別時，西門慶又給了一兩銀子謝薛嫂，於是薛嫂騎著驢子回家去了。

第二天一大早，西門慶便打選衣帽整齊，備好了馬，吩咐玳安平安兩人跟隨，薛嫂兒仍舊騎著驢子，出了南門外，來到豬市街楊家大門口。

楊家的房子，原是布莊兼染坊，如今人死已歇了業，但門面四間，到底五層，仍舊存在著財主的架式。大家到門口下了頭口，薛嫂領著西門慶進去。西門慶打量著這份人家，四間門面還有一間門樓，門牆是粉青色的，卻已斑駁了。大門之內，有道儀門，紫色照牆，竹槍籬影壁，院內擺設榴花盆景。兩邊還擺有靛青缸一溜，打布凳子兩條。進了儀門，靠右廂是三間朱紅槅扇的客房，薛嫂推開朱門，正廳就是客座。上面供養著一軸水月觀音，善財童子，四面掛著名人山水，一座大理石屏風，傲傲岸岸坐在廳間。屏風前還有兩座投箭高壺。椅桌光潔，簾攏瀟灑。薛嫂請西門大官人正面椅子上坐了。然後掀起珠簾走入裡面，片晌方始出來。笑嘻嘻向西門慶說：「大娘子梳粧未了，你老人家請先坐一坐。」只見一個廝從外端了一個托盤，送來一盞福仁泡茶。西門慶接了，吃了一口，便放回托盤中。

這薛嫂在孟玉樓尚未出來時，怕的西門慶冷清著，便也坐下來，又耍起她媒婆的嘴來了。

「這家裡姓楊的只有三口子。」薛嫂說。「除了這大娘子，還有那楊姑奶奶。另外便是那個十歲的小叔。在他舅家上學，還不懂甚麼。別提他們老公生日，生意是多麼的好，一天進賬的銀子錢有兩大篏籮。一天有二三十人吃飯，全是這位娘子張羅，只有兩個丫頭，大的叫蘭香，十五歲，小的叫小鸞，纔十二歲。到明日過門時，都會跟了來。這門親事我要是替你老人家說成了，指望著大官人能爲我典兩間房子住呢！如今俺住在那北街搭刺子哩，以後往大官人府上去，也不方便。」西門慶裝做在欣賞房中的擺設，沒有理會。薛嫂遂又說了：「可說呢！去年買春梅，你許下了我兩疋大布，到如今你還沒有給我呢！等這樁親事辦完，你老人家一總謝了吧！」

西門慶照舊沒有理會。於是薛嫂又繼續說：「剛才你老人家看見門口那兩座布架子嗎？當初楊大叔在時，街道上不知使了多少錢。休說別的，這房子也値上七八百銀子。到底五層，通後街。……」

正說著，只見丫頭蘭香，掀起門簾伸出半個頭來，向薛嫂招招手。薛嫂連忙關上話匣子，站起身來走到房門口，只聞環珮叮叮，一股子蘭麝香氣散飛過來，跟看那蘭香把簾子掀起，孟玉樓出來了。西門慶定睛一看，只見那婦人上身穿著翠藍麒麟褂子，粧花紗衫，緣著大紅繡花寬欄邊兒。頭上珠翠晶瑩，鳳釵半卸，眞格是：「長挑身材，粉粧玉琢，模樣兒不肥不瘦，身段兒不短不長。面上稀稀有幾點微痳，生的天然俏麗。裙下映一對金蓮小腳，果然周正堪憐。二珠金環，耳邊低掛，雙頭鸞釵，髻後斜插。但行動胸前搖響玉玲瓏，坐下時一陣麝蘭香噴鼻。恰似嫦娥離月殿，猶如神女下九重。」西門慶一見滿心歡喜。

薛嫂忙去迎接。孟玉樓向西門慶端端正正道了個萬福，就在對面椅上生下。西門慶還在上下打量看，婦人把頭低了。

「小人妻亡已久，想娶娘子入門爲正，管理家事。」西門慶說。「不知娘子看不看得中我這個人？」

「請問官人貴庚？」孟玉樓問。

「小人虛度二十八歲，七月廿八日子時建生。」西門慶回答：「不幸先妻歿了一年多，一直……」本想說一直沒有娶，卻又改了話頭，說：「請問娘子青春多少？」

「奴家長官人兩歲。」孟玉樓有點靦腆的說：「三十歲了。」

「看不出、看不出。」西門慶說。「看起來比我還要小上五歲！」

孟玉樓低下頭，臉紅到脖子。

「妻大兩，家中黃金日日長，妻大三，家中黃金堆如山。」薛嫂插口說了這麼兩句。

這時，小丫頭小鸞捧了一個茶盤，盤上放了三盞蜜餞的金橙泡茶，銀鑲雕漆的茶鍾，銀杏葉茶匙，煞是講究。孟玉樓站起身來，先取頭一盞，用纖手抹去盞邊水漬，遞與西門慶。西門慶起身接了茶，孟玉樓還躬身道了萬福。就在此時，薛嫂急趨向前，伸手掀起孟玉樓的裙子來，裙邊露出了一雙恰三寸剛半扠尖尖趫趫的金蓮，穿著大紅遍地金雲頭白綾高底鞋兒。西門慶眨眼見到，忍不住想彎下身去捏上一下。薛嫂則已鬆手把裙子放下了。這時，孟玉樓已把第二盞茶取到手上，遞與了薛嫂。然後自取一盞。回身坐下，陪著用茶。

西門慶用了茶，吩咐玳安端上方盒，呈上錦帕兩方、八寶金鑲玉釵一對、金戒指六個，跪下雙手高舉，呈與孟玉樓。孟玉樓起身斂衽，拜謝了大官人。薛嫂從玳安手上接過，交與丫頭蘭香收起。

「多謝官人厚禮。」孟玉樓說。「不知官人能否先給個行禮日期，奴這裡也好準備。」

「既蒙娘子不棄小人卑微。」西門慶謙虛著說。「小人敢不在意。今月二十四日，再著人送些禮物過來，算不得是下聘，只代表小入的誠心誠意。下月初二，正式迎娶。娘子你看這日子可好？」

「官人既然如此訂了，小婦人一切遵從。」孟玉樓說。「奴這裡使人對城內北邊街姑娘那裡說一句。」

「姑奶奶那裡，大官人昨日已去過了。」薛嫂搶過來說。「話都說下了。」

「姑娘說了啥來？」孟玉樓問。

「姑奶奶聽說大官人來，說的是要娶大娘子你，好不喜歡唷！」薛嫂說。「姑奶奶還說像西門大官人這樣的對象，到哪裡去尋去？不嫁這樣的人還嫁甚麼樣的人。」

「既是姑娘如此說了。」孟玉樓說。「那就好。」

「莫不俺也不敢領大官人貿然的到你這處來。」薛嫂說：「這個媒，俺是保了。」

西門慶作辭起身，薛嫂陪著孟玉樓送出了儀門。然後，薛嫂又送出了巷口，向西門慶說道：「看了這娘子你老人家可滿意了吧！」

「多謝薛嫂。」西門慶說。「勞累你了。」

「你老人家先行。」薛嫂說。「我還要跟大娘子去商量些事務呢！」

西門慶點頭上馬，兩個小廝跟在馬後，進城去了。

春梅以淫死

眞格是天下沒有不透風的牆，何況春梅與陳經濟的假姐弟乃是眞相好的行爲，已到了不避使女的狂熱程度，休說是內院閨閣或外院書房，就是花園中的涼亭，也會在大白天就盤腿疊膝起來。當然，這些情事已傳到周守備耳邊了。衹是這時正遇上梁山泊的賊寇正在猖獗，時時與官府作對。他是山東一方的守備，哪裡有工夫回家。家中的一切事務，雖由兄弟周宣掌管料理，這種屬於家醜的事，又怎好透出口風？最後，他只得想了一個辦法，要他兄弟把春梅帶到任上去住些日子。偏巧，朝廷有敕旨下來，命令周守備率領本部人馬，會同濟州府知府張叔夜，合兵去征剿梁山泊的賊寇，限時開拔。那麼，帶春梅到任上住些日子的打算，也只得暫緩一時。可是周守備卻想出了一個移花接木的辦法，建議春梅爲她表弟陳經濟尋一門親事，再爲陳經濟在軍中補個職位。春梅一聽，也些微有些感受到了，遂一口應承。

由於軍事緊急，周守備怎敢在家多所勾留，遂馬上打點行裝，卻留下了張勝與李安兩人看家，只帶領了家人周仁隨去。

周守備走後，春梅便把周守備的這番意思，知會了陳經濟，陳經濟當然不會有異議的了。

於是春梅著人喊來薛嫂，要她為陳經濟尋個門當戶對的女孩。說：「在年齡方面，十六、七歲不為小，過了二十也不嫌大。只要模樣兒長得好，手腳敏捷，頭腦伶俐；性情要好。」薛嫂兒最知道春梅與陳經濟之間的關係，所以她聽了春梅如此吩咐，遂說：「這件事兒，要急著辦嗎？」

「瞧你！」春梅慍然的說：「這還用問嗎？」

「若想再尋一個像西門大姐那樣的門戶。」薛嫂說，「可就不易。」

「這就要顯顯你媒人婆的本領了。」春梅說。「不過，人品第一。要是尋得不好，可別嫌我的巴掌小。我等著有個小妗子作伴哩！別當我是說著玩的。」

說著便吩咐擺茶上來。正閒聊著，陳經濟進來了。薛嫂兒便向陳經濟打趣的說：「我說陳姑夫，則纔奶奶吩咐我替你尋個親呢！」

「誰是你姑夫？」陳經濟把臉繃起來了。

薛嫂兒一聽便知道自己的話說錯了，遂馬上改口說：「舅爺休怪我老糊塗了。敢情說，我要是給你尋來個如花似玉的好娘子，你還得謝我哩！」

陳經濟還是蛙著臉不言語。他厭透了西門家。

「哎喲！我的舅爺！」薛嫂喜皮涎臉的說：「算我一時說溜了嘴。下次不會了。」

「以後別把姑夫兩字放在口邊。」春梅說。「那是過去的事，翻過去的皇曆了。」

「只怪我這狗嘴。」說著自掌了一個嘴巴，「該打！該打！」

陳經濟忍不住笑了。說：「別撒瘋了吧！我是全聽我姐姐的。你只要照著我姐姐的吩咐去做就是。」

「瞧你這個老花子！」薛嫂兒又喜皮笑臉起來。「多會說話！怪不得你有恁麼一個好姐姐！」

丫頭月桂已把茶食安排妥當，照顧薛嫂兒吃了，便拎著花箱告辭。一邊走一邊說：「我替舅爺你去用心踏尋，尋著好女子，就會來報喜！」

「采禮美果、花紅酒肉，以及頭面衣服，不少她的。」春梅說。「只要是好人家的俊俏姑娘。」

「我曉得。」薛嫂一邊走著一邊漫應著：「管情合你老人家的意！」

薛嫂兒離開了周府，卻眞的去認眞尋找起來。先提了朱千戶家的女兒，年十五歲，春梅嫌年齡小。又提了應伯爵的女兒，年廿二歲。春梅一來嫌應花子不是正經人，如今又死了，家裡又沒有陪嫁，也不同意。最後說妥了葛大戶的女兒叫葛翠屛，年廿，模樣兒也長得好。嬌小玲瓏，瓜子面龐，溫文儒雅，又針黹女紅樣樣能。家境又好，父母雙全。就這樣，陳經濟在周守備家又娶了親了。

雖然春梅爲陳經濟娶了妻子，但兩人在暗中仍有來往，妻子只是一個掩飾，用來斷人閒言語的籬牆而已。

不久，周守備剿伐梁山泊有功，不但萬餘草寇都受了招安，宋江等卅六人也全部降服。於是朝廷大喜，周守備升任了濟南兵馬制置都統制，管理分巡河道，提察盜賊，凡所部下從征人員，各升一級。由於陳經濟也在軍門帶得一個名字，遂也升任了參謀之職，月給米兩石，冠帶榮身，也坐了官了。

周守備回得家來，一家人歡快的過了一段喜慶日子，自是不在話下。但在周制置要去濟南上任之前，卻爲陳經濟安排了一個營生，爲他在臨清收買了一個店面，搭個主管，做些買賣。一切安排妥當之後，便留下了周仁、周義兩人看家，帶去了張勝、李安前往濟南上任。春梅帶著金哥，也到濟南任上去了。

這陳經濟自從有了個參謀之職，在臨清又有了個店面，便一時神氣活現起來。店裡又有夥計照管，他只是三、五日下去走一遭，算賬收錢。最近又交了些新朋友，逐日在臨清茶樓酒肆遊蕩。由於他有了一身的榮耀，又靠著周守備升了官，還兼管地方上的治安。於是，過去在嚴州拐去了陳經濟船上財物的楊二郎，在臨清開設的酒店，也收盤了過來。所以陳經濟遂又發跡了。在臨清，陳經濟居然有了兩盤大店。一家酒館，一家百貨。正由於陳經濟有了這樣一份財富，身上又有了榮耀，在臨清馬碼上，竟到處搖擺起來。

一天，他酒店裡住進一家三口，夫婦倆帶著一個年紀不過廿歲的女兒，長得非常標致。

住進來時，只付了三天房飯錢，到了第四天卻付不出錢來。店裡的主管只得將情報告了陳經濟，說是隔鄰范家介紹的。

陳經濟一聽，非常生氣，正想發作說：「扣人追保。」一想還有位美貌的小婦人，遂壓下氣來，說：「帶我前去理論。」說過便動身到了酒店。

坐下不久，店小二便領來一個薄施脂粉的小婦人，低著頭羞人答答的斂衽向前，衝陳經濟道了個萬福。說：「再待三五日，錢就到了。望求老爹寬限！」說過便站在一旁，低著頭兩手直捏裙子，偶爾斜抬起眼皮乜乜陳經濟，像隻受了傷的鳥兒，抖顫著不知如何？

陳經濟一眼就看出這女人的貌相，他似曾相識，卻又一時想不起是哪裡見過？正在用回憶的心潮回汐著時，一個中年婦人進來了。長躰身材，圓臉蛋，雖然發胖了些，陳經濟卻也能一眼就認出她是韓道國的老婆王六兒。當然，王六兒也一眼就認出了陳經濟。所以她沒有等到陳經濟說話，就說：「你？你是？……」陳經濟馬上接口說：「噢！我們在東京時認得的。」他要支吾過王六兒可能說出來的真話。遂吩咐店小二出去照管客人，不用他等什麼吩咐了，因爲他們相熟。

店小二出去之後，陳經濟便笑嘻嘻的要她們母女坐下敘談。方始知道朝中的蔡太師、朱太尉以及李右相等人，已被科道官交章彈奏倒了，聖旨下來，已拏送三法司問罪，蔡太師的兒子禮部尙書蔡攸已問斬刑，家產抄沒入官，親黨人要一一提去押赴煙瘴地面充軍。他們獲得消息，連夜逃出了京城，如今只待去典賣清河的房子。說著，禁不住哭出聲來。

「不要緊的。」陳經濟說。「你們就在這裡住著吧！」

「幸好在此遇見姑夫！」王六兒說。「否則，只有去沿街乞討度日了。」

於是陳經濟又把大姐已死，他早已不在西門家的經過，約略說了一遍。又把與春梅結成了姐弟，在濟南統制府補了參謀之職的也說了。跟著韓道國也過來見了面，三口兒就在臨清陳經濟的大酒店住居了下來。

韓道國夫婦本就是一對寡廉鮮恥的人，如今看到陳經濟也有了這麼大的傘蓋樹蔭，自然加倍去逢迎。陳經濟更是一位好色之徒，在這種情形之下，不到三天，韓愛姐便與陳經濟苟合在一起。居然一連半個多月不回家。春梅到濟南任上去了，他渾家葛翠屏又沒有依靠，只得回轉娘家。那葛員外正要帶領人等到臨清去找陳經濟理論，一個天大的消息傳來，周統制陣亡了。

不久，春梅與張勝、李安等扶柩返清河。陳經濟自也回到清河，協助春梅料理周統制的喪事。由於周統制死了，陳經濟的參謀之職，虛銜雖還存在，臨清的兩爿大店也照樣開著，卻已自知失去了威風舖兒，再加上春梅的約束，也就不敢再像前些時，成天在臨清飄來蕩去，只在春梅與妻子葛翠屏身邊周旋。臨清可是很少前去，連賬目結算與收款，都由春梅指派張勝或李安去辦理。

周統制死後，表面上雖是春梅在掌管著家務，事實上，全是周統制的弟弟周宣在掌舵定向。對於春梅與陳經濟之間的孽緣，周宣早就看在眼裡，明在心裡；哥哥在日，春梅得寵，他不便說得，別人更是知而不敢言語。如今，大樑雖折，還有個襲封的金哥，那是不可讓他受到影響的。但又怎能再讓那陳經濟這樣入幕下去呢？今天的情況，終究不是有那統制官守在世的日子了。所以他曾關照老家人周仁，暗中注意及此。於是，周仁便做了周府前後院的大管家，把家小遷到二門以內的東廂房居住。從此，出入人等也都有了規範，陳經濟也不得像往常一樣，可以到內院出出進進了。

儘管如此，但俗語說得好：「吃屎的狗哪能離得開毛廁！」那春梅夫人仍不時假借著與陳經濟的渾家葛翠屏的往還，照舊伺機暗通款曲。這些事，除了兩房的丫環，外人是很難獲知內情的。丫環們又怎敢走漏消息！

一天，陳經濟的渾家葛翠屏被支使到娘家去了，春梅與經濟兩人，又要準備幽會了。湊巧，張勝巡風到此。這也是周宣安排的，他暗中安排了張勝與李安兩人，暗中監視陳經濟的行動。因爲張勝到臨清結算賬目，在臨清獲知了陳經濟不少行爲不檢的事實，又從韓通國一家三口那裡，獲知陳經濟就是西門家的女婿，春梅的被趕出西門家，主因就是因爲她們主婢與陳經濟通姦。而且也懷疑到他家的金哥就是陳經濟的孽種。這周宣爲了金哥之能順利的獲得襲職的封贈詔命，又怎能不去特別注意此一繼續發展的姦情。那李安怕會沾惹上這些是非，已告假回家，跟著他的叔叔從事老營生跑馬賣鮮去了。外院便只有張勝一人，有時，則由周仁著他那十八歲的兒子周義，暗中去做張勝的眼風。更由於那陳經濟在臨清，仗著他是周統制的「舅子」，又有了參謀的職位，手頭又有銀子，吃喝玩樂便到處受人逢迎，因而曾占有過張勝的粉頭白菊花。那時的張勝，自知自己的身分地位，都不能與陳經濟爲敵，只得忍耐了下來。如今，既受了主人交下的這一任務，遂越發的認眞去巡邏看風。

這天，張勝業已獲知葛翠屏回了娘家，他們推想春梅又要與陳經濟聚會了。於是前後院都有人窺伺他們的行蹤。果然，春梅到陳經濟的住處去了。

周宣原來的計畫，只是希望獲得了事實的把柄，把陳經濟夫婦以和諧的方式，勸遷到臨清去住，等到金哥襲封的聖旨到來，再進一步處理春梅，自然是人以說詞謀害了她。只有這樣方能保全了他們周家的宗門名望。

話說那天，張勝一手拿著鈴鐺，一手拿著短棍，腰間還掛著一把鬼頭刀。他手中雖然拿著鈴鐺，卻把鈴錘握在手中，並沒有搖它。這一天，他打算捉雙，只要捉到了雙，他就會將情上報二老爺。他卻不知道那十八歲的周義，已被春梅收買，早把他們巡邏的任務透露給她了。何況張勝又是一個心粗如桶的楞漢子呢！

那張勝走到西廂房的院落外也，一見院門未關，小丫頭珍珠靠著大門框在吮糖葫蘆，張勝竟連個招呼也未打，就昂昂然大步闖進門去。急得那小丫頭顫抖著嗓子直喊：「張虞侯，你找誰？找誰？我給你通稟！我給你通稟。」那張勝哪裡理她，在他心裡則以爲陳經濟正與他家小夫人在顛鸞倒鳳呢！張勝一直向裡闖去。

西廂房只有三間平房，中間一間是廳，右邊是臥房，左邊是兩個丫頭的居處。這房屋的居臥情形，是張勝清楚的。所以他逕自直闖，信心十足的以爲只這一次就會把二老爺的交代辦成。哪裡想到春梅到來，只跟陳經濟說了幾句閒話，就帶著丫頭月桂抱著金哥，到花園去了。只有陳經濟一人在廳上打龜兒卦玩耍。那張勝的腳步尙未踏入門檻，就大聲叫了。

「姓陳的。」張勝大吼一聲。「你做得好事！」

陳經濟一看張勝煞神似的闖了進來，身後還跟著一個小丫頭子在哭著，也一時摸不著頭腦的站起來楞在那裡。還沒有來得及說話，就被闖到廳上的張勝，伸手抓住了衣領，又說：「你他媽的有啥子來頭？居然到俺守備府來禍害！當俺不知道你是誰啊！」

張勝的手雖然抓住陳經濟的衣領，嘴裡罵著，一雙眼睛還鶻鶻鴿鴿的向四下裡搜尋著，在他認爲他家的春梅夫人就在房內睡著似的。

由於張勝的動作粗魯，用力猛，雖然只是一隻手抓拎起陳經濟的頸邊衣領，卻已把陳經濟勒得說不出話來。可是，張勝則越罵越氣，居然把陳經濟推倒在地，他騎在身上，揚起木棍，沒頭沒臉的打了起來。陳經濟起先是一時被張勝的粗魯弄悶了，等到他鬆了手，把陳經濟按在地上，陳經濟方始清明過來，可是棍子又沒頭沒臉的蓋了下來。但陳經濟卻還本能的在地上翻滾著反抗，嘴裡也罵了起來，說：「你這奴才，竟敢對付我起來！你眞的知道我是誰啊？」

張勝一聽，竟雙手把陳經濟的衣領打從下巴頭朝上一拎，把陳經濟從地上拎了起來。一擁就推到牆邊，擠在牆上，說：「你是誰？你是他媽的醃韭菜，你是他媽的破抹布，你是他媽的破草鞋，你是他媽的臭狗屎，你是他吮屌的屁精，你是他媽的舐女人屁股的狗，……」

罵一句就把陳經濟的頭向牆上咚地撞了一下。

陳經濟哪裡還有聲氣兒說話。兩個丫頭，被這兇猛的情形諕跑，跑向二老爺那裡去稟告去了。

正在張勝罵個不完的時際，陳經濟自然運用了本能的意識與動作去抵抗。他竟一口咬住了張勝的手背，居然咬下了一塊肉皮下來。這張勝頓時怒惱塡膺，順手拔出了鬼頭刀，衝著陳經濟肚子一捅向上一推，只一下，陳經濟啊呀一聲，兩眼一翻一白瞪，便嗚呼哀哉！

那張勝拔出刀來，他已是渾身的血跡，口中還在罵著說：「你他媽的在西門家還禍害的不夠啊！你他媽的！你他媽的！」衝著仰躺在地上業已死去的陳經濟，還在罵個不休。他幾乎忘了他已殺死了人。

當張勝的情緒鎭定下來，在身上擦了擦刀上的血跡，插入刀鞘，正要出門的時候，丫環帶著二老爺周宣來了。

「二老爺！」張勝說：「我已解決了一個。」

這時，周宣望見張勝身上的血跡，猜想到張勝行了兇了。周宣進得廳上一看，陳經濟仰臥在地上，業已死於非命。

「我們怎能容他在咱府上禍害！」張勝還理直氣壯的說。

周宣吩咐兩個丫環快去後邊請小夫人到來。等兩個丫環一走，周宣便向張勝說了：「這人命關天，非同小可。如今是卅六計你走爲上計，快去換了衣裳，馬上逃走，到濟南府張叔夜老爺那裡，這裡的一切，由我處置。這裡有紋銀廿兩。」說著從袖中取出元寶一錠，說：「快些逃走！」

就這樣，周宣把兇手張勝放走了。

等春梅到來，問明究竟，只說是張勝與陳經濟兩人由口角而打鬥，被張勝失手殺死，兇手已畏罪潛逃。也就這樣簡簡單單的結了案，把陳經濟下葬了完事。春梅雖明知這其中另有原因，卻也提不出理由來。她與陳經濟本就不明不白啊！

陳經濟死了，春梅雖然傷心了不少日子。在哭泣時也時時唸叨著說他死得冤。但又奈若何！再說，春梅一向是聽天由命的。傷心了一些日子，也就淡漠下來。何況，她與那十八歲的周義，又有了苟且呢！

自從周統制陣亡，縱然家中還有萬貫金銀的財富，也抵不上有官在日的那份氣勢了。如今，她又是孀婦的身分，在行動上，也有了禮數上的種種節制，再加上金哥的襲封事，二老爺不知向她說了多少次，做母親的德操，也是襲封的條件之一。越發的使她的情緒，一天天萎縮起來，健康自也一天天退步。先時，還有個陳經濟可以調劑她生活上的寂寞，爾今，陳經濟也死了，而且死得如此的悽慘。給與春梅的打擊比周統制的陣亡還大。是以這一年來，春梅可眞是瘦弱多了啊！

在西門家，春梅的身分雖是丫頭，但與潘金蓮主婢兩人，則情同姐妹，任何秘密，彼此都不隱瞞。男主人也喜歡她，視同妻妾一樣。可以說，她在西門家的生活，眞是自由歡快的如大洋中的游魚、花圃中的蜂蝶，嫁到周家來，無論周大老爺是多麼的寵愛她，也只是籠中的鳥兒。這也正是春梅一發現了陳經濟，就苦苦要求周守備爲她尋找的心理因素。尋來了陳經濟，之所以不顧她已是守備夫人的貞操，與陳經濟重締舊歡，正因爲春梅的性格根本不是個夫人之份啊！

這且不表。且說春梅自從陳經濟死後，健康雖然日漸瘦弱，而且有了咳嗽而醫藥不癒的疾病，可是她最大的痛楚，則莫過於心靈的空虛，想當年她與潘金蓮在西門家的那段日子，儘管爲了漢子的來或不來，常使她們日夜的企盼，且又時常在姐妹淘中鬧些閒氣，不時的爭爭吵吵，可是日子過得是多麼的充實呢！到了周府，漢子也沒的等，不知哪天回來，從沒有個等待之期。漢子死了，更得虛僞的去擺出節婦的節操出來。這些都不是春梅的性行所能忍受的。

自從二老爺爲了防備陳經濟的行爲會破壞了金哥的襲職，把老管家周仁一家人安排到二院的東廂房居住，由於周仁的小兒子周義年紀還只有十八歲，未多加注意，竟與春梅首尾上了。正因爲周義是個孩子，初接婦人，一旦滋味上了，往往一日數求，只要有了機會，總不願放過。就這樣，春梅在周義懷中洩慾而亡。傳出來的說詞，則是小夫人思念總制老爺，積鬱成疾而亡。在舉行葬禮時，還獲得追贈爲三品安國夫人呢！

吳月娘的這頓牢騷
——《金瓶梅》的語言——

《金瓶梅》的語言，雖被大家稱道，可無法與《紅樓夢》比，金，是方言土語，紅，是通行的官話。尤其《金瓶梅》的人物語言，是一種不南不北的自創土語，所以讀起來，頗感詰屈。我這話，可以舉例說之。（以「詞話本」爲則。）

當西門慶聽了潘金蓮說她受到上房奚落她，「說我在她跟前頂嘴來，罵我是不識高低的貨。」又湊巧碰上西門慶正惱李瓶兒嫁了蔣竹山，又在他獅子街的對面開起了生藥店，可真是小鬼欺負到閻王爺——。他在氣頭上，聽到潘金蓮這麼一番口舌，遂激憤起西門慶說：「你由他！教那不賢良的淫婦說去。到明日休想我這裡理她。」不想這話傳到吳月娘耳朵裡，遂從此之後，吳月娘便與漢子鬥起氣來，就是見了面也不說話。一直到了西門慶把李瓶兒娶到家裡來，這份氣惱還沒有完。

西門的堂客，已是六房了。李瓶兒的花家，就在隔壁，只是一牆之隔。雖然是大大的院子，前後幾進，如今李瓶兒嫁過這邊西門家來，侍女小廝都跟了過來，只剩下馮嬤嬤一個老婆子看守。於是西門慶又派了來旺夫婦倆搬過去住。來旺的媳婦是個病人，得人照顧。吳月娘不同意漢子這樣處理家事，兩人卻又好長日子不答腔啦！但作爲一個忠誠的家庭主婦，總是想著這些家事。再加上李瓶兒娶到家裡來，漢子做的那些作爲，給全家上下人等，製造了不少談笑的話碴子。轎子到門，沒人理啦！新婦入了房，漢子不進門啦！進了房大罵之後，就喝令新婦脫光了衣服，挨馬鞭子啦！跪在地上哭訴啦！………摟起來啦！………甚麼！甚麼！被丫頭小子說纍地五色俱現、五味俱全。這些事，吳月娘聽來，心裡都不是味兒！

可是，她有啥法子呢！她受到的教育是：「往之汝家，必敬必戒，毋違夫子！」禮云：「以順爲敬者，女子之教也。」

這天，二房李嬌兒、三房孟玉樓在上房陪大娘坐的。

忽聽見外邊小廝，一片聲尋來旺（兒），尋不著。

只見平安掀簾子。吳月娘便問：「尋他做甚麼？」

平安道：「爹緊等著哩！」月娘半日纔說：「我使他有勾當去了。」

原來吩咐下他，往王姑子庵裡送香油白米去了。

平安道：「小的回爹，只說娘使了他有勾當去了。」月娘罵道，「怪奴才，隨你怎麼回去。」

平安諕得不敢言語一聲（兒），往外走了。

月娘便向玉樓衆人說道：「我開口，又說我多管，不言語，我又憋得慌。一個人也拉刺將來了。那房子賣吊了就是了。平白扯淡，搖鈴打鼓的，看守甚麼？左右有他家馮媽媽在那裡，再派一個沒老婆的小廝，晚夕同在那裡上宿睡就是了。怕走了那房子也怎的？作養娘抱巴巴，叫來旺兩口子去，自他媳婦子七病八病，一時病倒了在那裡，上床誰扶持他？」玉樓便道：「姐姐在上，不該我說，你是個一家之主，不爭你與他爹不說話，就是俺們，不好張主的？下邊孩子們，也沒投奔？他爹，這兩日隔二騙三的，也甚是沒意思。看，姐姐恁的：依俺們一句話（兒），與他爹笑開了吧！」月娘道：「孟三姐，你休要起這個意。我又不曾和他兩個嚷鬧，他平白的使性（兒），哪怕他使的那臉痞，休想我正眼看他一眼（兒）！他背地裡對人罵我不賢良的淫婦，我怎的不賢良的來？如今聳六七個在屋裡，纔知道我不賢良。自古道：『順情說好話，幹直惹人嫌。』我當初說攔你，也只爲好來。你既收了他許多東西，又買了他房子。今早又圖謀他老婆。就著官（兒）也看喬了。何況他孝服不滿，你好娶他的？誰知道人在背地裡，把圈套做的成成的，每日行茶過水，自瞞著我一個（兒），把我合在紅底下，今日也推，在院裡歇，明日也推，在院裡歇，誰想他只當把個人（兒）歇了家裡來。端的好，在院裡歇，他自吃人在他跟前那等花麗胡哨，喬龍畫虎的兩面刀哄他，就是千好萬好了。似俺們這等依老實苦口良言，著他理你理（兒）？你到如今，反被爲仇。正是：『前車倒了千千萬，後車倒了亦如然。分明指與平川路，錯把忠言當惡言。』你不理我，我想求你？一日不少我三頓飯，我只當沒漢子，守寡在這屋裡，隨我去，你們不要管他！」幾句話說得玉樓衆人訕訕的，良久……

我們看這一大段吳月娘當著李嬌兒、孟玉樓兩人發出的牢騷話，最值得我們研究的是話中的人稱，我、你、他三字的「人指」，時時跟隨語氣在變換。從一開頭的「我」是吳月娘自指，說到「看守甚麼？在在有他家馮媽媽子」的「他家」之「他」，指李瓶兒的花家，我們一看就懂了。下面的「自他媳婦子」到「誰扶持他」的兩個「他」，人指是來旺有病的媳婦；再下孟玉樓口中的「他爹」，人指是西門家的家人等等。吳月娘答話中的「我」與「他」，人指的「我」是吳月娘自指，「他」則是丈夫西門慶。再下面吳月娘的一番牢騷，「我當初說攔你」的「我你」是她吳月娘與西門慶。「你既收了他許多東西，又買了他房子」話中之「他」，人指是李瓶兒；下語「今日又圖謀他老婆」中的「他」，人指是李瓶兒的丈夫花子虛，再下「他孝服不滿，你好娶他的？」語中的「他」，人指是李瓶兒。「你」的人指是西門慶。再下語「誰想他只……」與「他自吃人」兩語中的他，人指還是西門慶。可是，「在他跟前那等花麗胡哨」以及「喬龍畫虎的兩面刀哄他」的語中兩個「他」，人指就得在語上推敲了。首先要明白吳月娘口中的那個「花麗胡哨，喬龍畫虎」的是誰？應是潘金蓮也。所以下面有吳月娘這麼一句：「似俺們這等依老實苦口良言，著他理你理兒？」這話中的「他」，是西門慶，「你」則是吳月娘自指，下面的結語是「你到如今，反被爲仇」中的

「你」，也是吳月娘自指。

這段牢騷話的結尾，說：「你不理我，我想求你？」等語中的「我」、「你」，悉吳月娘自指他之與漢子西門慶也。

這段話中，除了人稱問題的動變問題，是隨著人物的心理情緒起伏而易趣的，其中還有比況的成語運用，如「平白扯淡，搖鈴打鼓」以及「順情說好話，幹（憨）直惹人嫌」，以及「花麗胡哨，喬龍畫虎」、「分明指與平川路，錯把忠言當惡言」，我想，讀者十九都能意會。但這句：「作養娘抱巴巴」一詞，可能不是大多數讀者可以領會的。意思是做養娘的主要任務是跟人家帶孩子，孩子隨時拉屎灑尿，自然是養娘應做的事，「抱巴巴」意為料理屎尿。「巴巴」，孩子大便的稱呼。這話指李瓶家既有馮媽媽在，還派來旺夫婦倆去，豈不是多餘，房子還有腳跑掉嗎？馮媽媽不能兼看房子嗎？孩子既有養娘，還能再僱一個鏇屎接尿的人兒麼！

《金瓶梅》中的這類比況語，非常之多，有不少這類比況語，至今還無人尋出正確的比況出來，休說語之出處矣！

（容後，再一一尋出，謀求正確的解析。）

吳月娘的這段牢騷話中，還有一些加「兒」字音的語句，如「吾語一聲兒」、「一句話兒」、「看他一眼兒」、「使性兒」、「一個兒」、「把個人兒」、「理你理兒」等等，大都不是說北方話的人士，從筆下流洩出的語言。像「使性兒」、「理你理兒」，又怎能在口語中道出「兒化」音來？

文句的語言，終究與說話的語言，是有距離的。

不過，在南方人聽來，把北方話中的兒化音，自以爲是的寫入文句，就是《金瓶梅》語言的形態。

再仔細看看，這段話中還有兩個字，值得討論，前一個「哪怕他使的那臉⿸疒各」的「⿸疒各」字，究係何意？唸什麼音聲？連《康熙字典》都沒有這個字。梅節先生的校訂本，改爲「格」字，音義都感到不妥貼，《崇禎本》的北京首都圖書館藏本，據王汝梅校刻本「崇禎本」注五說刻作「落」，也不妥貼。清朝《第一奇書》的「在茲堂」本，也是「⿸疒各」字。此字的意義，既然無字書可尋，這一「臉⿸疒各」是個什麼形態？可就難猜了。

若以文句的語氣來想，西門慶見了吳月娘擺出的那個臉像，應是板本起來，無絲毫笑紋。這個「⿸疒各」字，如果讀「格」音，那就是某地區的方言語助詞土音，不是義助詞。智者，不妨朝此方向求之。

還有「他自吃人在他跟前……」的「吃人」兩字，前一回（十九回）也有「他也吃人念了。」（他也被人算計了）。第七十五回也有，如「就吃他在前邊攔攔住了。」再後，則改作「乞」字，如「不管好歹都乞他罵了去罷。」、「吳月娘乞他這兩句，觸在心上。」、「把好的乞他弄死了。」意思跟「吃」字一樣。像這麼一句語言，在《金瓶梅》中使用的次數特別多，卻未見有人考釋。

吾不知此一語態，是何地方言？南音耶？北語耶？期智者索之。

武大郎的悲劇

如從《水滸傳》問世開始算起，武大郎（名植）該有四百五十歲以上的年紀了。儘管他的確是個值得同情的悲劇角色，可是在數百年的歲月中，他卻一直是人們嘲笑與譏諷的對象。直到今天，似乎還沒有人同情過他。

武大生來矮小，被人稱作「三寸丁」，又因家境貧苦，營養不良，肉枯皮皺，再得一個「穀樹皮」的綽號；後人還把他與夜貓子（貓頭鷹）放在一起作比，說：「武大郎玩夜貓子——甚麼人玩甚麼鳥兒」；另外，更因爲他老婆潘金蓮偷人，竟把他當作「活王八」的代表。

平心而論，武大可眞的是個好人，他心地善良，安分守己。雖沒有學得什麼特殊技能，但每天挑著擔子，早出晚歸的沿街叫賣炊餅（火燒），卻也維持了一家人的衣食。他矮、他醜，既怪不得他，也怪不了生育他的父母；他弟弟武松，就生得魁梧，又一表人才，加上一身拳棒本領，眞可謂人中龍鳳。武二卻也因這身本領，才會失手傷人，因而逃離家鄉。

話說回來，就算武松不離開家鄉，他那毛躁的性格，也無助於這個安分守己而一無所長的哥哥。

推究起來，武大郎陷入悲劇淵藪的肇因，自是由於他娶了一個他不該娶的潘金蓮。（在「水滸傳」中，武大祇娶有妻子潘金蓮，移民到「金瓶梅」之後，遂又多了個前房丟下的女兒迎兒。）若去細詢底因，武大之所以會娶潘金蓮這個不安於室的騷婆娘，乃是一件情非得已的事。

武大本是陽穀縣人（據《金瓶梅》情節說），於武二離家之後，遇上了荒旱，在家鄉活不下去，便帶著妻女到清河縣紫石街，賃屋住了下來，仍舊賣炊餅為生。不幸老婆死了，只餘下十二歲的迎兒，父女兩人相依為命。可是生意不好，折了本錢，房租也付不出了，沒法子，便搬到大街某坊財主張大戶的一間臨街房屋居住。這「張宅家人見他本分，常看顧他、照顧他炊餅。閒時在他舖中坐，武大無不奉承，因此張宅家下人，個個都喜歡，在大戶面前，一力與他說方便，因此大戶連房錢也不要。」

從這一段描寫看，武大之所以被張大戶家僕人輩喜歡，正因為他能卑以侍尊。換言之，他知道自己是個小人物，應屈就於人。他這性格，竟為他招來了致命的悲劇。那就是他接受了張大戶贈與他的禮物——一位名叫潘金蓮的妻子。

潘金蓮是裁縫之女，由於家境貧寒，九歲時就賣給王招宣府學習歌伎的才能。十五歲時王招宣死了，被張大戶以三十兩銀子買去做妾。卻又不容於大婦，張大戶便把潘金蓮白送給武大；事實上仍是張大戶的小妾，只瞞著大婦而已。

這種情形，想來武大不是不知道。在當初，可能只是幫助張大戶以答謝關顧之情。於是就這樣當了數年有名無實的丈夫。直到張大戶被女色折騰死去，這武大眞的成了潘金蓮的漢子。而那間不要付房租的房子，也住不下去了，不是張家人攆他，而是潘金蓮招蜂引蝶來的浮浪子弟，成天在門口彈胡博詞兒，搞吵得他們住不下去了。一來是武大自己受不了，二來也影響了張大戶一家老老少少的安寧！只得另尋住處，到縣前大街買了一幢小房住居下來。這房屋坐落在王婆子茶局隔壁。

武大搬到王婆家隔壁，自也免不了浮浪子弟來調鬧，小說家已把他省略了，單刀直入便寫出潘金蓮挑簾失手、竿打西門慶巾帽的情節。於是，武大步上悲劇的序幕就揭開了。

不錯，像潘金蓮這麼一位面貌嬌美而情性妖冶的女人，哪裡希望武大這麼一位又矮又醜的男人做配偶？何況當初嫁給武大，既不是媒妁之言，也不是父母之命，只是張大戶爲了掩遮大婦的妒眼妒口，特意安排的一齣戲，這一點，潘金蓮當然知道。所以張大戶死了，她雖由虛名而落實，眞正做了武大之妻，當然不是心所甘、情所願的。遇到了西門慶這麼一位有錢有貌又頎長的風流漢子，哪裡還用得王婆子的「十大挨光計」喲！當西門慶故意掉落筷子，裝作撿拾並趁機揑弄她的小腳時，她的反應不是驚詫與悽惶，而是「歌歌歌」一串銀鈴似的笑聲，說：「官人休要囉唣；你甘心，奴亦有意。你眞個（想）勾搭我？」西門慶便雙膝跪了下來。（老實說，西門慶的這一「跪」，也看高潘金蓮了。）

所有悲劇的發生，都不是直接的，必有間接的因素。形成武大悲劇的間接因素，說來只有兩樁。一是武大那個習得一身好武藝的兄弟武松，由於生成一副不受欺凌的金剛性情，一旦知道了嫂子背著他哥哥偷漢子，哪裡容得！二是王婆忽略了鄆哥這個小猴兒，不但沒好好安撫他，反而還打了他。鄆哥爲了報復，遂向武大告密。

武大這人，縱使生得再醜、再矮，他總是個男人。吳月娘說得是：「男人身上有狗毛。」這話是說：男人要是翻起臉來，縱不咬人也會對著你狂吠幾聲的。當武大聽了鄆哥道出他老婆在王婆家偷漢子，立刻想起他老婆常說在王媽媽家做壽衣，以及不時吃酒，連臉都吃紅了的情景，那鄆哥說的怎會錯？再加上鄆哥這小猴子還要幫助他去捉姦，再窩囊的男子漢，也不會就此把頭縮回去的吧！這時候的武大，卻不曾想到去捉姦應有的萬全準備，以及自己是不是那西門慶的對手？只是一時火起，就猛上去了。結果，姦未嘗捉得，反被姦夫傷了。

西門慶一腳踢中了武大心窩，當時他就躺下了。王婆更調唆潘金蓮利用武大服藥的機會，加入了砒霜，把武大給害了。

武大這一悲劇產生，主要的關鍵在武松身上。換言之，武大若是沒有像武松這麼一位體力強、性情剛的弟弟，王婆、西門慶、潘金蓮這幫子人，絕不會想著把這矮子除了，留著他不惟生不了事、起不了波，甚而對姦夫淫婦繼續通姦的情事，也不發生妨礙，大不了花上幾文骯髒錢，把武大郎按上潘金蓮頭上的「漢子」名號卸除，也就結了。武大縱然不甘願也反對不了。再說，像武大郎這樣長相又是如此善良的小人物，也不會熱愛潘金蓮的嬌美面貌而不放手的，想來這武大郎也未必是一位在風月上強過西門慶的人物吧！問題就是他們想到武二由京中公幹回來怎麼辦？潘金蓮聽到武二走時說過：「……嫂嫂休要這般不識羞恥，爲此等的勾當。倘有些風吹草動，我武二眼裡認的是嫂嫂，拳頭卻不認的是嫂嫂。……」如今，此事已被武大知道，武二回來，哪能容得？當然，爲了安全，只有除去武大是一條活路。爲了此事，王婆、西門慶、潘金蓮三人曾商量過，爲了做長頭夫妻，只有殺人滅口。這麼一來，武大就死定了。

武大捉姦未成，反而被姦夫一腳踢傷。卻也想到了他們怕他會把此事告訴武松，這樣就會對他不利。當潘金蓮假意向他認錯，說要討得一劑好藥醫治他，說：「我問得一處有好藥，我要去贖來醫你。只怕你疑忌，不敢去取。」武大不知是計，還說：「你救得我活，無事了，一筆都勾，並不記懷。武二來家，亦不提起。你快去贖藥來救我則個。」卻不曾想到自己是個禍事的活口，若是想到了這一層，他堅決拒絕服藥，也許還能逃過這一悲劇的劫難呢！不過，武二爲武大關鍵到的悲劇因子太濃了，武大的是口唾是沖不淡的喲！

此一悲劇之果，我們不妨再站在另一角度來做推論。如果潘金蓮不同意王婆提出的這一陰謀，不願意落個謀害親夫的罪名，此一姦情的演變會如何呢？會不會像張大戶那樣，武大只是做個縮頭的活烏龜？

我想，若是沒有武二，不會有其枝節，有了武二，可不成了。這時的武松，已是景陽岡的打虎英雄，名滿鄉里，且已做了都頭，怎會目視之而不見、耳聽之而不聞，任令人們在身後閒言閒言的搗脊樑筋？武松是絕難忍受下去的。這一點，是西門慶等人想得到的。縱使潘金蓮不同意，也是辦不到的。如果潘金蓮堅持不同意這樣下狠心毒死親夫。我若是作者，也會在筆下把潘金蓮送上死路的。否則，便無法繼續塑造西門慶這個流氓的爲人。

認眞說起來，武大郎的悲劇，形成的底因並不能單純的按在潘金蓮身上，也不能怪罪武大有了這位剛烈的弟弟武二，似乎也不能厭惡社會上有西門慶這樣的流氓。（沒有那個無法的社會，怎會產生西門慶這樣的流氓？）老實說，當潘金蓮賣到王招宣府學習彈唱，就是人生的悲劇因子，有勢的王招宣死了，又賣給有錢的張大戶家做妾（一如市場上的牲畜）。既不容於大婦，又以金錢之力買通武大做名義上的丈夫。這武大卻又不能丟下這美女的包袱，竟自不量力的還想名副其實。豈非自尋死路乎哉！

附錄一

莫把俗學充「金學」

素　心

錢鍾書先生有句名言：「大抵學問是荒江野老屋中二三素心人商量培養之事，朝市之顯學必成俗學。」八〇年代冒出來的所謂「金瓶梅學」（「金學」），不幸被錢先生說準了：「金學」成了「俗學」。數其表現之大者如：

「朝市」之特點是「錢」：在學術著作出版走入困境時，「金學研究」的五花八門的著作，卻一枝獨秀，出版者爲其大開綠燈。個別「俗學」家從讀《金瓶梅》開始，五、六年內，竟號稱出版了「金學專著」「數百」萬言。如此速度，誰能相信這種「專家」在從事嚴肅的是學術研究？

「俗學」俗不可耐的是奇談怪論都成了一家之言。立論非研究所得，往往像押寶一樣。例如《金瓶梅》的作者，至九〇年代初，已發展到三十多人的長隊！種種猜測，都在「金學」的大旗下變成了「學術」！有位學者把《金瓶梅》八十一回回前引用杜甫的五律，強說成杭州田藝蘅的詩，於是田藝蘅也成了《金瓶梅》作者之一！幸好他不知此詩乃杜甫所作，否則，怕連杜甫也會成爲候補之一。

俗學中的學風駭人聽聞。海外金學專家，美國的韓南、台北的魏子雲等的論著具有頗高的學術價值。大陸的少數「俗學」家把他們的成果或成本書地抄襲；或切割，加些調料，重加烹煮，堂而皇之地作為自己的「專著」矇騙讀者。

幸虧在金學研究圈裡，頗有不少嚴肅的有良心的專家，否則「金學」的名聲不會比西門慶好多少！

附錄二

關於《金瓶梅》初刻本的考證

周鈞韜

著名的長篇世情小說《金瓶梅》，在明代萬曆二十四年（一五九六）就已有抄本流傳。《袁中郎全集》尺牘中致董思白書云：「《金瓶梅》從何處得來？伏枕略觀，雲霞滿紙，勝於牧生《七發》多矣。後段在何處？抄竟當於何處倒換？幸一的示。」是信寫於萬曆二十三年秋天，時袁中郎任吳縣縣令。這是目前所知的《金瓶梅》傳世的一個最早的信息。可怪的是《金瓶梅》一直傳抄了二十來年，到萬曆末年才有刻本問世，此中定有緣故，這在《金瓶梅》研究中是個不小的問題。搞清楚這個問題，對搞清楚《金瓶梅》的創作宗旨與當時上層政治鬥爭的關係等問題具有重大的意義。但是要搞清楚這個問題還必須先搞清楚與此相關的另外一個問題：《金瓶梅》的初刻本是哪一本？它到底問世於什麼時間？

對這個問題，魯迅先生早已有定論。但是他的結論是不妥的。

魯迅的《金瓶梅》「庚戌初刻本」說

魯迅在一九二四年出版的《中國小說史略》（下册）中指出：

> 諸「世情書」中《金瓶梅》最有名。初帷抄本流傳，袁宏道見數卷……萬曆庚戌（一六一〇），吳中始有刻本，計一百回，其五十三至五十七回原闕，刻時所補也（見《野獲編》二十五）。

在這裡，魯迅沒有用「可能」、「大約」等推測之詞，而是下了斷語。在他看來，《金瓶梅》初刻在萬曆庚戌年（萬曆三十八年），地點是「吳中」。此說一出，遂成定論，沿用此說者不乏其人，鄭振鐸在一九二七年四月出版的《文學大綱》中說：「萬曆庚戌（一六一〇）始有刻本，計一百回。其中五十三回至五十七回原闕，刻時所補。」沈雁冰在同年六月發表的〈中國文學內的性慾描寫〉一文中也說：「明代萬曆庚戌始有刻本」。

到了一九三二年，鄭振鐸在出版《挿圖本中國文史》時，似乎對庚戌本說產生了懷疑。他說：

《金瓶梅》有好幾種不同的版本，最早的一本，可能便是北方所刻的《金瓶梅詞話》，沈德符所謂「吳中懸之國門」的一本，當冠有萬曆丁巳（四十五年）東吳弄珠客的序和袁石公（題作廿公）之跋的。

這一本就是我們今天所見的《金瓶梅詞話》（世稱「詞話本」）。在這裡，鄭振鐸肯定「詞話本」爲初刻本而否定了庚戌本之說。但這只是推測而沒有考證。第二年，在〈談《金瓶梅詞話》〉一文中，鄭振鐸又說：《金瓶梅詞話》「當是今知的最早的一部《金瓶梅》，但沈德符所見的『吳中懸之國門』的一本，惜今已絕不可得見。」後又說：「沈氏所謂『吳中』本，指的當便是弄珠客序的一本。」這段話的意思是說，「詞話本」非《金瓶梅》的初刻本。爲什麼鄭氏的看法會出現反覆和矛盾，原因仍然在於他沒有下決心做考證的工作，而是任憑主觀的臆測。

吳晗在一九三四年發表了〈金瓶梅的著作時代及其社會背景〉一文，對《金瓶梅》的作者及成書年代做了大量的周密的考證，結論基本可信。但在「初刻本」問題上卻又失之於武斷。他說：

萬曆丁巳本並不是《金瓶梅》第一次的刻本，在這刻本以前，已經有過幾個蘇州或杭州的刻本行世……萬曆三十七年袁中道從北京得到一個抄本，沈德符又向他借抄一本。不久蘇州就有刻本，這刻本才是《金瓶梅》的第一個本子。

吳晗雖然沒有沿用魯迅的庚戌初刻本說，但他卻提出在「詞話本」前已有幾個刻本行世，其存在的問題與魯迅的庚戌本說是一樣的。

直到今天，在《金瓶梅》的研究界，魯迅的庚戌初刻本說仍有相當的影響。一九七八年出版的《中國小說史》仍持此說。一九八〇年出版的朱星先生的《金瓶梅考證》，更對此說加以專門論述和發揮。他說：

> 魯迅先生在《中國小說史略》中提出《金瓶梅》是萬曆庚戌年被刻於吳中。庚戌年是一六一〇年，比現存最早的《金瓶梅詞話》丁巳年（一六一七）刻本還早七年。而這部庚戌年本，日本也沒有，大概早已亡佚了。我曾爲此事去訪問過孫楷第先生。據他說：「國內見到此書版本之多無過於我（這是事實），我只知最早的版本是萬曆丁巳年本，未聽說過有庚戌年本。魯迅先生可能記錯了。」我想魯迅先生治學態度很謹嚴，絕不會草率從事，一定有根據的。我於是遍查有關群書，但杳無蹤跡。不得已又把沈德符《野獲編》第二十五卷中《金瓶梅》一段，反覆細讀。這是研究《金瓶梅》最早而又最可靠的寶貴材料。最後，我悟出魯迅先生原來是根據這一材料，雖未明說，但可推斷而知。

其實，魯迅在《中國小說史略》的那段文字後，就加了一個括號註：見《野獲編》。其根據清清楚楚，根本不需要朱星先生「遍查群書」，最後以「推斷而知」。不過，朱星認爲：「魯迅先生治學謹嚴，絕不會草率從事，一定有根據。」這倒說出了，幾十年來不少學者盲目信從魯迅的庚戌初刻本說，而再不加仔細考證的重要原因。

那麼，魯迅的《金瓶梅》「庚戌初刻本」說是怎樣提出來的呢？現將其根據：沈德符《野獲編》卷二十五《金瓶梅》條抄錄如下：

表中郎《觴政》，以《金瓶梅》配《水滸傳》爲外典（按，袁氏原文：「傳奇則《水滸傳》、《金瓶梅》等爲逸典」），予恨未得見。丙午遇中郎京邸，問曾有全帙否？曰：第睹數卷，甚奇快。今惟麻城劉延伯承禧家有全本。蓋從其妻家徐之貞錄得者。又三年，小修上公車，已攜有其書。因與借鈔挈歸。吳友馮猶龍見之驚喜，慫恿書坊以重價購刻。馬仲良時榷吳關，亦勸余應梓人之術，可以療飢。余曰：此等書必遂有人版行，但一刻則家傳戶到，壞人心術。他日閻羅究詰始禍，何辭置對？吾豈以刀錐博泥犁哉！仲良大以爲然，遂因篋之。未幾時而吳中懸之國門矣。

丙午，是萬曆三十四年（一六〇六）；又三年，是萬曆三十七年（一六〇九）；未幾時而吳中懸之國門，這個「未幾時」當然可以推測爲一年左右，這樣，《金瓶梅》的初刻本在「吳中懸之國門」則在萬曆三十八年庚戌（一六一〇）。魯迅依據這段話做出《金瓶梅》初刻本問世於萬曆庚戌年的結論，似乎亦差不離。正如趙景深同志所說：「從丙午年算起，過了三年，應該是庚戌年，也就是萬曆三十八年。所以我認爲，朱星同志推測魯迅所說的庚戌年版本是合情合理的。」（〈評朱星同志金瓶梅三考〉，《上海師範大學學報》一九八〇第四期）但是魯迅在沈德符這段話中，忽略了「馬仲良時榷吳關」這一句關鍵性的話。馬仲良時榷吳關的「時」是甚麼時候？對此魯迅沒有加以考證，致使他的「庚戌初刻本」說成爲謬誤。

馬仲良時榷吳關的「時」

馬仲良是馬之駿，字仲良。朱彝尊的《明詩綜》中對他有一段記載：「之駿，字仲良，新野人。萬曆庚戌進士，涂戶部主事，歷員外郎中，降廣德同知，升應天府通判，調順天，尋復官戶部主事，終員外。」但馬仲良主榷吳關事並沒有記載。近年台灣學者魏子雲先生已考出，馬仲良主榷吳縣滸墅鈔關，是萬曆四十一年（一六一三）的事。魏先生的考證根據的是民國《吳縣志》。（參見馬泰來：《麻城劉家和〈金瓶梅〉》，《中華文史論叢》一九八二年第一輯）。

既然「馬仲良時榷吳關」的「時」是萬曆四十一年，那麼沈德符所說的「馬仲良時榷吳關」以後的「未幾時」，《金瓶梅》才在「吳中懸之國門」。由此可以論定，《金瓶梅》吳中初刻本必然付刻在萬曆四十一年以後，而不可能在萬曆三十八年（庚戌）。

但是，魏先生依據的是民國時出的《吳縣志》，此《志》距馬仲良榷吳關的萬曆四十一年，相距約三百多年，時間相隔如此久遠，此《志》記載是否準確？正如法國學者雷威爾先生在〈最近論《金瓶梅》的中文著述〉一文中所說：「我懷疑一九三三年修的《吳縣志》也可能有疏忽和錯誤，還需要重加核對。」爲此，筆者決心做進一步考證。筆者查找了明崇禎十五年（一六四二）和清乾隆十年（一七四五）的《吳縣志》，結果均無查到馬仲良榷吳關的記載。民國《吳縣志》記載的可靠性更令人懷疑。後來筆者又根據「榷吳關」這幾個字，查找了清康熙十二年（一六七三）的《滸野關志》，終於找到了根據。《滸墅關志》卷八「榷部」，「萬曆四十一年癸丑」條全文抄錄如下：

> 萬曆四十一年癸丑　馬之駿，字仲良，河南新野縣人，庚戌進士。英才綺歲，盼睞生姿。遊客如雲，履綦盈座。徵歌跋燭，擊盌闘題，殆無虛夕（原刻爲「歹」，似誤——筆者注），世方界昇，蓋一時東南之美也。所著有《妙遠堂》、《桐雨齋》等集。

明景泰三年，戶部奏設鈔關監收船料鈔。十一月，立分司於滸墅鎮，設主事一員，一年更代。這就是說，馬仲良主榷滸墅關主事只此一年，前後均不可能延伸。事實上，《滸墅關志》亦明確記載著，萬曆四十年任是張銓；萬曆四十二年任是李佺台。

康熙十二年《滸墅關志》的記載，距馬仲良主榷吳關的萬曆四十一年，相距只六十年，比民國《吳縣志》的記載早了兩百六十年，且有民國《吳縣志》爲佐證，準確性已不容懷疑。現在我們可以這樣定案了：魏子雲先生的考證是完全正確的，魯迅、鄭振鐸等先生推測的《金瓶梅》「庚戌初刻本」是根本不存在的。

《金瓶梅》初刻本問世時間推測

上文已經考定，《金瓶梅》初刻本問世的時間不可能是萬曆庚戌年（三十八年），最早不能過馬仲良榷吳關的萬曆四十一年，但它到底問世於哪一年呢？由於史料發掘還很不夠，目前且難以定論，筆者只能做一些推測。我認爲，沈德符所說的「吳中懸之國門」的《金瓶梅》初刻本，當問世於萬曆四十五年冬到萬曆四十七年之間，它就是現存的載有〈萬曆丁巳（四十五年）季冬東吳弄珠客漫書於金閶道中〉的序文的《金瓶梅詞話》。推論的根據有四條：袁小修的《遊居柿錄》、李日華的《味水軒日記》、薛岡的《天爵堂筆餘》、沈德符的《野獲編》。

從上面的考證，我們已經知道萬曆四十一年，《金瓶梅》還沒有付刻。從袁小修的《遊居柿錄》，我們又進一步知道萬曆四十二年，《金瓶梅》仍然沒有付刻。袁小修《游居柿錄》：

> 往晤董太史思白，共說諸小說之佳者。思白曰：「近有一小說，名《金瓶梅》，極佳。」予私積之。後從中郎眞州，見此書之半，大約模寫兒女情態俱備，乃從《水滸傳》潘金蓮演出一支。……追憶思白言及此書曰：「決當焚之。」以今思之，不必焚，不必崇，聽之而已。焚之亦自有存者，非人力所能消除。

袁小修的這則日記，記在萬曆四十二年八月。這基本上是一段回憶性的文字。他記得以前與董其昌共說諸小說佳者，記得後來從中郎眞州，看到《金瓶梅》半部，內容大體是模寫兒女情態。萬曆二十五年春，袁中郎力辭吳縣縣令職，暫居無錫。是年三月遊惠山、西湖、天目諸名勝，從東南歸來遂僑寓眞州。就在這一年，袁小修來眞州，有中郎《喜小修至》四首，《與小修夜話憶伯修》詩爲證（見《廣陵集》）。

由此可知，袁小修從中郎處見到半部《金瓶梅》的時間是萬曆二十五年。從這則日記中，小修回憶萬曆二十五年見到半部《金瓶梅》的情況和語氣推知，他在寫這則日記的萬曆四十二年八月，仍然沒有見到《金瓶梅》的全抄本，更不用說刻本了。這就是說，到萬曆四十二年八月，《金瓶梅》初刻本還未問世。

我們再看李日華的《味小軒日記》：

（萬曆四十三年）十一月五日。沈伯遠攜其伯景倩所藏《金瓶梅》小說來，大抵市諢之極穢者耳，而鋒焰遠遜《水滸傳》。袁中郎極口讚之，亦好奇之過。（吳興劉氏嘉業堂利本）

李日華這則日記的時間就是萬曆四十三年十一月五日。這一天，沈德符的侄子沈伯遠將沈德符所藏的《金瓶梅》，也就是沈德符「固篋之」的《金瓶梅》，拿來給李日華看。從語氣可推知，李日華還是第一次看到《金瓶梅》。從「所藏」兩字又可看出，當時《金瓶梅》還藏之而未刻。如果該書當時已「吳中懸之國門」，李氏是不可能不知道的，也不必從沈氏「所藏」而見之。由此推斷，在萬曆四十三年，《金瓶梅》還依然沒有刻本。

下面再看薛岡的《天爵堂筆餘》卷二：

往在都門，友人關西文吉士以抄本不全《金瓶梅》見示。余略覽數回，謂吉士曰：此雖有爲之作，天地間豈容有此一種穢書！當急投秦火。後二十年，友人包岩叟以刻本全書寄敝齋，予得盡覽。初頗鄙嫉，及見荒淫之人皆不得其死，而獨吳月娘以善終，頗得勸懲之法。但西門慶受顯戮，不應使之病死。簡端序語有云：讀《金瓶梅》而生憐憫心者菩薩也，生畏懼心者君子也，生歡喜心者小人也，生效法心者禽獸耳。序隱姓名，不知何人所作，蓋確論也。」（轉引自馬泰來：〈有關《金瓶梅》早期傳播的一條資料〉，《光明日報》一九八四年八月十四日）

這一段記載，對解決《金瓶梅》初刻的時間及哪一本爲初刻本的問題，關係重大。

薛岡，字千仞，浙江鄞縣人。他從包岩叟處得到的《金瓶梅》，有序語：「讀《金瓶梅》而生憐憫心者菩薩也……生效法心者禽獸耳。」這序正是現存的《金瓶梅詞話》上的東吳弄珠客的〈漫書於金閶道上〉的序。此序寫於萬曆丁巳（四十五年）季冬。由此可知，薛岡見到此刻本《金瓶梅》必然在萬曆四十五年冬以後。薛岡提出，他是在見到關西文吉士的抄本不全《金瓶梅》以後的二十年，才得到刻本《金瓶梅》的。這樣從萬曆四十五年（以後）上推二十年（約數）即萬曆二十五年前後，薛岡就見到了《金瓶梅》抄本部分。薛岡說，他在萬曆二十五年前後看到一不全的抄本，過了二十年，才看到刻本，「予得盡覽」。可見，在這二十年中，薛岡沒有再看到其他抄本，更沒有看到刻本。而他第一次看到的刻本恰恰就是現存的東吳弄珠客序的《金瓶梅詞話》。由此可做出兩個推論：一、《金瓶梅》的初刻本就是現存的《金瓶梅詞話》；二、《金瓶梅》初刻本刻在萬曆四十五年冬以後。因此吳晗所認爲的，在《金瓶梅詞話》以前還有幾個蘇州或杭州的刻本，也就沒有根據了。

萬曆四十五年冬，這是《金瓶梅》初刻本問世年代的上限，那麼下限呢？

我認爲是萬曆四十七年。根據是沈德符《野獲編》。

沈德符的《野獲編》初編成書於萬曆三十四年，續編成書於萬曆四十七年。原書早已散佚。目前我們所見的《萬曆野獲編》已非原貌。它已在康熙三十九年由桐鄉錢枋根據搜輯的「十之六七」，重新加以「割裂排纘，都爲三十卷，分四十八門」（錢枋：《野獲編分類範例》）。到道光七年才有刻本問世。因此，《野獲編》中的《金瓶梅》條，寫於何時，現在我們已無法確知。但是，它不可能寫在萬曆三十四年，因爲該條中已寫到了萬曆四十一年馬仲良時榷吳關的事；但它亦不可能晚於萬曆四十七年，因爲萬曆四十七年是續編成書的年代。既然《野獲編》中已寫到《金瓶梅》初刻本在「吳中懸之國門」這件事，就可以推斷，沈德符所看到的《金瓶梅》在「吳中懸之國門」之事，最晚不能過萬曆四十七年。這個就是《金瓶梅》初刻本問世年代的下限嗎？